南京体育学院学术著作出版计划资助

全民健身与全民健康深度融合政策体系研究

刘红建　尤传豹　沈晓莲　著

人民体育出版社

图书在版编目（CIP）数据

全民健身与全民健康深度融合政策体系研究／刘红建，尤传豹，沈晓莲著.－－北京：人民体育出版社，2023

ISBN 978-7-5009-6388-2

Ⅰ.①全… Ⅱ.①刘… ②尤… ③沈… Ⅲ.①全民健身－政策体系－研究－中国 Ⅳ.①G812.4

中国国家版本馆 CIP 数据核字（2023）第 240340 号

*

人 民 体 育 出 版 社 出 版 发 行
北京中献拓方科技发展有限公司印刷
新 华 书 店 经 销

*

710×1000 16 开本 12.75 印张 233 千字
2023 年 12 月第 1 版 2023 年 12 月第 1 次印刷

*

ISBN 978-7-5009-6388-2
定价：74.00 元

社址：北京市东城区体育馆路 8 号（天坛公园东门）
电话：67151482（发行部） 邮编：100061
传真：67151483 邮购：67118491
网址：www.psphpress.com
（购买本社图书，如遇有缺损页可与邮购部联系）

前 言
FOREWORD

21世纪以来，随着我国生活条件的改善和生活节奏的加快，以高血糖、高血脂、高血压、高尿酸等为代表的慢性病越来越多，人民的健康需求也随之增强，运动促进健康新模式渐入大众视野。2016年，习近平在全国卫生与健康大会上提出，要倡导健康文明的生活方式，树立大卫生、大健康的观念，把以治病为中心转变为以人民健康为中心，建立健全健康教育体系，提升全民健康素养，推动全民健身和全民健康深度融合。指明了全民健身与全民健康发展的总体方向，描绘了全民健身与全民健康融合发展的未来图景。《中国防治慢性病中长期规划（2017—2025年）》提出，促进体医融合，在有条件的机构开设运动指导门诊，提供运动健康服务。全民健身与全民健康深度融合开始从理念向顶层设计及政策制度转化。

全民健身和全民健康深度融合成为新时代全民健身的重要发展方式，新的发展方式迫切需要对应的政策加以引导、推动与规范。构建全民健身与全民健康深度融合的政策体系源于人民运动健康需求的提升、国家卫生健康和体育发展方式的变革，以及发达国家体育发展经验的启示。通过运用文献资料法、问卷调查法、政策分析法、实践调研法、逻辑思辨法等研究方法，本研究构建了全民健身与全民健康深度融合的政策体系，具体包括：界定了全民健身与全民健康深度融合的内涵，梳理了全民健身与公共健康政策的演进历程及相互关系，勾勒出当前我国全民健身与全民健康深度融合的实践图景，总结存在的政策问题，借鉴国外大众体育与卫生健康融合发展的政策状况，并在此基础上阐述了全民健身与全民健康深度融合政策体系的价值、理念和原则，构建出中国全民健身与全民健康深度融合政策体系，并结合我国新阶段发展特征提出了推进全民健身与全民健康深度融合政策体系的效能实现路径。

研究认为，全民健身与全民健康深度融合的理论基础主要有新公共服务理论、公共治理理论、政策过程理论及共生理论，这些理论的相关原理为本研究提供了理论依据和视角。全民健身与全民健康深度融合就是全民健身与全民健康两大系统在理念、政策、体制、机制及资源等方面相互渗透并形成高度互构关系的过程，目的是通过运动促进健康的方式实现健康中国的战略目标。研究认为，我国全民健身政策体系的发展历程分为启动探索阶段、全面推进阶段以及提档升级阶段。我国全民健身政策体系的优势特征主要体现在：始终根据人民的体育需求动态调整全民健身政策体系，初步形成了以政府协同、全社会共同参与为特征的政策主体，系统构建了以法规、战略、计划等为要素的政策框架体系，逐步明晰了以全民健身与多业态融合发展为格调的政策内容，以及力求实现全区域、全人群、全周期的全民健身政策供给。我国全民健身与全民健康的关系变迁先后经历了分离发展、由分离到融合以及深度融合三个阶段，全民健身与全民健康的深度融合标志着全民健身与全民健康发展关系步入新纪元。

本研究对我国部分省市全民健身与全民健康融合发展状况开展了实地调查，发现当前我国全民健身与全民健康融合发展还存在着运动促进健康理念有待提升、配套法规政策体系有待完善、部门协同管理机制缺位模糊、运动健康资源及服务布局不合理、运动健康专业人才严重短缺、运动促进健康的智能化发展水平不高等问题。本研究从政策学视角梳理了美国、英国、法国、德国、芬兰、日本、澳大利亚等国家的大众体育与卫生健康融合发展的政策经验，并总结了这些国家的政策特征，主要是政策出台注重跨部门合作，吸纳社会力量，强化政策制定的协同性；政策设计强调循证实践，对接公众需求，追求政策的科学性和系统性；政策内容瞄准重要实践问题，配套实施具有针对性的政策措施；政策目标强调量化标准设计，便于政策的执行和评估；政策导向重视普惠性，强调构建全人群、全过程覆盖的政策体系。

本研究立足政策体系理论，结合新时代全民健身与全民健康发展背景，分析了全民健身与全民健康深度融合政策体系的内涵、价值、理念与框架。明确了全民健身与全民健康深度融合政策体系的"五大理念"：体现以人民为中心的政策导向、突出解决实践问题的政策宗旨、确保政策的合法性与权威性、强化政策的整合性与协同性、重视政策量化标准与异体评估。提出了全民健身与全民健康深度融合政策体系设计的原则：协同性原则、可行性原则、兼容性原则和适应性原则。从政策目标、政策内容、政策主体、政策工具以及政策测评五个方面构建了全民健身与全民健康深度融合的政策体系框架，并详细阐释了每个方面的具体内容。

研究认为，尽管构建了全民健身与全民健康深度融合的政策体系，但这些政策不可能孤立地转化成治理效能，仍然需要借助具体路径方能实现向治理效能的过渡与转化，全民健身与全民健康深度融合政策体系的目标才可以顺利实现。一是要强化对政策体系的认同。维护公共利益，提高管理部门的公共服务意识，形成政策共识，加强对政策体系的宣传与解释。二是要促进政策主体的多元协同。优化全民健身与全民健康深度融合的体制与机制，积极赋能社会，打造全民健身与全民健康融合发展治理共同体。三是要优化政策体系的运行过程。强化执行，推进全民健身政策由文本转向实践，重视评估，构建基于人民满意度的政策评估体系。四是要夯实政策体系的实施保障。建立健全运动促进健康服务组织与网络，强化体医融合专业人才的培养、培训力度，优化政策工具，提升运动健康智慧化程度。

目 录
CONTENTS

第一章 绪 论 ··· 001
  第一节 研究背景与价值 ······································ 001
    一、研究背景 ··· 001
    二、研究价值 ··· 004
  第二节 文献综述 ··· 005
    一、文献检索及数据处理情况 ································· 006
    二、我国体育政策研究基本概况 ······························· 007
    三、体育政策研究热点演化及主题讨论 ························· 010
    四、关于全民健身与全民健康融合政策相关研究 ················· 017
  第三节 研究对象、研究目标和研究方法 ························ 021
    一、研究对象 ··· 021
    二、研究目标 ··· 021
    三、研究方法 ··· 021
  第四节 研究框架及创新 ······································ 024
    一、研究框架 ··· 024
    二、特色和创新 ··· 026

第二章 基础理论：全民健身与全民健康深度融合的理论基础与基本概念 ··· 028
  第一节 理论基础 ··· 028
    一、公共服务理论 ··· 028

二、政策过程理论 ··· 030
　　三、共生理论 ··· 033
  第二节　基本概念 ··· 035
　　一、全民健身与全民健康 ··································· 035
　　二、全民健身与全民健康深度融合 ··························· 038
  小　结 ··· 041

第三章　历史经验：我国全民健身与全民健康的政策进程和关系变迁 ··· 042
  第一节　我国全民健身政策的演进及特征 ························· 043
　　一、全民健身政策文本筛选与量化概况 ······················· 043
　　二、全民健身政策体系的演进历程 ··························· 045
　　三、全民健身政策体系的演进特征 ··························· 052
  第二节　我国全民健身与全民健康的关系变迁及逻辑——政策的视角 ··· 057
　　一、全民健身与全民健康的关系变迁 ························· 057
　　二、全民健身与全民健康政策变迁的内在逻辑 ················· 063
  小　结 ··· 065

第四章　现实图景：我国全民健身与全民健康融合发展实践表征与问题 ··· 067
  第一节　全民健身与全民健康融合发展的实践表征 ················· 067
　　一、政府与公众的认知情况 ································· 068
　　二、融合发展政策配套情况 ································· 070
　　三、组织机构协同建设情况 ································· 073
　　四、场地设施与智慧化情况 ································· 075
　　五、全民健身健康活动开展情况 ····························· 076
　　六、全民健身健康科学指导情况 ····························· 077
  第二节　全民健身与全民健康融合发展存在的问题 ················· 078
　　一、运动促进健康理念有待提升 ····························· 078

二、配套法规政策体系有待完善…………………………………………… 080
　三、部门协同管理机制缺位模糊…………………………………………… 082
　四、运动健康资源和服务布局不合理……………………………………… 083
　五、运动健康专业人才严重短缺…………………………………………… 084
　六、运动促进健康的智能化水平不高……………………………………… 086
小　结………………………………………………………………………………… 089

第五章　国外镜鉴：发达国家大众体育与卫生健康融合发展的政策经验……………………………………………………………………… 090

第一节　发达国家大众体育与卫生健康融合重要政策………………………… 090
　一、美国的大众体育与卫生健康政策……………………………………… 090
　二、英、法、德、芬等欧洲国家的大众体育与卫生健康政策…………… 094
　三、日本的大众体育与卫生健康政策……………………………………… 100
　四、澳大利亚的大众体育与卫生健康政策………………………………… 102

第二节　发达国家大众体育与卫生健康融合发展政策特征…………………… 104
　一、政策出台注重跨部门合作，吸纳社会力量，强化政策制定的
　　　协同性……………………………………………………………………… 104
　二、政策设计强调循证实践，对接公众需求，追求政策的科学性和
　　　系统性……………………………………………………………………… 106
　三、政策内容瞄准重要实践问题，配套实施具有针对性的政策措施…… 107
　四、政策目标强调量化标准设计，便于政策的执行和评估……………… 109
　五、政策导向重视普惠性，强调构建全人群、全过程覆盖的政策体系… 110

第三节　国外的经验对我国政策制定的有益启示……………………………… 111
　一、修订完善法律法规，保障全民健身与全民健康深度融合的合法性… 111
　二、基于顶层设计和循证实践，建立满足人民运动健康需求的政策体系… 112
　三、明确政策主体，形成跨部门协同、全社会共同参与的政策过程模式… 113
　四、瞄准重要政策问题，构建可量化考核指标，强化复合型专业性
　　　评估………………………………………………………………………… 114

五、优化整合政策资源，夯实全民健身与全民健康深度融合的保障机制 …… 115

六、遵循弱势补偿原则，推进全民健身与全民健康深度融合的普惠开展 …… 116

小　结 …………………………………………………………………… 116

第六章　体系构建：我国全民健身与全民健康深度融合的政策框架设计 …… 118

第一节　全民健身与全民健康深度融合政策体系的内涵与价值 …… 118

一、全民健身与全民健康深度融合政策体系的内涵 …………………… 118

二、全民健身与全民健康深度融合政策体系的价值 …………………… 121

第二节　全民健身与全民健康深度融合政策体系的理念与原则 …… 124

一、全民健身与全民健康深度融合政策体系的理念 …………………… 124

二、全民健身与全民健康深度融合政策体系的原则 …………………… 129

第三节　全民健身与全民健康深度融合政策体系的框架与内容 …… 131

一、政策目标 ………………………………………………………… 132

二、政策内容 ………………………………………………………… 133

三、政策主体 ………………………………………………………… 137

四、政策工具 ………………………………………………………… 141

五、政策测评 ………………………………………………………… 145

小　结 …………………………………………………………………… 147

第七章　保障路径：我国全民健身与全民健康深度融合政策体系的效能实现 …… 148

第一节　强化对政策体系的认同 ……………………………………… 148

一、维护公共利益，提高管理部门的公共服务意识 …………………… 148

二、形成政策共识，加强对政策体系的宣传与解释 …………………… 150

第二节　促进政策主体的多元协同 …………………………………… 151

一、优化全民健身与全民健康深度融合的体制机制 …………………… 151

二、积极赋能社会，打造融合发展治理共同体 ………………………… 152

第三节　优化政策体系的运行过程 …………………………………… 154

一、强化执行，推进全民健身政策由文本转向实践 ……………… 154
　　二、重视评估，构建基于人民满意度的政策评估体系 …………… 155
第四节　夯实政策体系的实施保障 …………………………………… 156
　　一、建立健全运动促进健康服务组织与网络 ……………………… 156
　　二、强化体医融合专业人才的培养及培训力度 …………………… 157
　　三、优化政策工具，提升运动健康智慧化程度 …………………… 159
　小　结 ………………………………………………………………… 160

第八章　研究结论与展望 ………………………………………… 162
　　一、研究结论 ………………………………………………………… 162
　　二、研究展望 ………………………………………………………… 165

参考文献 ……………………………………………………………… 168

附录一　全民健身与全民健康融合发展调查问卷（一）………… 172

附录二　全民健身与全民健康融合发展调查问卷（二）………… 176

附录三　1995—2022 年我国部分全民健身政策 …………………… 180

后　记 ………………………………………………………………… 189

第一章 绪 论

第一节 研究背景与价值

一、研究背景

(一) 人民运动健康需求的提升

改革开放 40 年来,我国经济发展取得了巨大成就,被世界誉为发展的"中国奇迹"。我国经济持续高速增长,国内生产总值从 1978 年的 3645.2 亿元增加到 2022 年的 1 210 207 亿元,人均国内生产总值从 1978 年的 381 元增加到 2022 年的 85 698 元;人民生活水平不断提高,城乡居民的人均可支配收入不断上升[1]。随着我国经济社会的快速发展,城镇化、工业化进程逐步加快,人口老龄化程度的不断提升,我国居民生活方式和疾病谱开始发生变化,糖尿病、高血压等慢性病的发病率逐年增高。据《中国居民营养与慢性病状况报告(2020年)》指出,受到人口老龄化和城市化的影响,我国慢性病患者数量不断增加,慢性病死亡人数也不断增加;2019 年我国因慢性病导致的死亡人数占总死亡人数的 88.5%,其中心脑血管疾病与癌症、慢性呼吸系统疾病死亡比例高达 80.7%[2]。由于当前的医疗手段只能控制慢性病病情的发展、减少并发症,但对这些疾病还难以实现完全治愈,因此积极参与体育锻炼,改善生活方式,建立层级预防、规范管理模式,已经被公认为是应对这些慢性疾病最经济有效的手

---

[1] 周天勇,翁士洪. 从管理走向治理:中国行政体制改革 40 年 [M]. 上海:上海人民出版社,2018.
[2] 王一杰,王世强,李丹,等. 我国体医融合的社区实践:典型模式、现实困境和发展路径 [J]. 中国全科医学,2021,24 (18):2260-2267.

段。有研究显示，运动不仅具有缓解多种慢性病的功效，还能降低多种慢性病的发生风险，研究显示，每天运动可降低80%的心血管疾病风险、90%的2型糖尿病风险，并将癌症风险降低33%[1]。因此，构建更高水平的全民健身公共服务体系，更大程度地促进人民群众参与全民健身的积极性，满足人民日益增长的运动健身需求，是实现从以治病为中心向以人民健康为中心转变、从医疗健康干预向非医疗健康干预转变的重要手段。2016年，习近平在全国卫生与健康大会上明确提出"推动全民健身和全民健康深度融合"。2016年，《"健康中国2030"规划纲要》明确提出"把健康融入所有政策，全方位、全周期保障人民健康，大幅提高健康水平，显著改善健康公平"。实际上，"将健康融入所有政策"（Health in All Policies，HiAP）来源于1988年的"阿德莱德宣言"，2013年第八届全球健康促进大会主题亦为"将健康融入所有政策"，"将健康融入所有政策"现已成为国际共识[2]。国家政策层面的顶层设计已经开始搭建，构建全民健身与全民健康深度融合，具体可行、落地可操作的政策体系成为当前卫生健康和体育等领域的重要任务。

（二）国家卫生健康和体育发展方式的变革

从我国经济社会发展历程中可以发现，包括经济发展方式、行政体制在内的不断变革是推动经济社会发展的关键。特别是改革开放以来，各种改革的力度和突破性前所未有，创造了中国经济持续高速增长40年的伟大奇迹。然而，我国的政治、经济、社会、文化、生态等方面改革还没有完成，尚处在转型发展期。同时，随着中国特色社会主义进入新时代，我国社会的主要矛盾已经转化为人民日益增长的美好生活需要和不平衡不充分发展之间的矛盾，发展的不平衡与不充分已成为满足人民日益增长的美好生活需要的主要制约因素[3]。人民不仅对物质文化生活提出了更高要求，而且对民主、法治、公平、正义、安全、健康、环境等方面的要求日益增长。特别是在温饱、安全等问题得到解决后，社会公众对健康的需求逐渐成为第一需求，2019年的《国民健康洞察报告》统计数据表明，93%的社会公众认为身体健康是最重要的事，公众对于健康的重视程度，远远超

---

[1] ANDERSON E, DURSTINE J L. Physical activity, exercise, and chronic diseases: A brief review [J]. Sports Medicine and Health Science, 2019, 1 (1): 3-10.
[2] 张永光，王晓锋."健康中国2030"规划纲要的几个理念转变[J].卫生软科学，2017，31（2）：3-5.
[3] 周天勇，翁士洪.从管理走向治理：中国行政体制改革40年[M].上海：上海人民出版社，2018.

过"拥有财富"和"满意的工作"。面对人民日益增长的健康需求，习近平多次强调："没有全民健康，就没有全面小康"；"健康是促进人的全面发展的必然要求，是经济社会发展的基础条件，是民族昌盛和国家富强的重要标志，也是广大人民群众的共同追求。"人类开始进入全新的大健康时代，围绕人民健康的改革势在必行。把以治病为中心转变为以人民健康为中心，需要政府、社会和个人的合力，但是政府治理仍然发挥着主导作用[1]。2016年，《"健康中国2030"规划纲要》（简称《纲要》）颁布，标志着推动全民健身与全民健康融合发展成为国家意志。《纲要》明确提出："坚持政府主导，发挥市场机制作用，加快关键环节改革步伐，冲破思想观念束缚，破除利益固化藩篱，清除体制机制障碍，发挥科技创新和信息化的引领支撑作用，形成具有中国特色、促进全民健康的制度体系。"因此，"关口前移治未病"成为卫生健康和体育发展方式的重要遵循，围绕大健康开展的行政体制机制改革将成为国家行政部门改革的主要模式，卫生健康和体育两大主要领域以及其他相关各领域的融合发展必然成为发展趋势。在2020年9月22日召开的教育文化卫生体育领域专家代表座谈会上，习近平强调："'十四五'时期，要科学研判体育发展面临的新形势，坚持问题导向，聚焦重点领域和关键环节，深化改革创新，不断开创体育事业发展新局面。"[2] 政策体系是经济社会发展方式改革的先头兵，同时伴随着健康中国国家战略的深入推进，必然需要构建全民健身与全民健康深度融合的政策体系。

（三）发达国家体育发展经验的启示

进入发达国家行列的一些欧美国家，经济社会发展水平相对较高，人民整体生活质量较为优越。同时，由于工业化、城镇化发展比较早，这些发达国家也比我国更早进入老龄化社会，慢性病也成为困扰这些国家人民健康的疾病谱系。为此，欧美一些发达国家采取了诸多措施抑制慢性疾病，很多国家将体育作为治疗慢性疾病的重要手段。"运动是良医"在欧美发达国家已经成为共识，他们先后制定并发布了一系列运动与健康融合政策，并相继形成了运动促进健康的发展模式。美国每隔10年就会发布一次国家健康战略计划，目前先后发布了《健康公

---

[1] 李红梅. 人民日报人民时评：来一场健康服务供给侧改革[EB/OL]. http://opinion.people.com.cn/n1/2019/0819/c1003-31301985.html.
[2] 国家体育总局编写组. 深入学习习近平关于体育的重要论述[M]. 北京：北京人民体育出版社，2022.

民1990》《健康公民2000》《健康公民2010》《健康公民2020》和《健康公民2030》。此外，美国卫生与公众服务部（HHS）发布了一系列国民体力活动促进计划，将体力活动与卫生医疗服务相结合，把增加国民体力活动和改善国民体质作为最重要的国家卫生健康目标之一。加拿大较早就颁布了身体活动政策——《增加身体活动、减少久坐生活的共同愿景：让我们运动起来》，该政策涉及6个重点领域，强调"从社区到国家，所有组织和领导者都必须参与促进身体活动和减少久坐生活中来"。21世纪以来，英国颁布了大量运动促进健康政策，并借助2012年伦敦奥运会对全国体育与卫生健康促进政策进行了修订，2007年颁布了《我们的承诺2012》，激发国民对体育的参与热情；2009年颁布了《活动·健康：使国家动起来的计划》；2014年先后颁布了《让苏格兰走起来：全国步行》《运动越多，生活越好》《保持健康，保持积极》等政策，推动运动与健康融合发展。20世纪70年代，日本走上了从"预防疾病"转向"运动健体"的健康促进道路，先后颁布了《第1次国民健康促进对策》《第2次国民健康10年规划战略》《关于面向21世纪的体育振兴策略》《为了增进健康的运动指针2006》《健康日本21》，确定了"营养、运动、修养"的健康要素，提出诸多推进运动与健康融合发展的措施，确立了运动促进健康的核心地位。美、英、日、加等国家作为发达国家的典型代表，最先意识到运动对健康的重要作用，目前已经走上了运动促进健康的发展道路，并积累了一定的经验，体育与卫生健康融合发展早已成为体育发展的新途径。因此，欧美发达国家的体育发展，特别是大众体育的发展，其模式已经向运动促进健康转型，相应的政策制定、组织架构、条件保障都在逐渐走向成熟，搭建了抑制慢性病蔓延、提升人们健康水平的防护网。

二、研究价值

健康中国战略为"大健康"视域下全民健身的科学发展指明了方向。全民健身和全民健康深度融合成为新时代全民健身的重要发展方式，新的发展方式迫切需要对应的政策加以引导、推动与规范。《"健康中国2030"规划纲要》也明确提出把健康融入所有政策，全方位、全周期保障人民健康，大幅提高健康水平，显著改善健康公平。由此，从政策学视角探讨全民健身与全民健康的深度融合成为重要的理论与实践论题。

（一）学术价值

本研究的学术价值主要在于对政策体系相关理论的建构，这种建构是通过对基本概念的理性分析，对社会实践的认知凝练，以及和国外相似实践的比较，探寻政策体系建构规律或本质，构建一套适合我国本土的全民健身与全民健康深度融合政策体系理论，从而更好地服务于社会实践。具体来看，通过界定全民健身与全民健康深度融合的内涵，梳理全民健身与公共健康政策的演进历程及相互关系，本研究勾勒出当前我国全民健身与全民健康深度融合的实践图景，凝练存在的政策问题，借鉴国外大众体育与公共健康融合发展的政策状况，并阐述全民健身与全民健康深度融合政策体系的价值和理念，构建中国全民健身与全民健康深度融合政策体系，有利于丰富与完善我国全民健身与全民健康深度融合的理论体系。"理论就要建构抽象的解释，可以用来说明广泛多样的经验情境；理论将各种经验现象的解释联系在一起，成为一个系统化的整体理论，从而解释不同的经验环境。"构建全民健身与全民健康深度融合政策体系是为进一步促进健康中国战略目标的实现提供理性认知与支持。

（二）应用价值

推进全民健身与全民健康的深度融合既是新时代大健康背景下人民的选择，也是党和政府推动卫生健康和体育事业改革发展，满足人民健康和健身需求的选择。因此，构建全民健身与全民健康深度融合政策体系具有较强的实践正当性，应用价值较为突出。①研究全民健身与全民健康深度融合政策体系，明确当前制约全民健身与全民健康深度融合存在的主要问题，并提出具体的构建策略，是促进全民健身国家战略与健康中国建设精准对接的重要步骤，也是推进新时代"大健康"视域下全民健身转型发展、科学发展的关键举措。②构建全民健身与全民健康深度融合政策体系，从政策目标、政策内容、政策工具、政策测评及政策保障等方面提出具体可操作的路径，为政府部门、体育专业组织、卫生健康方面的专业机构等提供方案。

第二节 文献综述

由于本研究的核心关键词是政策体系，涉及政策目标、政策内容、政策工具、政策测评、政策保障等要素，需要对我国体育政策相关研究开展系统地梳理。实际上，体育政策对于一个国家体育的发展具有重要的导向、规范和控制作用，是国家和政府实现其职能的重要方式。中华人民共和国成立以来，无论是中央层面还是地方层面的体育政策，在推进体育改革和发展过程中都起到了极为重要的作用。随着政策研究范式引入我国体育学术界，研究者围绕体育政策开展了多视角、多领域、多元化的研究，取得了较为丰富的研究成果。那么我国体育政策研究究竟呈现何种特征，研究热点具有何种演化规律，研究主要围绕哪些主题开展，以及研究趋势如何，这些问题都有必要予以厘清，从而有利于研究者总结经验，进一步开拓创新。基于此，本研究借助"中国知网（CNKI）"数据库平台，运用 CiteSpace（可视化文献分析软件）对 1981 年以来的体育政策（含全民健身政策、体医融合政策等）研究展开分析，旨在揭示我国体育政策研究的整体趋势，直观呈现体育政策研究的学术动态和演化规律，为国内体育政策研究者开展深入研究提供借鉴，同时为进一步厘清全民健身与全民健康深度融合政策体系研究奠定理论基础。

一、文献检索及数据处理情况

本研究借助 CiteSpace 试图对国内有关本课题的相关研究进展进行综述。其中，国内文献检索来源于"中国知网（CNKI）"数据库平台，检索时间为 2020 年 8 月 1 日，检索关键词为"体育政策""全民健身政策""体医融合政策"等，共检索到文献 1400 篇，剔除其中与本研究主题不符的文献（包括会议简讯、政策公告、文献综述、书评等），剩余 1054 篇作为最后处理的文献。将所搜集的 1054 篇文献按"选择→导出/参考文献→文献导出格式 Refworks→导出→保存"的基本采集流程处理，并保存为以"download××"格式命名的文本，以备研究分析。由于 CiteSpace 对中国知网下载的处理文本格式不能直接使用与处理，因此，在具体数据分析与可视化操作之前，要对所采集的文献数据进行格式转换。将从 CNKI 下载保存的数据文本通过点击"Data→Inport/Export→input→output→FormatConversion→Finished"的基本操作，将文献数据格式转换为 CiteSpace 软件可识别处理的文本格式。最后，根据研究的需要将转换后的数据进行相应的可视化分析操作。CiteSpace 可视化分析软件能够发现一个学科或知识域隐藏在文献数据后的信息，对学科的发展前沿及趋势进行追踪[1]。因此，本研究借助 CiteSpace.5.5.R1 软件结合 EXCEL 统计分析工具，对 CNKI 收录的 1054 篇关于

---

[1] 陈悦，陈超美，刘则渊，等. CiteSpace 知识图谱的方法论功能 [J]. 科学学研究，2015，33（2）：242-253.

我国体育政策研究的文献进行可视化分析。具体数据的时间范围为"1981—2020",施引文献(Node Types)依次选择作者、机构、关键词等共现分析功能,结合突现性、中心性分析、共现图谱、时间线视图等聚类分析(LLR)的结果,其他设置根据研究的实际需要,进行相应调整。

二、我国体育政策研究基本概况

(一) 研究年度分布概况

根据对所检索的文献进行梳理统计,国内关于体育政策的研究始于20世纪80年代。1981年,李德章在《学校体育》上刊发的《改善高考办法,促进学校体育发展——兼论教育理论、政策与教育实践的关系》指出当时的高考政策主要是考查考生的智育,难以保证选拔出高质量的德、智、体全面发展的人才,难以促进中小学全面贯彻落实党的教育方针,呼吁考试政策应对"体"的要求逐步提高。该文虽在学术期刊发表,但是只是一种口号式的文章,尚未上升至学术论文的高度。真正可以称得上学术研究的文献应该始于1985年赖国跃在《体育科技》上发表的《国外体育政策的启示》一文。直到2000年,我国体育政策研究一度呈现不温不火的趋势。随着《中华人民共和国体育法》《全民健身计划纲要》等体育政策陆续出台,国内学者对"体育政策"的学术研究兴趣越来越浓,文献研究成果数量呈现逐年增加的趋势(图1-1),特别在2010年后,我国体育政策研究数量呈剧增态势,2013年达到了150篇之多。本研究统计2020年8月之前刊载的文献,从图中可以看出,截至统计结束,2020年的文献数量已经超过了2016、2017、2018年的文献数量。

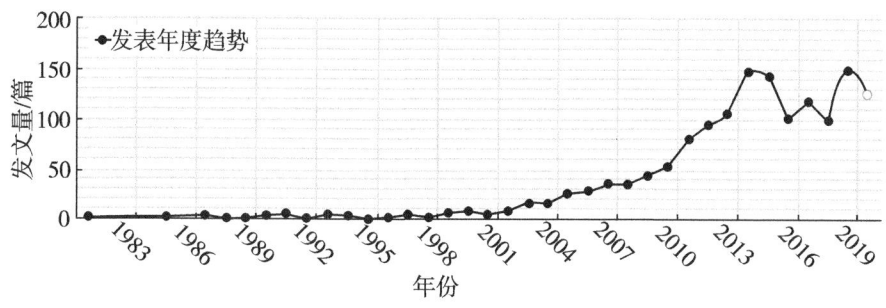

图1-1 我国体育政策研究文献年代分布趋势图

(二) 研究机构分布概况

通过对国内体育政策研究机构的统计分析，我们可以简要了解体育政策研究的主阵地。借助 CiteSpace 软件对样本文献的来源机构进行知识图谱（图1-2）的可视化呈现，从图中可以看出，上海体育大学是国内体育政策研究文献数量最多的机构，但是其文献数量也仅有 31 篇，其余排在前列的机构文献数量更是微少，超过 10 篇的机构仅有 8 家，超过 15 篇的仅有 3 家（表1-1）。对机构进行梳理的结果显示，所有的机构均为我国高校体育院系，表明我国体育政策研究的主要阵地在高校体育院系。从图1-2可以看出，我国体育政策研究的各个机构间分散程度较高，没有形成较为良性的集聚态势。虽然以"华中师范大学体育学院""南京师范大学体育科学学院""上海体育大学"以及"北京体育大学"为聚集点形成了链状结构，但是联系甚微，多数机构间并没有联系，呈现各自为战的状态。

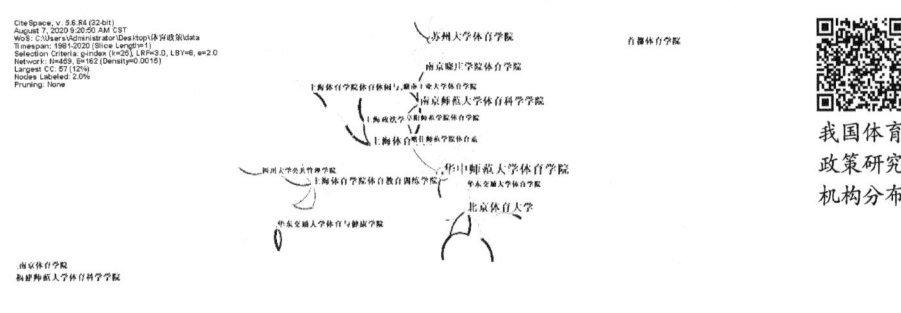

图 1-2 我国体育政策研究机构分布

表 1-1 我国体育政策研究机构文献数量超过 10 篇的机构

序号	数量	机构	序号	数量	机构
1	31	上海体育大学	5	14	苏州大学体育学院
2	27	华中师范大学体育学院	6	13	河北联合大学体育部
3	16	北京体育大学	7	11	井冈山大学体育学院
4	14	南京师范大学体育科学学院	8	10	南京晓庄学院体育学院

(三) 核心作者分布概况

将作者的相关数据导入 CiteSpace 软件进行可视化呈现，节点大小代表该作者发表文章的数量，节点连线则表示作者间合作关系，合作关系强弱由连线的粗细表示，可视化知识图谱如图 1-3 所示。从图中可以直观地看出，我国体育政策研究学者分布较分散，多数为个体，表明各作者之间尚未形成密切的联系与合作，尚未围绕体育政策研究形成研究群体。有联系与合作的作者群仅有孙庆祝、刘红建、汤际澜、张文鹏、王健、樊莲香，陈善平、潘秀刚、刘丽萍等组成的几个小研究群体，但是，研究成果文献数量也是极其有限的。以上数据均表明，我国体育政策研究学者的研究成果延续性不够，尚未形成较为稳定的核心作者群体。

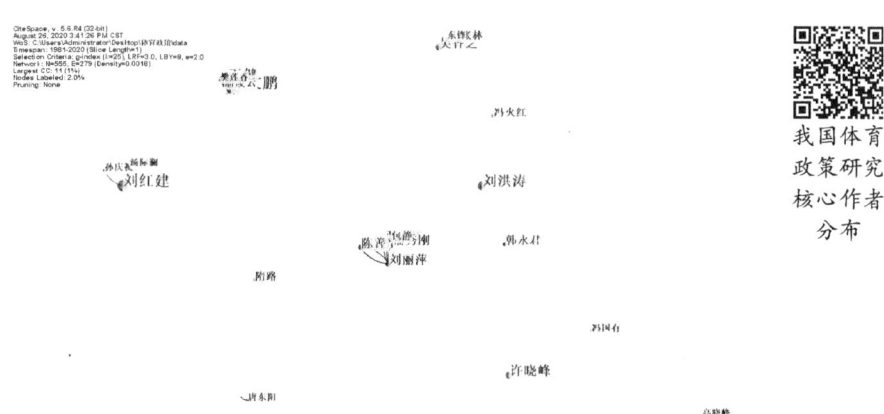

图 1-3　我国体育政策研究核心作者分布

(四) 研究关键词聚类分析

研究热点是指在一定时期内，有内在联系且数量较多的一组文献所研究的主题或视角[1]，通常情况关键词是对研究文献主题的高度概括，依据关键词词频高低和关键词共现、聚类可以呈现我国体育政策研究热点领域。运行 CiteSpace，时间跨度设定为 1 年，节点类型选择"Keyword"，阈值选择"Top 50%"，为了使所呈现的知识图谱更加清晰，选择寻径"Pathfinder"进行剪枝，形成关键词

---

[1] 张秀萍，王振．社会网络在创新领域应用研究的知识图谱——基于 CiteSpace 的可视化分析 [J]．经济管理，2017，39 (10)：192-208．

共现知识图谱（图1-4）。我国体育政策研究以"政策、体育政策、体育产业政策"等为核心关键词形成密布的联系网络，排在前十位的核心关键词依次为体育政策、政策、体育产业、学校体育、体育产业政策、体育管理、学校体育政策、政策执行、中国和体育（表1-2）。通过关键词聚类，我们得到我国体育政策研究核心热点领域为大众体育政策研究、体育产业政策研究、学校体育政策研究及体育政策执行研究四个方面。

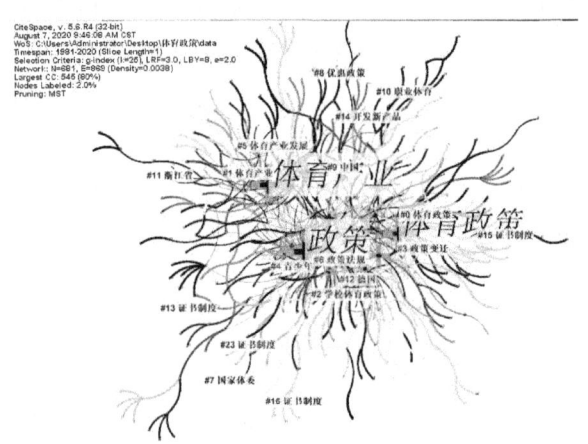

图1-4 我国体育政策研究关键词聚类

表1-2 我国体育政策研究核心关键词前十位

序号	数量	关键词	序号	数量	关键词
1	155	体育政策	6	45	体育管理
2	153	政策	7	45	学校体育政策
3	134	体育产业	8	36	政策执行
4	76	学校体育	9	36	中国
5	46	体育产业政策	10	31	体育

三、体育政策研究热点演化及主题讨论

（一）研究热点演化阶段呈现

研究热点的识别与追踪能够为研究者提供学科研究的最新演化动态，预测研

究领域的发展。CiteSpace 的时区视图可以显示共引网络中节点随时间变化的结构关系，呈现具有热点价值的突现关键词。通过梳理时区分布图形成的热点关键词及软件提供的关键词突现与中心度值，结合体育政策研究成果的年度分布，将我国体育政策研究热点的演化分为 4 个阶段（图 1-5），从时间维度呈现体育政策研究领域的演化脉络。

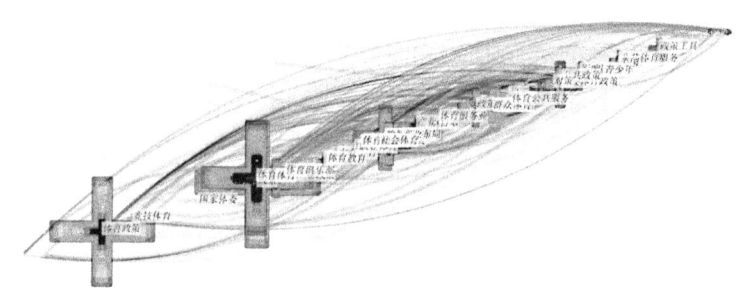

1981—2020 年我国体育政策研究热点时区分布

图 1-5　1981—2020 年我国体育政策研究热点时区分布

第一阶段（1981—1998 年）：该阶段是我国体育政策研究的萌芽期，体育政策研究刚刚起步，尽管该阶段有十余年，但整体研究数量较少，研究领域较为狭窄，研究的持续性较弱，研究的热点关键词主要有体育政策、竞技体育、国家体委等。该阶段研究的共性特征是对体育政策宏观的探讨，如《国外体育政策的启示》（1985）、《论政策在体育发展中的作用》（1987）、《建立体育政策学的必要性》（1988）等。这时期竞技体育是我国体育发展的重头戏，亟需体育理论的指导，因而关注竞技体育政策的研究较多，如《从奥运战略到协调发展战略——中国、苏联有关体育政策发展变化的比较研究及启示》《新中国竞技体育政策的发展和特点初探》《中国竞技体育发展宏观区域政策协调研究》等。此外，该阶段也有研究者开始关注体育产业政策、社会体育政策以及国外体育政策等，但都是"蜻蜓点水"，持续性、系统性研究不足，如《日本的国民体育政策》《体育产业结构政策初探》等。

第二阶段（1999—2006 年）：该阶段的研究聚焦于社会体育、体育教育、体育产业、产业布局等，与第一阶段相比，该阶段研究逐步分化，但宏观政策分析的特点仍比较明显。《全民健身计划纲要》的颁布对体育政策研究者产生了重要影响，该时期社会体育政策研究成为热点，一批研究者围绕中外社会体育政策比较、社区体育政策、老龄化与社会体育政策、终身体育政策以及社会体育政策制定与执行等开展了深入研究。随着中国加入世界贸易组织（WTO），我国体育产业发展步伐开始加快，该时期体育产业政策研究不断涌现，《我国体育用品业的产业政策选择》《论中国体育产业政策调整的基本原则》《国外对体育产业风险投资的支持政策及其启示》等论文相继发表，有力地推动了体育产业政策领域的理论研究与实践发展。该阶段研究者开始关注体育教育政策，李国华较早分析了国际教育和体育政策的发展，为我国学校体育变革提供了经验借鉴。

第三阶段（2007—2012年）：该阶段研究热点聚焦于群众体育、体育公共服务、公共政策等，研究成果数量呈现逐年增多的特点。与前期相比，已有的研究热点被持续关注，而新的研究热点也在涌现。随着《全民健身条例》《全民健身计划（2011—2015年）》陆续颁布，群众体育政策的关注度日益提升，关于群众体育政策的研究不断深化，呈现研究内容更加具体的特点，如群众体育政策的研究领域几乎包含了农村体育、社区体育、妇女体育、老年体育、幼儿体育、残疾人体育及少数民族体育等方面的政策研究。该时期的体育政策研究视角逐步打开，新公共服务理论、新公共管理理论及治理理论等经典理论被引入体育政策研究中，而历史分析、利益分析、制度分析等研究范式进一步增强了体育政策研究深度。从研究内容来看，体育政策制定、执行以及评估监督等都成为研究者开展研究的关键词。该时期学校体育政策执行力的研究、体育政策与法规的辩证关系以及体育政策的学科属性等研究成果相继出现，标志着这一时期体育政策研究的成果更具深度和科学性。

第四阶段（2013—2020年）：该阶段的热点关键词主要有青少年体育、学校体育、公共体育服务、政策工具、美国等。党的十八届三中全会将推进国家治理体系和治理能力现代化作为全面深化改革的总目标，而体育政策则是治理体系和治理能力现代化的组成因素。在体育领域，2014年全民健身上升为国家战略，随后几年，《"健康中国2030"规划纲要》《全民健身计划（2016—2020年）》《青少年体质健康促进计划》，以及《体育强国建设纲要》等重要政策相继发布。这些都对我国体育政策研究产生了深远影响。该时期的体育政策研究成果数量更多，研究视角更加多样，研究内容更加细化，更有深度，新的研究热点呈现多元化发展态势。以往体育政策研究落后于公共政策研究，但该时期两者的差距逐步缩小，如政策工具在公共政策研究是热门的研究话题，在体育政策研究领域也是热点关键词，成为研究者分析各类体育政策的研究工具。体育政策研究开始探讨体育执行、评估等政策实践话题，许多政策执行模型被引入研究成果中，成为分析群众体育、竞技体育，以及学校体育政策执行状况的理论依据。

(二) 研究热点主题讨论

本研究主要针对我国体育政策研究四大核心领域：大众体育政策研究、体育产业政策研究、学校体育政策研究、体育政策执行研究，以及与本课题研究息息相关的全民健身与全民健康融合政策相关研究的文献进行综述。

1. 大众体育政策研究

新中国成立以来，国家十分重视大众体育的发展，新中国成立初期便成立了中华全国体育总会，并由朱德任总会名誉主席，在推进大众体育发展道路上相继推出了若干体育政策，以确保大众体育顺利推进。大众体育政策也倍受学术研究的青睐，积累了大量研究成果。①大众体育政策历史演进研究：蔡治东等将我国大众体育政策的发展脉络分为创立期、曲折发展期、改革探索期、法制化期、人本化期5个时期[1]；刘春华以体育政策试验概念界定为切入点，从政策试验类型视角分析探讨了1978—2018年我国体育政策试验的历史渊源、演变趋势与现实发展[2]；刘叶郁运用政策系统理论对政策的基本信息、主题、效力进行定性分析，揭示了中华人民共和国成立以来体育政策的演变特征及原因，并指出了我国体育政策工具选择、实施过程中存在的问题[3]；②大众体育政策第三方评估研究：刘红建等认为"大众体育政策的第三方评估能够有效保证政策评估的真实性与公正性"，在借鉴国外发达国家大众体育政策第三方评估经验的基础上，提出了完善我国大众体育政策第三方评估的路径[4]；周生旺运用文献资料等方法分析了我国大众体育政策第三方评估制度，指出了我国大众体育政策第三方评估的问题及出路[5]；③国外大众体育政策研究：国外大众体育政策研究为我国大

---

[1] 蔡治东, 汤际澜, 虞荣娟. 中国大众体育政策的历史变迁与特征 [J]. 体育学刊, 2016, 23 (4)：35-39.
[2] 刘春华. 中国体育政策试验：类型、路径、困境与破解 [J]. 天津体育学院学报, 2019, 34 (1)：1-7.
[3] 刘叶郁. 中华人民共和国成立以来体育政策的演变特征与内容分析 [J]. 上海体育大学学报, 2018, 42 (6)：11-17.
[4] 刘红建, 谢正阳, 高奎亭. 大众体育政策"第三方评估"的国外经验与本土发展 [J]. 武汉体育学院学报, 2016, 50 (7)：39-45.
[5] 周生旺, 刘红建, 孙庆祝. 我国大众体育政策第三方评估的制度性分析 [J]. 体育文化导刊, 2017 (12)：37-41.

众体育政策的推陈出新提供了参考与支撑，因此，关于这方面的研究始终是研究的热点，如程华等对发达国家大众体育政策评估的特点进行了研究[1]；徐士韦对澳大利亚大众体育政策的演进进行了回顾和总结[2]；王晓波对加拿大群众体育政策发展的三大成功经验进行了总结[3]；张秀丽对英格兰体育总署、西班牙体育理事会、意大利奥委会等进行了全方位研究，总结英、意、西促进大众体育方面的政策制度措施[4]；徐通分析了英国福利制度对大众体育政策演变的影响[5]。

2. 体育产业政策研究

体育产业是体育发展的重要领域，在推进体育产业发展方面，我国先后颁布了若干政策措施，旨在激发体育产业活力，提高体育产业质量。围绕体育产业政策的研究也从未间断，在体育产业政策变迁、体育产业政策问题与对策等方面积累了一定的研究经验。①体育产业政策基本问题研究：陈晓峰基于国家治理的视阈对我国体育产业政策环境进行了系统分析[6]，陈晓峰指出我国现今体育产业政策呈现政策内核系统"双重问题叠加"、政策支撑系统结构失衡和政策主体渐趋清晰的局面，体育产业政策仍存在内核系统呈现整体力量薄弱、内部结构失衡、需求型政策工具缺失、供给型政策工具不足等问题[7]，燕飞围绕我国体育产业政策变迁的动力机制进行了专题研究[8]。②体育产业政策历程研究：徐成立通过共词分析法、聚类分析法对我国体育产业政策变迁的历史进程、逻辑和未来发展趋势进行了研究，指出我国体育产业政策历经改革开放期（1978—1992年）、积极探索期（1993—2001年）、相对停滞期（2002—2009年）、战略发展

---

[1] 程华，戴健，赵蕊.发达国家大众体育政策评估的特点及启示——以美国、法国和日本为例[J].沈阳体育学院学报，2016，35（3）：36-41.
[2] 徐士韦.澳大利亚大众体育政策的演进述析[J].沈阳体育学院学报，2016，35（6）：6-13.
[3] 王晓波.加拿大大众体育政策的演进及其启示[J].体育文化导刊，2016（2）：25-29.
[4] 张秀丽.英意西大众体育政策特点及其启示[J].体育文化导刊，2008（8）：102-105.
[5] 徐通.英国福利制度与大众体育政策演变[J].体育文化导刊，2008（4）：110-111，118.
[6] 陈晓峰.我国体育产业政策环境分析——基于国家治理的视阈[J].中国体育科技，2018，54（2）：3-14，50.
[7] 陈晓峰.我国现今体育产业政策分析：存在问题与发展趋势[J].北京体育大学学报，2017，40（5）：7-15.
[8] 燕飞.我国体育产业政策变迁的动力机制与智库参与[J].体育与科学，2016，37（2）：18-23.

期（2010—2018年）4个阶段[1]；刘春华在系统梳理考察我国1980年来的体育产业政策的基础上，从体育产业政策发布机构、政策类型、政策目标关注点、政策措施、政策力度5个维度构建了我国体育产业政策分析的ATOMS框架模型[2]；王子朴等从产业政策学的角度总结了我国体育产业政策发展的脉络体系[3]。③体育产业政策效果评估研究：陈明对我国体育产业政策效果进行了评价，认为存在政策体系不健全、学校体育场馆对外开放政策执行力度不够、体育产业指标体系设置不合理等问题[4]；林建君等运用计量经济学理论，通过资源配置倾斜度与超前度分别评价了我国体育产业政策优势倾斜和产业政策实施的超前发展程度[5]。

3. 学校体育政策研究

学校体育一直是我国体育事业发展关注的领域，尤其在我国学生体质健康状况不容乐观的现实下，国家更重视通过各类政策来解决学校体育问题。因此，学校体育政策不断涌现，每一次新政策的颁布都会引发学术界的热议。有关学校体育政策的研究，目前主要集中在以下几个领域。①学校体育政策变迁研究：刘宁等对1979—2008年的学校体育政策进行了梳理，提出了我国学校体育政策发展的"三阶段、三导向"的发展脉络[6]；张文鹏通过对民国时期学校体育政策文本进行量化分析与研究，认为学校体育政策类型初步系统化、学校体育政策主题集中于课堂体育教学、学校体育政策工具体系初步形成、学校体育政策制定主体初步扩展[7]；此外，高晓峰采用多源流政策理论对70年来我国学校体育政策变迁进行研究[8]。②学校体育政策执行力研究：陶克祥认为学校体育政策执行力在实践中受到多种因素的影响，其中执行主体、执行客体、执行资源和执行文化

---

[1] 徐成立, 张宝雷, 张月蕾, 等. 我国体育产业政策变迁：进程、逻辑及演变趋势 [J]. 武汉体育学院学报, 2020, 54 (3)：45-53.

[2] 刘春华. 我国体育产业政策演进与效果评价 [J]. 山东体育学院学报, 2020, 36 (1)：1-8.

[3] 王子朴, 原玉杰, 詹新寰. 我国体育产业政策发展历程及其特点 [J]. 上海体育大学学报, 2008, (2)：15-19.

[4] 陈明. 我国体育产业政策效果的基本评价与发展对策 [J]. 广州大学学报（社会科学版）, 2013, 12 (8)：45-50.

[5] 林建君, 李文静. 我国体育产业政策效应的评价研究 [J]. 体育科学, 2013, 33 (2)：22-29.

[6] 刘宁, 刘静民, 张威. 改革开放以来我国学校体育政策、法规演变脉络之研究 [J]. 体育科学, 2009, 29 (12)：88-92.

[7] 张文鹏. 民国时期学校体育政策演进研究 [J]. 体育文化导刊, 2017 (2)：175-180.

[8] 高晓峰. 我国学校体育政策变迁与启示 [J]. 体育文化导刊, 2019 (8)：30-37.

是主要因素[1]；李新红等认为"执行阻滞是我国学校体育政策执行过程中较为普遍的现象，已成为制约学校体育政策功效的重要瓶颈，阻碍了学校体育工作目标的实现"[2]；潘凌云等认为学校体育政策执行必须以现代治理理论为导向，实现从碎片化管控到综合性治理、从强制性控制到民主化推进、从表浅化实施到深层次推进以及从运动式管理到常态化治理的转变[3]。③学校体育政策执行评价研究：王书彦运用 Delphi 法建立起了由个人执行力、组织执行力、学校体育政策、学校执行资源与环境及执行效力 5 个 1 级指标、12 个 2 级指标和 35 个 3 级指标的学校体育政策执行力评价指标体系，计算了权重系数[4]，并以黑龙江省普通中学为例运用所建立的评价指标体系，就学校体育政策执行力现状进行了全面分析和评估[5]。

4. 体育政策执行研究

决定政策效果的关键在于政策的有效执行。在实际政策落地实施的过程中，存在各种各样的阻滞因素，导致政策执行力不高，偏离政策初衷，进而政策效果不理想。因此，结合环境变化，对政策执行的研究始终是学术研究的重中之重，体育政策领域也不例外。当前有关体育政策执行的研究主要集中在以下几个方面。①体育政策执行效果研究：吴香芝等指出我国体育服务产业政策整体执行效果不理想，在不同地区、不同的体育服务产业领域和不同的政策类型所发挥的作用也不同[6]；周正宏等基于 2008—2017 年的省级数据结合政策评估方法和合成控制法对《关于加快发展体育产业的指导意见》的执行效应进行了研究[7]；牛莹构建了体育产业政策效应评价指标体系，为评价体育产业政策实施效果提供了

---

[1] 陶克祥. 学校体育政策执行力及其影响因素 [J]. 现代教育管理，2012（6）：68-71.

[2] 李新红，薛明陆，李富菊. 学校体育政策执行阻滞的归因和应对策略研究 [J]. 当代教育科学，2015（8）：49-52.

[3] 潘凌云，王健，樊莲香. 我国学校体育政策执行存在的问题与应对策略 [J]. 体育学刊，2017，24（2）：80-84.

[4] 王书彦，周登嵩. 学校体育政策执行力的评价指标体系 [J]. 体育学刊，2010，17（6）：46-50.

[5] 王书彦. 学校体育政策执行力评价指标体系及其实证研究 [J]. 北京体育大学学报，2010，33（8）：104-107.

[6] 吴香芝，张林. 我国体育服务产业政策执行效果及影响因素研究 [J]. 中国体育科技，2013，49（4）：113-123.

[7] 周正宏，李行云，陈若愚. 区域体育产业集聚与增长的政策效应——基于合成控制法的分析 [J]. 财经科学，2018（7）：121-132.

参考工具[1]。②体育政策执行阻滞归因研究：杨青松以《全民健身计划纲要》为例，指出体育政策执行存在阻滞现象，与政策执行主体的特性、政策文本的品质、政策相对人对纲要的认同度，以及纲要执行所需资源的准备状况等方面的不足有关[2]；杨成伟等基于国家出台学校体育设施服务社会政策的背景，指出在政策执行过程中出现抵制执行、象征性执行、选择执行、附加执行以及政策合谋等现象[3]；刘峥等认为导致政策执行过程中出现了选择性执行、替代性执行、象征性执行等阻滞现象的主要原因在于公共体育服务政策制定主体的权威性不够、利益主体之间的冲突、政策执行监管不力等[4]。③体育政策执行阻滞消解研究：李新红等指出为提高学校体育政策执行力，需要对我国学校体育政策执行阻滞进行归因研究，提出政策执行阻滞破解的对策，以推动我国学校体育工作的开展，增强青少年学生的体质[5]；刘玉提出扩大社会体育政策执行主体，从政府治理走向社会共治、丰富社会体育政策执行工具，从命令控制走向灵活多样、改革社会体育政策执行结构，协调主体利益关系、完善社会体育政策执行机制，促进社会体育政策顺利执行[6]；刘红建提出了优化群众体育政策执行的路径，平衡群众体育政策执行中的经济利益关系，以法律方式规范地方群众体育政策的执行及培养积极公民，提高体育组织化程度等[7]。

四、关于全民健身与全民健康融合政策相关研究

从1995年至2014年，"全民健身"走过了二十年，也从"纲要"上升为"国家战略"。"全民健身"不负"健康中国2030"的光荣使命，不断提档升级、聚力循证、精准发力，把"大健康"理念融入公共政策制定实施的全过程，有

---

[1] 牛莹. 体育产业政策效应研究 [D]. 济南：山东体育学院，2017.
[2] 杨青松，罗建河. 我国群众体育政策执行阻滞效应的多维分析——以《全民健身计划纲要》为例 [J]. 广州体育学院学报，2008，28（6）：11-14.
[3] 杨成伟，唐炎. 学校体育设施服务社会政策的执行困境与路径优化 [J]. 体育学刊，2013，20（6）：55-59.
[4] 刘峥，唐炎. 公共体育服务政策执行阻滞的表现、成因及治理 [J]. 体育科学，2014，34（10）：78-82.
[5] 李新红，薛明陆，李富菊. 学校体育政策执行阻滞的归因和应对策略研究 [J]. 当代教育科学，2015（8）：49-52.
[6] 刘玉. 转型期我国社会体育政策执行模式研究 [J]. 西安体育学院学报，2010，27（5）：519-524.
[7] 刘红建. 群众体育政策执行的环境因素及其优化路径研究 [J]. 南京体育学院学报（社会科学版），2015，29（2）：49-55.

力推进全民健身与全民健康实现深度融合。2016年起,全民健身与全民健康深度融合(在实际搜索时亦包含"体医融合""体育与卫生健康融合"等关键词)研究成为学界热议的话题,并在以下几个方面取得了成果。

(一) 全民健身与全民健康融合概念等基础理论研究

卢元镇认为,将体育运动纳入"健康中国2030"规划中,是中国社会的巨大进步。体育运动是主动健康的核心,而主动健康的本质就是一个体育运动前置的问题,并提出了4个前置:在国家竞技与社会发展的整体活动中体育地位的前置;在医疗健康干预与非医疗健康干预排序过程中体育地位的前置;在教育中的体育地位的前置;在体育内部要做到全民健身地位的前置[1]。刘国永提出全民健身和全民健康深度融合要紧紧围绕服务于全体人民、生命全周期、健康全过程和"四位一体"的健康观(身体健康、心理健康、道德健康和社会适应能力良好)来思考和定位[2]。杨树安认为,推动全民健身和全民健康深度融合,先要理念融合,走出认识误区是实现深度融合的必要前提。厘清关系是实现深度融合的重要基础,全民健身和医疗卫生是实现全民健康的两个重要支撑,而实现全民健康则是成就健康中国的最主要途径;明晰健康中国建设的侧重点是深度融合的关键,在健康中国战略中,全民健身侧重前端,涵盖身体锻炼、养生、保健等工作。医疗卫生侧重后端,涵盖疾病预防、治疗、康复等工作。二者如鸟之两翼、不可偏废。梁丽珍认为,体医融合是体育与医疗的交叉和融合,其目的是在疾病防治、体质增强和监控维护等健康服务领域,大力推进体育与医疗卫生两大行政管理系统的深度配合,促进医疗和体育健康发展,发挥体育在预防、治疗和康复三位一体的健康链条中的特殊作用[3]。

(二) 全民健身与全民健康融合路径的研究

此部分包括融合存在的问题,融合的政策路径等。龙佳怀等认为全民科学健身存在"大健康观"下顶层设计的缺失、体医融合力度不够、运动康复专业人才匮乏、主动健康养生不强等问题,提出应加强"大健康观"的顶层设计,共

---

[1] 卢元镇. 全民健身:健康中国的有力支撑 [J]. 中国卫生, 2016 (9):25-26.
[2] 刘国永. 实施全民健身战略,推进健康中国建设 [J]. 体育科学, 2016, 36 (12):3-10.
[3] 梁丽珍. 体医融合背景下社区医疗与体育健康产业协同发展模式研究 [J]. 经济研究导刊, 2017 (30):54-55.

建多部门协同作战机制,体医融合共促健康发展[1]。金晨认为体育对接健康中国势在必行,提出通过政府行为整合现有人力资源,完善体育与医学结合类学科的教育体系;加强体育与医疗部门之间的合作,建立健全体育医疗机构的设立制度;制定相关人员执业资格评价序列,以及加快落实竞技体育科研成果的转化的解决措施,为体育与健康中国更好对接提供参考[2]。沈圳等指出深度融合存在行政管理体制失范、政策与法制环境缺失、复合型体医人才短缺、体育社会组织疲软无力、健康服务业发展缓慢等问题,并提出了部门融合、政策融合、人才融合、组织融合、资源融合、产业融合六个维度的实施路径[3]。张波等认为协同管理机制模糊、政策法规缺失、资源及服务分配不合理、专业人才建设滞后等问题阻碍了深度融合,建议理念先行,增强群众从全民健身到全民健康的意识;跨界融合,加强各部门多元治理;完善政策,发挥政策的引领性;社会参与,构建政府引导、社会支持的联动格局;挖掘人才,培养复合型人才,应用大数据,构建"互联网 + 全民健身"理论[4]。

(三) 全民健身与全民健康深度融合的体制机制研究

卢文云等认为体制融合是全民健身与全民健康深度融合的前提,并从构建政府统筹推动机制、跨部门协同机制、社会参与机制等维度提出了相应建议[5]。冯振伟等对体医融合的共生机制与路径进行了研究,提出完善体医融合的共生单元;增强共生关联,优化融合互惠共生模式;营造正向共生环境,保障共生界面;推广运动处方实践,加强科学健身指导;培养运动健康指导人才;回溯传统体育与中医融合的当代价值等共生发展路径,旨在为我国全民健身与全民健康深度融合提供支撑[6]。刘国永提出理念先行,实现从全民健身到全民健康的认识

---

[1] 龙佳怀,刘玉. 健康中国建设背景下全民科学健身的实然与应然 [J]. 体育科学,2017,37 (6):91-96.

[2] 金晨. 走出"体医结合"第一步——体育对接健康中国的路径研究 [J]. 河北体育学院学报,2017,31 (6):49-55.

[3] 沈圳,胡孝乾. 全民健身与全民健康深度融合的现实困境与多维路径 [J]. 体育文化导刊,2019 (7):55-59,65.

[4] 张波,刘排,葛春林,等. 全民健身与全民健康融合发展研究 [J]. 体育文化导刊,2019 (5):28-33.

[5] 卢文云,陈佩杰. 全民健身与全民健康深度融合的内涵、路径与体制机制研究 [J]. 体育科学,2018,38 (5):25-39,55.

[6] 冯振伟,韩磊磊. 融合·互惠·共生:体育与医疗卫生共生机制及路径探寻 [J]. 体育科学,2019,39 (1):35-46.

飞跃；深化改革，探索有利于全民健身与全民健康深度融合的体制机制；找准定位、精准发力，推进全民健身与全民健康深度融合；实施思想引领、科学指导、人才培养、科技创新、文化宣传等系列工程的路径[1]。

(四) 国外体育与健康融合政策经验的研究

黄亚茹等认为，经过多年的发展，美国建立了以政府为主导，科研机构、体育社会组织为补充，将医疗卫生服务与体育健身服务相结合的运动促进健康指导服务平台，为民众科学运动、预防慢性病作出了贡献。岳建军对美国《国民体力活动计划》中体育与卫生医疗业融合发展在理念、组织、战略与策略、技术这四个层面的内在机制进行了研究，提出理念层面达成共识、机构与组织有机结合、策略有效融合、体卫医业技术融合的发展路径[2]。徐锦星等认为爱尔兰《国民体力活动计划》通过"体力活动四级干预模型"构建了体医融合的桥梁，促进了全民健身与全民健康的融合，据此提出本土启示：需要在理念、技术、资源层面纵深融合[3]。

学术界关于体育政策研究已经积累了一定的研究成果，对本研究也起到了一定的理论支撑。然而，综观体育政策研究的总体现状，研究者偏重于宏观和定性研究，微观和定量研究比较匮乏。正如公共政策相关学者指出的，由于缺乏科学研究方法和跨学科知识背景，我国公共政策研究出现了定性分析多、定量分析少，总结分析多、预测研究少，跨学科、综合分析少等问题[4]。实际上，体育政策研究同样呈现这样的发展态势。当然，随着体育政策研究愈发受到重视，大批其他学科背景的研究者将涌入体育政策研究领域，推动体育政策研究结构的日益合理化，最终促进体育政策研究繁荣发展。同样，由于我国全民健身与全民健康深度融合提出的时间较短，相关研究还处于起步阶段，从政策科学视角研究推进全民健身与全民健康深度融合的成果更为少见，这与我国提出的将《"健康中国 2030"规划纲要》融入所有政策的要求不相适应，难以对实践提供政策层面的引导与规范，亟须得到学界的理论支撑和智力支持。

---

[1] 刘国永. 实施全民健身战略，推进健康中国建设 [J]. 体育科学，2016，36 (12)：3-10.
[2] 岳建军. 美国《国民体力活动计划》中体育与卫生医疗业融合发展研究 [J]. 体育科学，2017，37 (4)：29-38.
[3] 徐锦星，岳建军，刘伟. 爱尔兰《国民体力活动计划》特征、作用及启示 [J]. 体育文化导刊，2019 (2)：40-45.
[4] 朱亚鹏. 公共政策过程研究：理论与实践 [M]. 北京：中央编译出版社，2013.

第三节 研究对象、研究目标和研究方法

一、研究对象

本研究以全民健身与全民健康深度融合政策体系为研究对象。

二、研究目标

立足健康中国与全民健身国家战略的时代大背景，本研究从我国全民健身与全民健康融合发展政策的演进历程及存在的主要问题出发，结合发达国家经验，基于政策体系理论构建具有我国特色的全民健身与全民健康深度融合政策体系，为全民健身与健康中国实质性全面对接提供理论支持。主要目标是构建全民健身与全民健康深度融合政策体系，该目标的实现依赖于阐释全民健身与全民健康深度融合的内涵；梳理全民健身政策、医疗卫生等健康领域重要政策的演进历程；诊断当前全民健身与全民健康深度融合的政策障碍，以及借鉴国外大众体育与卫生健康融合发展的政策体系经验。

三、研究方法

（一）文献资料法

通过图书馆收集、中国期刊全文数据库等网络检索，查阅关于全民健身政策、公共卫生与健康政策，以及体育与健康融合的相关书籍、期刊论文、学位论文、研究报告等，明确全民健身与全民健康深度融合的政策内涵、政策体系、体系结构与功能等。

（二）访谈法

本研究的访谈法包括专家访谈和实地访谈。一是通过访谈致力于全民健身、全民健康相关研究的专家、学者共15名（表1-3），获得对全民健身与全民健康深度融合内涵、历史及要素等方面的建议。二是，本研究利用参与地方"十四五"体育发展规划编制的契机和便利，通过实地访谈体育、教育、卫生、旅游等工作人员、专业组织负责人等15名（表1-4），探寻我国全民健身与卫

生医疗等健康行业融合的政策问题与障碍,为构建中国本土的全民健身与全民健康深度融合的政策体系提供实证资料。笔者认为,以现场访谈和局部观察为主的实地访谈,能够更清晰地了解当前我国全民健身与全民健康深度融合的现状和问题。

表1-3 访谈专家情况

姓名	职称	单位	研究方向
李××	教授	南京师范大学	运动人体科学
陈××	教授	南京师范大学	体育管理与政策
刘××	教授	南京中医药大学	运动养生
王××	教授	北京体育大学	运动人体科学
姜××	教授	山东大学	体育法学
贾×	教授	西南政法大学	体育法学
王×	教授	西南大学	体育管理学
邵××	教授	吉林体育学院	体育管理学
刘×	教授	上海大学	全民健身
郭××	教授	南京体育学院	全民健身
张××	教授	海南医科大学	运动健康促进
徐××	教授	海南医科大学	公共卫生与健康
王×	副教授	山东第一医科大学	公共卫生与健康
袁×	副主任医师	东部战区总医院	公共卫生与健康
尹××	教授	北部湾大学	体育政策学

表1-4 实地调研访谈对象基本情况表

姓名	性别	职务
熊××	男	省体育局副局长
黄××	男	市体育局局长
殷×	女	市体育局局长
吴×	男	市体育局副局长
李×	女	市(县)教体局副局长

续表

姓名	性别	职务
赵××	男	县文旅体局副局长
刘××	男	市体育局群体处处长
洪××	男	市体育局综合办主任
王××	女	市体育局群体处科员
谢××	男	市文广体旅局群体科科长
王××	男	市卫健委办公室主任
张×	男	社区文体站负责人
李××	男	乡镇文体站负责人
邵××	女	乡镇文体站负责人
陈×	男	市体育局群体处科员

(三) 问卷调查法

本研究选择了江苏省无锡市、山东省泰安市、安徽省芜湖市、吉林省长春市、广西壮族自治区钦州市、四川省绵阳市及海南省白沙黎族自治县7个地区作为实际调查对象，基本涵盖了我国东、中、西三大经济地区，以及南方、北方两大地理空间范畴，同时还包括处于特殊地理位置的海南岛，具有一定的代表性，然后再随机抽取2个县级市（区）进行问卷发放与回收统计，其中针对地方政府部门和协会工作人员共发放问卷200份，回收195份，有效问卷189份，有效率达94.5%；针对城乡居民总共发放问卷2300份，回收2243份，有效问卷2220份，有效率达96.5%。需要说明的是，本研究对以上地区全民健身与全民健康融合发展的典型调查，还不能代表全国的总体情况，只是试图通过以点窥面的方式了解我国全民健身与全民健康融合发展的实际情况，发现目前存在的问题。

(四) 政策分析法

采用政策分析的方式对全民健身、公共健康等领域的重要政策进行梳理，深度分析我国全民健身与全民健康融合发展的政策问题，同时对比国外大众体育与公共健康领域的融合发展政策，探索推进全民健身与全民健康深度融合的政策路径。本研究认为全民健身政策就是政党及国家机关为满足人们的健身需求目标而采取的行为或规定准则。全民健身政策外在表现于法律、条例、规定、办法、纲要、计划、意见、通知等语言和文字，其实质是对国家公共体育资源的整合与分配，从而有效满足人们的健身需求，更好地服务于国家政治、经济、文化的发展需要。全民健身政策既包括国家层面的政策，又包括地方层面的政策；从类型来看，既包括法律、条例，又包括纲要、通知、意见等规范性文件（国家层面的全民健身政策见附录三）。

第四节　研究框架及创新

一、研究框架

本研究的总体框架如图1-6所示。

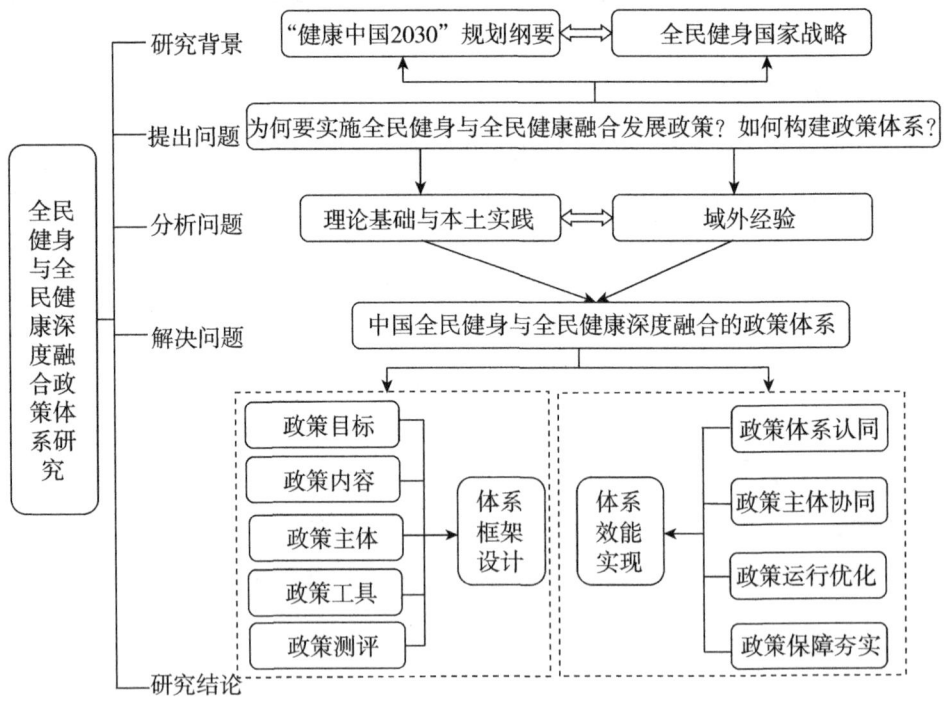

图1-6　本研究的总体框架

根据研究框架的总体安排及内在逻辑对全民健身与全民健康深度融合政策体系进行了系统研究，全书共分八章，具体内容如下。

第一章　绪论。本章分析了本研究的研究背景和研究价值，梳理了体育政策研究的学术史和动态，提出了研究对象、研究目标和研究方法，对研究框架和具体内容进行了谋篇布局。

第二章　基础理论。本章结合健康中国与全民健身国家战略的时代背景，从新公共服务理论、公共治理理论、政策过程理论及共生理论等方面，分析了全民健身与全民健康深度融合政策体系的理论依据，这些理论的相关原理为本研究提供了理论依据和视角。从全民健身、全民健康基本概念出发，厘清了全民健身与全民健康深度融合的内涵。

第三章　历史经验。本章梳理了我国全民健身政策的演进概况，系统总结了全民健身与全民健康政策的演进特征，并结合医疗卫生等健康领域重大、重要政策判定了全民健身与全民健康的关系脉络和内在逻辑，提炼出全民健身与全民健康融合发展的逻辑特征。

第四章　现实图景。本章通过问卷调查、实地调研等方法，结合全民健身与全民健康融合发展认知情况、全民健身与全民健康融合配套政策、全民健身与全民健康组织机构、全民健身与全民健康场地设施、全民健身与全民健康活动开展，以及全民健身与全民健康科学指导等方面，分析我国全民健身与全民健康融合发展现实图景，诊断全民健身与全民健康深度融合存在的问题，为构建新的政策体系奠定了基础。

第五章　国外镜鉴。发达国家大众体育与卫生健康融合发展起步较早，这些国家制定的一些政策及相应措施对我国全民健身与全民健康的深度融合具有借鉴意义。通过文献资料法、政策分析及比较分析法尝试从政策学视角梳理美国、英国、法国、德国、芬兰、日本、澳大利亚等国家的大众体育与卫生健康融合发展的政策经验，并总结这些国家的政策特征。新时代我国全民健身与全民健康的深度融合将迈上新台阶、步入新阶段。以满足人民运动健康需求为目标，修订完善的法律法规，构建科学的政策体系，要明确政策主体，瞄准重要政策问题，优化整合政策资源，推动全民健身与全民健康的深度融合，同时要秉承弱势补偿原则，促进全民健身与全民健康的深度融合走向均衡等方面，梳理了有益于我国的经验及启示。

第六章　体系构建。全民健身与全民健康深度融合的政策体系就是推动两大系统走向深度融合的政策元素按照一定逻辑关系所形成的有机整体。立足政策体系理论，结合新时代全民健身与全民健康发展背景，分析了全民健身与全民健康深度融合政策体系的内涵、价值、理念与框架。主要从体现以人民为中心的政策导向、突出解决实践问题的政策宗旨、确保政策的合法性与权威性、强化政策的整合性与协同性、重视政策量化标准与异体评估，提出了全民健身与全民健康深度融合政策体系设计的理念，最后从政策目标、政策内容、政策主体、政策工具及政策测评五个方面构建了全民健身与全民健康深度融合的政策体系框架，并详细阐释了每个方面的具体内容。

第七章　保障路径。尽管构建了全民健身与全民健康深度融合的政策体系，但这些政策不可能孤立地转化为治理效能，仍然需要借助具体路径方能实现向治理效能的过渡与转化，全民健身与全民健康深度融合政策体系的目标才可以顺利实现。本章主要从强化对政策体系的认同、促进政策主体的多元协同、优化政策体系的运行过程、夯实政策体系的实施保障等方面提出了全民健身与全民健康深度融合的政策体系实现效能的路径。

第八章　研究结论与展望。本章是对研究论证过程的高度概括，总结了本研究的主要结论，同时对全民健身与全民健康深度融合政策体系的进一步研究提出了展望，力图在后续研究中提升深度和广度。

二、特色和创新

（一）学术思想方面

随着健康中国建设成为今后中国发展的重要方向，"大健康"视域下全民健身面临着转型发展、科学发展的历史机遇，全民健身与全民健康深度融合成为重要的理论与实践问题。政策具有重要的引领与规范作用，但体育学术界对全民健身与全民健康深度融合的政策研究相对缺乏，将政策体系理论引入全民健身政策领域，有助于从理论层面丰富全民健身研究体系，进一步对全民健身事业科学开展形成理论指导。

（二）学术观点方面

首次从政策体系视角深入分析了全民健身与全民健康深度融合的问题与障碍，并借鉴国外发达国家体育与医疗卫生健康业融合发展的政策体系，建构了适合中国国情的全民健身与全民健康深度融合的政策体系，包括政策目标、政策主体、政策内容、政策工具、政策测评等。

(三) 研究方法方面

立足政策过程理论相关原理,采用政策分析的方式对全民健身、公共健康等领域的重要政策进行梳理,从政策目标、政策内容、政策工具以及政策测评与政策保障等方面深度分析问题,对比国外经验,探索推进全民健身与全民健康深度融合的政策路径,有利于拓展全民健身理论与方法的研究视域。

第二章

基础理论：全民健身与全民健康深度融合的理论基础与基本概念

第一节 理论基础

一、公共服务理论

国外公共服务理论的发展大致可以分为六个阶段：传统公共行政学、公共选择理论、新公共行政理论、新公共管理理论、公共治理理论及新公共服务理论（图2-1）。国外学者对公共服务的研究主要集中在新公共服务理论和公共治理理论。

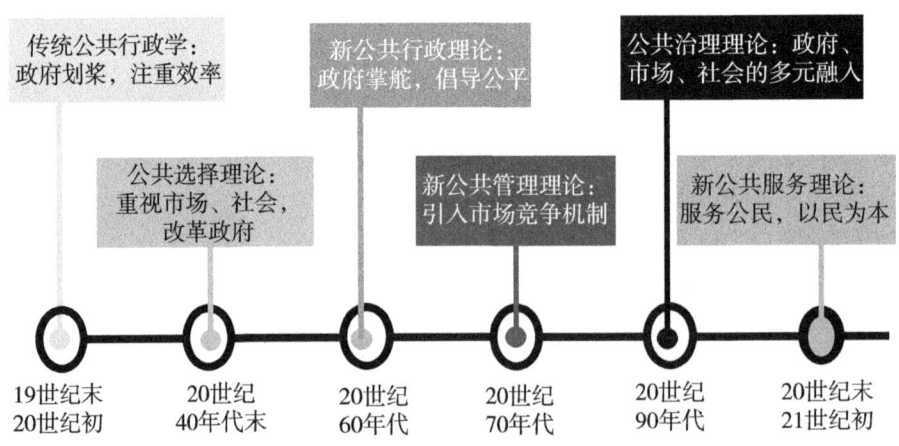

图2-1 国外公共服务理论发展阶段及主旨汇总[1]

---

[1] 郭修金，陈德旭. 我国农村公共体育服务体系建设 [M]. 北京：人民体育出版社，2021.

新公共管理特殊的时代意义在20世纪后期西方国家轰轰烈烈的政府改革运动中体现得淋漓尽致，逐步转化为一种新的导向。从政府职能的视阈看，新公共管理带来了西方国家政府职能从膨胀、扩张到收缩、卸载的转变，恰如凯恩斯主义引起了西方政府职能从极度有限到大幅扩张的转变一样，具有划时代的意义[1]。然而，随着时代的发展，新公共管理理论流派所固有的以追求效率、效益及经济为特征的弊端逐渐显露出来。在这种理论的指导下，西方政府行政治理过于强调个人利益最大化，容易对公共精神和公民权益形成损害，以及政府对于责任的逃避等，使得政府的行政方式越来越受到人们的质疑，新公共管理理论流派遭遇实践的挑战。正是在这种背景下，以罗伯特·登哈特夫妇为代表的一批公共管理学者在新世纪初提出了新公共服务理论，该理论以一种历史扬弃的精神针对作为新公共管理理论所存在的缺陷进行了深入批判，提出了具有重要影响力的七项基本原则。登哈特夫妇认为，第一，政府的职能是服务，而不是掌舵。公务员日益重要的角色就是要帮助公民表达并满足他们共同的利益需求，而不是试图通过控制或"掌舵"使社会朝着新的方向发展。第二，公共利益是目标而非副产品。公共行政官员必须致力于建立集体的、共享的公共利益观念，这个目标不是要在个人选择的驱使下找到快速解决问题的方案，而是要创造共享利益和共同责任。第三，在思想上要具有战略性，在行动上要具有民主性。满足公共需要的政策和方案可以通过集体努力和协作过程得以最有效并且最负责任地实现。第四，为公民服务，而不是为顾客服务。公共利益不是由个人的自我利益聚集而成的，而是产生于一种基于共同价值观的对话，政府必须关注公民的需要和利益。第五，责任并不简单，公务员所应该关注的不只是市场，他们还应该关注宪法法律、社区价值观、政治规范、职业标准以及公民利益。第六，重视人，而不是重视生产率。从长远的观点来看，试图控制人类行为的理性做法在组织成员的价值和利益并未同时得到充分关注的情况下很可能要失败。第七，公民权和公共服务比企业家精神更重要。新公共服务理论认为，与那些试图将公共资金视为己有的企业管理者相比，乐于为社会作出有意义贡献的公务员和公民更能够促进公共利益。[2]

---

[1] 石杰琳. 反思与超越：从新公共管理到新公共服务 [J]. 郑州大学学报（哲学社会科学版），2011（9）：9-12.
[2] 珍妮特·登哈特，罗伯特·登哈特. 新公共服务：服务而不是掌舵 [M]. 丁煌，译. 北京：中国人民大学出版社，2010.

从传统公共行政理论到新公共服务理论，其理论组成上既有所保留也有所创新，其发展过程中大胆舍弃了企业家政府理论的消极因素，保留了更适合现代社会发展的内容。现代社会对生产力及生产效率的高标准使新理论将其内涵更加下沉到民主实践当中，切入点也更多的转向了民主、社区、公民参与。行政、管理、服务不仅仅标志着政府固有职能、治理方式、作用领域的转变，更多的强调以公民利益为中心的本位思想正在凸显，新的合作关系中公民对于政府的行政参与方式正在由"被动"转向"主动"。政府主导、公民参与、社会多维互动的局面正在形成。

二、政策过程理论

政策过程理论隶属于公共政策和管理理论的范畴。其核心内容对准了政策从拟定到诞生再到执行与反馈等环节，描画了政策客体与环境之间相互作用、相互影响的动态过程，包括政策过程的阶段性方法、多元分析框架、制度理性选择框架、间断-平衡理论、支持联盟框架、政策研究中的创新和传播模型、政策过程与大规模比较研究等。研究政策情景、分析政策结构、探究政策的发展规律，最有效的方法就是把其作为一个系统过程进行研究。随着公共政策实践与理论的不断发展，到20世纪70年代公共政策执行以及监督评估的研究逐渐步入学术界，出现了多种理论流派。截至目前，政策制定、政策执行和政策监督与评估（反馈）3个环节的政策过程论基本成为学术界公认的理论范式[1]。

现代政策科学理论认为，公共政策实质上是公共权力机关对社会资源、价值和利益的权威性分配，关系到每一个社会群体和社会成员的切身利益。政策制定是政策过程中的首要环节和第一阶段，政策制定的水平直接决定了公共政策的内容、质量和效益，也就在很大程度上决定了社会群体和社会成员的资源占有和利益分配状况[2]。国外公共政策研究领域，在相当长的时期里，人们一直对公共政策制定过程比较重视，并且想当然地认为公共政策方案一旦规定出来并被公共权威部门采纳进而成为公共政策，政策制定就大功告成了，接下来的工作不过就是自上而下地遵照实施罢了，因而政策评估的研究甚是缺乏。实际上，在政策制

---

[1] 张红，江宇. 群众体育政策过程中的公民参与及其提升路径 [J]. 沈阳体育学院学报，2014，33（5）：17-21.

[2] 霍海燕. 当代中国政策过程中的社会参与 [M]. 北京：人民出版社，2014.

定前，社会各界的声音交织在一起，会形成不同的要求和关切，再上传到政策制定机构，政策制定者在不断地协调和平衡过程中制定了最后的政策。因而，从概念上理解，政策制定就是政策决策者以解决一定的社会问题为目标，经过一定的程序提出政策方案的过程。显然，政策制定的目的就是要解决一定的社会关切问题，特别是针对社会反映较多、社会公众普遍较为关心的问题需要政策决策者做出一定的回应。此外，政策制定要经过一定的流程，是个动态的过程。一般而言，政策的产生要经过问题的确认、政策草案的提出、行业专家的论证、社会公众意见的征集、政策方案的产生等几个环节。政策的制定由于涉及社会资源、相关利益分配问题，并非政策决策者一时"拍脑袋"完成的，政策从提出到产生都是非常科学、严谨的过程。

政策执行是政策过程的关键环节，有学者认为，政策执行对政策方案的贡献度能够达到90%，从侧面反映了政策执行的重要性。关于政策执行的概念，不同的研究者所界定的内涵不尽相同。美国学者普雷斯曼和维达夫斯基较早地研究了政策执行问题，在他们看来，可以把政策执行解释为"一种相互作用的过程，是发生在政策目标的确定与指向于这些目标实现的行动之间的相互作用"[1]。实际上，自从政策执行受到各国研究者和实践者重视后，先后涌现了一批在国际上具有较高影响力的研究成果，引领着国际政策执行的实践，形成了独具特色的第一代、第二代及第三代政策执行研究的派别。美国学者史密斯是最早构建影响政策执行因素过程模型的学者，他在1973年发表的《政策执行过程》（The policy implementation process）一书中提出了描述政策执行过程及影响政策执行因素的过程模型（图2-2）。第三代代表人物温特（Winter，1990）、戈金（Goggin，1990）及马特兰德（Matland，1995）提出了将政策执行和执行过程融合在一起的研究途径，这样既能考虑决策者在政策执行过程中的影响，也分析了基层政策执行者所拥有的自主权及其对政策结果的影响。[2]

---

[1] SABATIER P A, MAZMANIAN D A. The Conditions of effective implementation: A guide to accomplishing policy objectives [J]. Policy Analysis, 1979, 5 (4): 481-504.
[2] 丁煌, 定明捷. 国外政策执行理论前沿评述 [J]. 公共行政评论, 2010, 3 (1): 119-148.

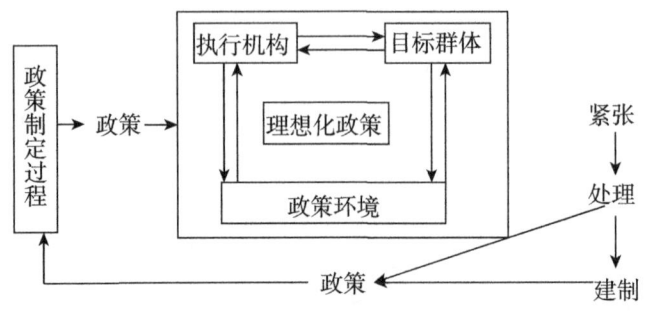

图 2-2　史密斯的政策执行过程模型[1]

政策评估是政策过程的重要环节，是政府在依托政策行使职能时及时纠偏纠错、考量政策方案合理性的重要条件。一般来看，政策评估相关理论是伴随着政策过程理论而演变的，包括政策评估的内涵、政策评估的主体、政策评估的方法等。对于政策评估的内涵，迈克尔·豪利特、M·拉米什认为，在政策评估研究过程中，由某一主体出于某一目的、依据某一标准，对某一项政策进行评估是非常有必要的，而该评估中任何一个评估组成要素都很有可能对评估结果产生至关重要的影响。新加坡公共政策研究者吴逊认为，政策评估泛指不同的国家及社会行动者为判定政策实施后的进展和预测将来的绩效而进行的一切活动，评估检视政策实施后所采用的方法和达到的目标。这些评估得出的结果和建议可反映在之后的政策制定过程及调整政策的设计和实行中，或罕有地改革或终止政策。我国学者张金马认为，政策评估就是指一些人采用一定的方法，依据一定的标准对某项政策进行评估以达到某种目的的活动。由于政策本身极具复杂性，涉及面甚广，参与者众多，导致政策评估主体的来源复杂多样，具有异质性、多样性的特点。针对政策评估主体，吴逊认为，政策评估可以由不同的行动者进行，他们来自政府内外。在政府内部，日常定期评估多数由负责实行政策的基层机构进行，在很多国家被称为执行部门，他们会设立专门单位进行所有评估。除了政府内有许多不同的行动者外，政府外也存在众多的非政府行动者：大学研究员、智囊团及顾问公司提供收费或免费的评估服务[2]。针对政策评估的方法，有研究者认为政策评估通常采用定性和定量两种方式，常用的定性类分析方法主要包括电话

---

[1] SMITH T B. The Policy Implementation Process [J]. Policy Sciences, 1973, 4 (2): 203-205.
[2] 吴逊，饶墨仕，迈克尔·豪利特. 公共政策过程：制定、实施与管理 [M]. 叶林，等译. 上海：格致出版社，上海人民出版社，2016.

采访、问卷调查、当面访谈、同行评议和个案研究等；定量分析方法主要有投入-产出分析、经济计量学方法、专利数据统计分析、文献计量等方法[1]。国际学术界对于政策评估的探讨已经进入第四代，主张打破传统单一、集权式的评估，从单向评估转到多项评估，调动政策制定者、政策执行者、政策相对人、政策利益相关方以及公众广泛地参与到政策评估中，以第三方机构作为评估主体的异体评估范式正在成为发达国家的评估常态。针对政策评估的范围，有的研究认为政策评估可以通过简单的测算和及时的监测，评价现行的政策相对既定目标的执行结果，以及现行政策或方案的假设的正确性；或者评估他们可以修订新的政策，决定是否修正现行的政策，政策评估的范围可以包括系统属性、能力方面及过程方面等几个要素[2]（表2-1）。

表2-1 政策评估的范围

范围		具体内容
系统属性	系统整合程度	各方面的政策，如经济和社会方面的问题，被认为是功能性和整体性的
	时间系统边界	决策时间跨度设定的范围
	空间系统边界	空间的界限在何种程度上被设置为处理不同层次、不同系统之间的相互关系（地方、国家和国际）
	动态变化	程度的动态变化和风险考虑
能力方面	级别和限制	保持一定质量的自然、社会、经济资源和能力
	分配	在个人和社会团体之间分配的机会、福利和负担
过程方面	合作和网络	直接或间接参与决策的各种行为者相互配合的程度，以及建立知识和社交网络的范围
	参与和治理	在何种程度上确保决策过程的充分参与和合作治理
	政策学习	在何种程度上持续改善、促进和实现政策学习

三、共生理论

"共生"（symbiosis）一词来源于希腊语，描述的是生物之间的一种生存状态，是指两种及以上生物生活在一起时彼此之间维护着相互依存、互相依赖的关

---

[1] 程华. 大众体育政策执行效果评估研究 [D]. 上海：上海体育大学，2018.
[2] 邓恩. 公共政策分析导论 [M]. 谢明，伏燕，朱雪宁，译. 北京：中国人民大学出版社，2002.

系，两者之间联系紧密，不可分割。共生理论最初出现在生物学领域，洪黎民对其发展历程做了详细梳理并回溯了共生理论的历史渊源[1]，最早的"共生"概念由现代真菌学奠基人德巴里提出，他在观察真菌种的过程中研究了寄生、腐生、共生现象。随着生物科学技术的不断进步，人们对生物共生论的认识逐步丰富起来。生物共生论的提出启发了社会科学领域的诸多学者，他们运用"共生"来解释社会现象，并通过理论的迁移将其运用到解决社会问题中来。

作为生物科学的重要理论，共生理论强调种群间的相互依存、相互促进、协调发展[2]。共生理论认为，生物共生的前提是满足一定的物质条件——共生单元，它是共生双方能量生产交换的基本单位。共生模式也可以称为共生关系，是指共生单元相互作用的方式或相互结合的形式。从行为方式看，共生关系种类主要有寄生、互惠、偏利三种。共生单元之间的关系即共生模式是在一定的环境中产生和发展的[3]。

共生理论不仅适用于生物界，而且适用于社会与经济领域。美国芝加哥经验社会学派认为共生是支配城市区位的最基本因素之一；日本学者井上达夫将其归结为一种"异质开放的社会结合方式"[4]；中国著名社会学家费孝通清晰地观察到中国社会历史发展中的"共生"特性，提出了认识和处理人与人、国与国、文明与文明之间的关系的方式方法，呼吁社会建立起一种"美美与共"文化心态，为解决全球化时代人类不同文明如何相得益彰、共同繁荣提供了新的思路[5]。复旦大学的胡守钧教授在此基础之上博采众家之长，明确提出了"社会共生"这一概念，并著成《社会共生论》一书，他认为"共生是人的基本存在方式"[6]。社会共生论可以运用到政治、经济、文化的不同领域，社会共生关系的构成要素主要有共生主体、共生资源、约束条件，其本质是独立的社会共生主体围绕着对彼此有利的共生资源在满足一定约束条件下构成社会共生关系；社会共生关系有多种分类，其主要的分类方式来自资源要素的不同，包括资源交换、资源共享、资源竞争等多种关系；由此衍生出的共生网络也有诸如金字塔型的许多分类。

---

[1] 洪黎民. 共生概念发展的历史、现状及展望 [J]. 中国微生态学杂志, 1996 (4): 50-53.
[2] 曲亮, 郝云宏. 基于共生理论的城乡统筹机理研究 [J]. 农业现代化研究, 2004 (9): 371-373.
[3] 龙叶, 白庆珉. 图书馆知识联盟的共生理论研究 [J]. 情报科学, 2008 (1): 18-23.
[4] 井上达夫. 走向共生的冒险 [M]. 东京: 每日新闻社, 1992.
[5] 费孝通. "美美与共"和人类文明（下）[J]. 群言, 2005 (2): 13-16.
[6] 胡守钧. 社会共生论 [J]. 社会科学论坛, 2001 (1): 20-23.

实际上,公共服务理论、政策过程理论及共生理论等相关理论基本是产生于欧美国家的制度土壤,受西方意识形态影响,带有鲜明的西方文化色彩,建构于这些要素上的政策执行概念、理论及方法、原则等都带有一定西方色彩,是不能完全照搬照抄的。贺雪峰教授认为,中国的社会科学与西方社会科学是有一定区别的,盲目地在西方科学的视阈下分析中国问题和运用中国经验与西方抽象对话是存在问题的,中国学术科学的本土化呼吁中国经验的回归,而不能只是将从经验现场搜集的材料,硬性地套用到西方理论预设中,用搜集到的经验材料"委曲求全"地与西方理论命题对话,由此产生理论与实践经验"两张皮"的弊病,不遵循经验逻辑的社会科学研究就像是无源之水、无本之木。由此可知,克服种种顽瘴痼疾,必须要在中国本土实践中去探寻、发现、思索、提炼,形成适合于中国本土的体育政策理论经验。基于此,本研究立足我国政策实践,主要借鉴以上理论的相关原理,来分析和阐释当前我国全民健身与全民健康深度融合政策的主要问题,追溯发展根源,归纳影响因素,并提出有针对性的意见和建议。

第二节 基本概念

关于全民健身、全民健康以及由此衍生的全民健身与全民健康深度融合等内容,学者的观点和见解不尽相同,有必要对这些概念进行规范,从而服务于本研究语境的需要。

一、全民健身与全民健康

(一)全民健身

"全民健身"是20世纪90年代在我国提出来的新词语。1993年,国家体委为进一步深化体育改革,提出了制订全民健身计划的构想,经过两年的广泛社会调研和反复论证修改,国务院于1995年6月20日以国发〔1995〕14号文件颁发了《全民健身计划纲要》[1]。自此,"全民健身"出现在国家各级各类政策文件中,在体育工作中逐渐成为和"竞技体育"一样耳熟能详的体育词汇。实际上,尽管全民健身与群众体育在称谓上有所不同,但实质上并没有多少差异,全民健

---

[1] 于善旭. 我国全民健身事业发展的法治之路[J]. 天津体育学院学报, 2006, 21 (2): 99-102.

身是在我国体育发展的新阶段，国家为了更好地振兴群众体育而提出的新构想、新计划与新方案。"全民健身"虽然没有统一的概念，但无论国家的政策文件，还是相关研究者针对全民健身的内涵都有所阐述。如 1995 年颁布的《全民健身计划纲要》指出：全民健身是指全国人民，不分男女老少，全体人民增强力量，柔韧性，增加耐力，提高协调，控制身体各部分的能力，从而使人民身体强健"。时任国家体育总局群体司司长刘国永认为，全民健身是一项面向全体人民的社会事业，其以科学健身形成健康生活方式、增强体质促进健康实现人的全面发展以及推动经济、社会和文化发展而提升国家综合实力为追求[1]。卢文云认为，全民健身是一项覆盖全体公民的大型社会民生工程，其由体育行政部门主导，工作内容以贯彻和落实国家全民健身相关政策法规为主，通过构建全民健身公共服务体系，引导大众形成健康生活方式，达到改善和提高健康水平的目的[2]。

随着经济社会的快速发展和人民健身理念的逐步提升，全民健身日益受到党和政府的高度重视，达到了前所未有的发展高度。2009 年，《全民健身条例》颁布，将每年 8 月 8 日设置为"全民健身日"。2014 年，国务院发布了《关于加快发展体育产业 促进体育消费的若干意见》，明确提出将全民健身列为国家战略。全民健身的地位不断提升，全民健身的内涵不断拓展，成为新时代增强人民健康的重要事业，而不仅仅是指简单的政策或文件。基于前人的研究基础，结合新时期全民健身的发展实践，本研究认为，全民健身是指由各级政府主导，全社会广泛参与，通过制定专门政策、宣传健身理念、建设场地设施、组织体育活动、提供健身指导等手段，旨在提高全体公民体质和健康水平的社会事业。

（二）全民健康

全民健康是由"全民"和"健康"两个词语合成的新词。关于"全民"可以理解为全体公民、全体人民的意思，其内涵基本达成共识，而"健康"一词的内涵则较为丰富，古今中外均有关于健康的定义，且随着社会的发展而不断变化。在我国，《黄帝内经》较早就对健康做了一个精准总结——"形与神俱"，就是健康必须要做到"形"跟"神"俱在，也就是"身心合一"才能够健康。

---

[1] 刘国永. 实施全民健身战略，推进健康中国建设 [J]. 体育科学, 2016, 36 (12): 3-10.
[2] 卢文云, 陈佩杰. 全民健身与全民健康深度融合的内涵、路径与体制机制研究 [J]. 体育科学, 2018, 38 (5): 25-39, 55.

第二章 基础理论：全民健身与全民健康深度融合的理论基础与基本概念

《辞海》中关于健康的定义是"人体各器官系统发育良好、功能正常、体质健壮、精力充沛，并具有良好劳动效能的状态"。英国《简明不列颠百科全书》的定义是"健康，使个体能长时期地适应环境的身体、情绪、精神及社交方面的能力"。世界卫生组织于1989年对"健康"的概念做了拓展，纳入"道德健康"的有关内容。21世纪的新健康概念，应该力求使个体更好地融入社会，更符合个体价值实现的需要，没有疾病的躯体健康只是最基本条件，除此之外，还应包括心理健康、道德健康、社会适应良好。

21世纪初期，全球189个国家签署《联合国千年宣言》，把健康纳入"千年发展目标"；2015年，联合国发展峰会把健康列为"2030年可持续发展议程"的核心指标，表明"健康促进"是全人类和各国政府共同应有的担当与责任[1]。随着社会的不断发展，人们发现健康问题越来越复杂，因此世界卫生组织提出的健康新概念也逐渐得到认同，成为较为科学的健康定义。因此，从字面意思理解，全民健康是以全体公民为作用对象，以身心健康为作用方式，以良好的社会社会适应性和道德约束性为最终目标的新健康观念。进入21世纪之后，全民健康开始出现在我国的国家政策文件中，这与党和政府历来高度重视全民健康问题密切相关。《"健康中国2030"规划纲要》中提出：实现国民健康长寿，是国家富强、民族振兴的重要标志，也是全国各族人民的共同愿望，全民健康成为健康中国建设的根本目的。国内研究者中，卢文云教授曾探讨了全民健康的内涵，他认为，全民健康是由卫计委主导的、覆盖全体公民的大型社会民生工程，是国家的基本国策，它以贯彻和落实国家相关健康政策、法规为主要工作内容，以共建共享为基本路径，通过合理地控制影响健康的各种因素，在生命全周期过程中实现包括生理健康、心理健康、精神健康和社会适应良好在内的全身心健康，最终实现全民幸福[2]。结合前面关于健康的阐述，借鉴相关研究者关于全民健康、全民健身的相关定义，本研究认为，全民健康是指由各级政府主导，全社会广泛参与，通过提供各种公共健康服务，合理控制影响健康的各种因素，从而保障全体公民在身体、心理、社会适应和道德等方面处于良好的状态。

---

[1] 李蓉，李军. 中美国家健康战略比较研究——基于《"健康中国2030"规划纲要》和《健康国民2020》文本 [J]. 南京体育学院学报（社科版），2017，31（1）：42-47.
[2] 卢文云，陈佩杰. 全民健身与全民健康深度融合的内涵、路径与体制机制研究 [J]. 体育科学，2018，38（5）：25-39，55.

二、全民健身与全民健康深度融合

21世纪以来，伴随人民生活条件的改善和生活节奏的加快，以高血糖、高血脂、高血压、高尿酸等为代表的慢性病逐步泛滥起来，人民的健康需求也随之加增。结合新时期医疗卫生体制改革由"疾病医治"向"疾病防治"转换，全民健身的价值逐步被人们所重视，运动促进健康新模式渐入大众视野[1]。2016年，习近平在全国卫生与健康大会上提出，要树立"大健康"理念，推动全民健身与全民健康深度融合。这是习近平总书记首次在卫生与健康大会上用"深度融合"来定位全民健身与全民健康的辩证发展关系，指明了全民健身与全民健康发展的总体方向，描绘了全民健身与全民健康融合发展的未来图景。2017年《中国防治慢性病中长期规划（2017—2025年）》指出：促进体医融合，在有条件的机构开设运动指导门诊，提供运动健康服务。全民健身与全民健康深度融合开始从理念向顶层设计及政策制度转变（图2-3）。

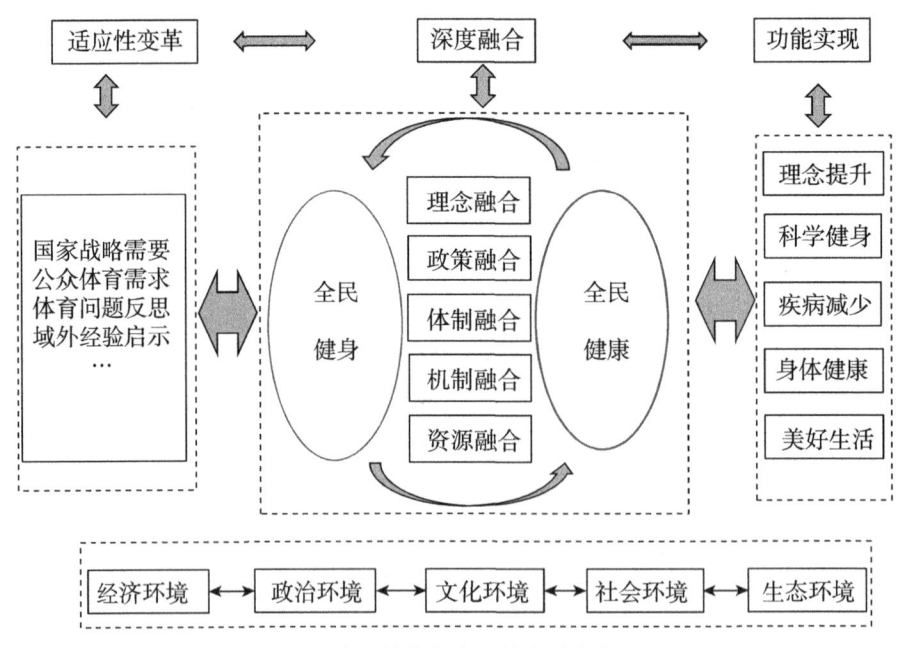

图2-3 全民健身与全民健康融合发展图

---

[1] 杨继星，陈家起. 体医融合的制约因素分析及路径构建[J]. 体育文化导刊，2019（4）：18-23.

第二章 基础理论：全民健身与全民健康深度融合的理论基础与基本概念

总体来看，国内关于全民健身与全民健康融合发展的研究并不多。韩丹等较早地提出了将全民健身视为全民健康生活方式的一部分的重要观点，他认为这种生活方式的前提是以医疗卫生体系为保障[1]。钟秉枢从顶层设计的视角，更宏观地将全民健身和全民健康的融合纳入国家的发展战略，他认为创新的切入点应该是体育休闲健身产业的发展[2]。胡杨从理论高度提出将运动健身指导纳入社区卫生服务体系的建议，为全民健身和全民健康深度融合发展提供了研究的新视野。卢文云等认为，全民健身与全民健康深度融合是在更广范围、更高层次、更深程度上互相渗透、融为一体的过程[3]。

在阐释全民健身与全民健康内涵的基础上，为更好地理解全民健身与全民健康深度融合的内涵，需要分析"深度融合"的内涵。从字面意思来理解，"深度"是"融合"的程度，"融合"是指系统具有一定程度互构关系，有相互渗透、融为一体的意思，既可以指两个系统之间，也可以指三个及以上系统，而深度融合则是指系统具有高度的互构关系，相互渗透程度更高。结合全民健身和全民健康的概念，我们认为全民健身与全民健康深度融合就是全民健身与全民健康两大系统在理念、政策、体制、机制及资源等方面相互渗透并形成高度互构关系的过程，目的是通过运动促进健康的方式实现健康中国的战略目标。全民健身与全民健康深度融合有着丰富的科学内涵。

第一，全民健身与全民健康深度融合是两大系统的适应性变革。随着经济社会的不断发展，人民的健身和健康需求逐步提升，这些发展结果和人民需求能主动地作用于全民健身与全民健康两大系统，推动两大系统的发展模式不断发生变革，从相互合作、体医结合、体医融合再到深度融合，而每一次变革都是系统适应社会发展及回应人民关切的集中体现。

第二，全民健身与全民健康深度融合的立足点是要科学地认识两大系统的辩证关系。习近平指出，要树立大卫生、大健康的观念，把以治病为中心转变为以人民健康为中心，建立健全的健康教育体系，提升全民健康素养，推动全民健身

---

[1] 韩丹，杨士宝. 关于"全民健身"纳入"全民健康生活方式"的思考 [J]. 体育与科学，2008（1）：47-53.

[2] 钟秉枢. 全民健身国家战略的提出与体育休闲健身产业的发展 [J]. 体育科学，2015，35（11）：19-23.

[3] 卢文云，陈佩杰. 全民健身与全民健康深度融合的内涵、路径与体制机制研究 [J]. 体育科学，2018，38（5）：25-39, 55.

和全民健康深度融合[1]，这为科学认识全民健身与全民健康的逻辑辩证关系奠定了基础。在全民健身与全民健康形成的融合系统中，全民健康是方向和目标，同时又是指导全民健身的理念和遵循，全民健身是手段和方式，也是实现全民健康的过程性要素，而全民健身与全民健康深度融合就是两大系统互补互促、相互渗透，形成更广范围、更深程度、更高层次的互构关系，从而能够充分发挥两大系统的价值功能，有效回应人民的健康需求，服务于国家健康中国战略的纵深推进。

第三，全民健身与全民健康深度融合的关键点在于利益主体的互动协同。在全民健身与全民健康深度融合过程中，涉及的利益主体是多元复杂的，呈现体育和卫生健康两大领域多元主体共存的局面。由于价值取向和治理逻辑的不尽相同，构建利益主体的协同互动机制仍然存在一定的制约因素（表2-2）。因此，要实现全民健身与全民健康的深度融合首先必须要打破部门间壁垒，构建体育与卫生健康两大领域的互动协同机制，其次打造政府部门、社会组织、市场力量及居民个体多元力量参与的治理共同体，厘清职责边界，明确责任义务，共同推动全民健身与全民健康的深度融合发展。

表2-2 利益主体的逻辑遵循和价值取向[2]

利益主体	治理逻辑	治理手段	价值取向
政府组织	科层制的任务分配	政策	注重政治绩效
社会组织	趋利性的自由分配	竞争	注重经济利益
市场组织	公益性的协同合作	合作	注重社会成效
城乡居民	参与性的互助互益	参与	注重需求获得

第四，全民健身与全民健康深度融合的抓手体现在多要素的融合。全民健身与全民健康的深度融合不应是虚无缥缈的"空中楼阁"，需要从理念、政策、体制、机制及资源等重要因素入手，制定切实可行的实施路径。要强化理念的融合，大力宣传运动是良医、运动促进健康等理念，提升体育、卫生健康等领域政府主体、社会组织以及社会公众对运动促进健康的认同程度。推动政策融合，制定地方全民健身与全民健康深度融合的配套政策，形成可操作、能落地的政策方

---

[1] 国家体育总局编写组.深入学习习近平关于体育的重要论述[M].北京：人民体育出版社，2022.
[2] 李永娜，袁校卫.新时代城市社区治理共同体的建构逻辑与实现路径[J].云南社会科学，2020（1）：18-23.

案。推进体制融合,打破卫生健康与体育部门之间的行政壁垒,建立全民健身与全民健康深度融合的领导机构,协同利益相关部门推动两大系统的融合发展。加大机制融合,构建适应于全民健身与全民健康深度融合的机制,如沟通机制、共享机制、激励机制、评估机制等。加快资源融合,以场馆设施、监测指导、赛事活动、协会组织等各类资源为抓手,推动这些资源在体育和卫生健康层面的融合发展,引导社会公众形成可行的健身习惯,实现健康干预从"疾病治疗"向"疾病预防"的模式转变。

第五,全民健身与全民健康深度融合有利于新时代体育功能的充分实现。当前我国居民生活方式和疾病谱发生变化,而传统的医疗手段只能控制这些慢性病的发展、减少并发症,并不能完全治愈这些疾病,寻求体育锻炼嵌入卫生健康,并建立由"疾病医治"向"疾病防治"预防与管理的健康模式,成为实现人们保持健康的重要手段。因此,借助多种方式推进全民健身与全民健康的深度融合有利于实现运动促进健康理念的提升,能够帮助人们牢固树立运动是良医的健康观念;在体育锻炼过程中融入卫生健康手段有利于提升健身的科学化水平,使科学健身成为常态化健身方式;人们具备了良好的运动健康观念,并形成了科学化的健身方式,必然会提高身体素质水平,提升身体免疫力,从而减少各种疾病的产生,拥有健康的身体;人们拥有健康的身体,自然具备了追求美好生活的基础,从而能够更好地享受美好生活。

小 结

全民健身与全民健康深度融合的理论基础主要有新公共服务理论、公共治理理论、政策过程理论以及共生理论,这些理论的相关原理为本研究提供了理论依据和视角。全民健身与全民健康深度融合的关键是使联系紧密的二者更进一步,就是全民健身与全民健康两大系统在理念、政策、体制、机制及资源等方面相互渗透并形成高度互构关系的过程,目的是通过运动促进健康的方式实现健康中国的战略目标。全民健身与全民健康深度融合有着丰富的科学内涵:全民健身与全民健康深度融合是两大系统的适应性变革;全民健身与全民健康深度融合的立足点是要科学地认识两大系统的辩证关系;全民健身与全民健康深度融合的关键点在于利益主体的互动协同;全民健身与全民健康深度融合的抓手体现在多要素的融合;全民健身与全民健康的深度融合有利于新时代体育功能的充分实现。

第三章
历史经验：我国全民健身与全民健康的政策进程和关系变迁

2020年9月，习近平总书记在教育文化卫生体育领域专家代表座谈会的讲话中提出，要紧紧围绕满足人民群众需求，统筹建设全民健身场地设施，构建更高水平的全民健身公共服务体系。全民健身是体育强国建设的基础环节和重要领域，是助力健康中国建设的主要内容和指标要求，也是满足人民群众对美好生活向往、促进人的全面发展的重要手段。全民健身政策是国家对全民健身事业发展的制度安排或行动规则，起着引领、约束和规范作用。从1995年《全民健身计划纲要》颁布实施以来，我国先后颁布了《全民健身条例》《全民健身计划（2011—2015年）》《国务院关于加快发展体育产业促进体育消费的若干意见》《全民健身计划（2016—2020年）》《"健康中国2030"规划纲要》《体育强国建设纲要》，以及其他各层次、类型的政策，逐步形成了类型丰富、层次完整、领域融合、功能全面的政策体系，指引、推动和规范着我国全民健身事业发展的阶段目标、主要任务与未来走向。党的十九届四中全会总结了中华人民共和国成立70年来各方面"中国之治"的建设经验与制度优势，将制度优势更好地转化为国家治理效能是新时代重大理论与实践命题。全民健身政策体系作为中国特色社会主义制度的组成部分，在演进过程中积累了一定的经验和优势，同时也面临将政策体系优势转化为全民健身治理效能的重要责任。因此，在我国加快建设健康中国和体育强国的时代背景下，亟须梳理我国全民健身政策体系的演进历程，揭示其内在逻辑和经验优势，从而为促进全民健身政策体系向治理效能转化提供思路、方法和路径，为加快构建更高水平的全民健身公共服务体系提供理论支持和经验借鉴。

第一节　我国全民健身政策的演进及特征

一、全民健身政策文本筛选与量化概况

(一) 全民健身政策文本筛选

全民健身政策是国家为满足人们的体育需求而采取的行为或规定准则，其本质是国家对公共体育资源的整合和分配。1993年，为适应建立社会主义市场经济体制的改革，国家体委制定了《关于深化体育改革的意见》，提出了系统化推进体育改革的一系列措施，其中，在大众体育改革方面，提出了"制订全民健身计划"的思路和任务。1995年，国务院正式发布《全民健身计划纲要》，以此为时间起点，"全民健身"一词开始见诸国家和地方各类政策文件中，因此本研究所选择的全民健身政策文本时间跨度是从1995年开始直到2022年底。全民健身政策文本的来源渠道主要为国家体育总局网站通知公告栏，《中国体育年鉴》中的"文献""法规·制度""群众体育"等栏目，共搜集整理全民健身政策485件。本研究主要分析国家层面的全民健身政策，包括中共中央、全国人大、国务院等党和国家最高权力机构发布的全民健身政策，也包括国家体育总局等国务院主要职能部门发布的政策。

(二) 全民健身政策量化概况

1. 政策数量

政策数量集中反映全民健身政策的编制与发布情况，在不同阶段全民健身政策的数量一定程度上体现了党和政府对全民健身的认知、重视及推进态势。由图3-1可知，自1995年到2022年，党和政府共出台全民健身政策485件，年均17.32件，1999年出台的政策数量最多，为26件，1995年和2003年的政策数量最少，均为10件。针对全民健身政策整体演进走势而言，总体呈现3个不同特征的演进阶段：1995—1997年，全民健身政策发布数量较少，且数量较为均衡、波动不大；1998—2007年，全民健身政策出台数量呈现波动起伏的态势，折线走势较为明显，震荡波动的特征比较突出，最多为26件，最少为10件，相差16件，变化幅度较大；2008—2022年，全民健身政策数量的波动情况逐步趋于平缓，呈现变化幅度较小的演进走势，最多为23件，最少为13件，变化幅度逐步缩小。

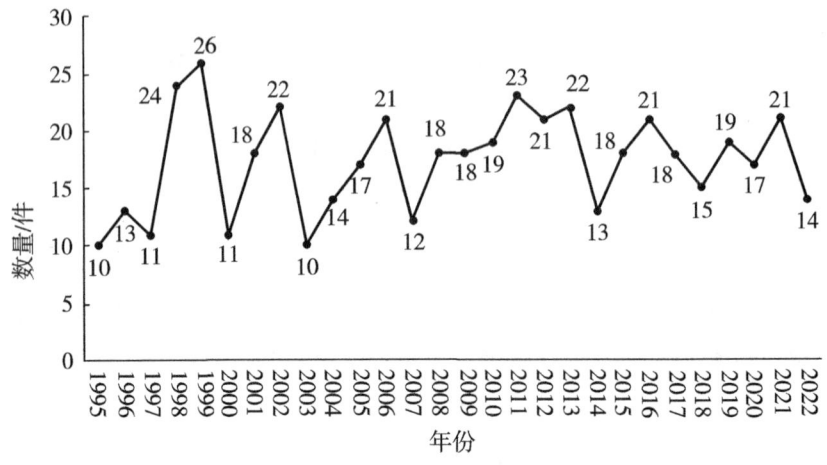

图 3-1　不同年度发布的全民健身政策的数量

2. 政策类型

按照公共政策分类原理，政策性质一般可以分为法律、法规、规章、规范性文件等，这与政策的发布部门密切相关。本研究对1995—2022年的485件全民健身政策进行了归类整理和统计分析（表3-1）。从表中可见，全国人大共颁布两件法律，作为党和政府的最高权力机构，全国人大相继颁布了《中华人民共和国体育法》（简称《体育法》）和《中华人民共和国基本医疗卫生与健康促进法》（简称《卫健法》）。其中，《体育法》是我国体育的基本法律，《卫健法》是与我国全民健身密切相关的法律。由中共中央、国务院颁布的政策文件共计31件，包括"条例""决定""纲要""意见""通知""规划""计划"等，发布的"意见"数量最多，为11件。由国家体育总局等各部委发布的全民健身政策数量最多，为450件，所占比例为92.8%，包括"规定""决定""办法""规划""意见""通知""公告""计划"等多种类型，发布的"通知"数量最多，为282件，占总数的58.1%，可见"通知"是我国全民健身政策最多的类型。

表 3-1　1995—2022 年不同性质全民健身政策的数量统计

一级分类	二级分类	数量/件	一级分类	二级分类	数量/件
全国人大政策文件	法律	2	各部委政策文件	规定/暂行规定	5
中共中央、国务院政策文件	条例	2		决定	24

续表

一级分类	二级分类	数量/件	一级分类	二级分类	数量/件
	决定	1		办法	51
	纲要	5		规划	21
	意见	11		意见	28
	通知	3		通知	282
	规划	6		公告	15
	计划	3		计划	4
				其他	22
			合计		485

二、全民健身政策体系的演进历程

就政策学研究范式而言，针对政策演进历程的划分依据有许多种，本研究主要是以重要事件为依据，将中国全民健身政策体系演进历程划分为启动探索阶段、全面推进阶段和提档升级阶段（图3-2）。

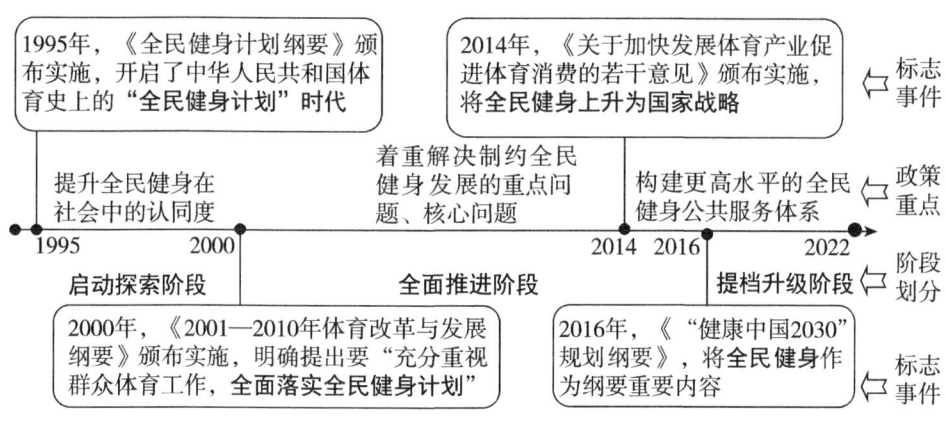

图3-2 中国全民健身政策体系的演进历程划分

（一）启动探索阶段（1995—1999年）

党的十四大明确提出要建立"社会主义市场经济"的改革目标，而《全民健身计划纲要》的诞生正是为了适应建立社会主义市场经济体制的改革，进而满足人民日益增长的体育需求。1995年6月，经过多次酝酿、讨论和征求意见，《全民健身计划纲要》由国务院颁布，明确提出了全民健身的目标、任务、方法和步骤，开启了中华人民共和国体育史上的"全民健身计划"时代。1995年8月，《中华人民共和国体育法》由全国人大颁布，填补了国家体育立法的空白，并首次以法律的形式明确了群众体育的基础地位。由此可见，1995年是中华人民共和国体育发展史上最重要的年份之一，具有里程碑式的地位，上述两件重量级政策的制定与颁布，宣告了我国全民健身事业进入发展新时期、开启发展新阶段。1996年，《中华人民共和国国民经济和社会发展"九五"计划和2010年远景目标纲要》明确提出要实施全民健身计划，普及群众体育运动，普遍增强人民体质，这是全民健身首次被写入国民经济和社会发展计划。由于此时我国正处于计划经济向社会主义市场经济体制转轨过程中，需要不断探索适应于市场经济体制的各种政策、制度和机制，改革和发展成为经济社会发展的主题词。同理，尽管国务院发布了《全民健身计划纲要》，但还需要相关的配套政策、标准予以解释和规范，需要政府部门和社会公众对全民政策的理解和认同，这样才有利于其在实践中的有效实施。因此，在《全民健身计划纲要》颁布之后的几年时间里，党和政府发布的政策多是关于全民健身的宣传动员、奖励激励、方法征集、标准构建等主题，如《关于印发全民健身计划纲要宣传提纲的通知》《关于在全国征集体育健身方法的通知》《关于在全国开展97全民健身宣传周活动的通知》《关于在全国推广普及第八套广播体操的通知》，《关于表彰推行〈国家体育锻炼标准施行办法〉先进集体、先进工作者的决定》《关于授予99全民健身宣传周活动优秀奖、优秀组织奖、优秀报道奖和先进单位荣誉称号的决定》等。这些政策颁布实施的目的在于尽快提升全民健身在社会中的认同度，尝试探索不同领域开展全民健身的方式方法，以及建立全民健身相关行业和项目的标准规范，初步形成相对完整的全民健身框架体系。

（二）全面推进阶段（2000—2013年）

进入21世纪，我国社会主义市场经济体制基本建立，伴随着正式加入世贸组织，工业化、城镇化步伐逐步加快，经济社会发展开始迈向新阶段。同时，由于生活水平的逐步提高，加上我国已经进入老龄化社会，慢性病开始成为困扰人们健康的重要因素，人们的健身需求与过去相比有了明显提升。2000年12月，国家体育总局发布《2001—2010年体育改革与发展纲要》，明确提出要"充分重视群众体育工作，全面落实全民健身计划"。2002年7月，《中共中央国务院关于进一步加强和改进新时期体育工作的意见》指出，"加快我国体育事业的全面发展，满足广大人民群众日益增长的体育文化需求""开展全民健身活动，增强人民体质，是体育工作的根本任务，是利国利民、功在当代、利在千秋的事业"。2002年11月，党的十六大报告首次将"开展全民健身运动"写入报告，2007年党的十七大报告、2012年党的十八大报告均将"广泛开展全民健身运动"的表述纳入其中，标志着全民健身在我国经济社会发展中的地位得到进一步提升（表3-2）。在以上重要性、标志性政策的引领和指导下，党和政府开始系统谋划、全面推进全民健身向纵深发展，主要体现在以下几个方面。

表3-2 党的十五大以来历次报告关于体育和全民健身的表述

时间	大会报告	内容
1997年	党的十五大报告	积极推进卫生体育事业的改革和发展
2002年	党的十六大报告	积极推进卫生体育事业的改革和发展，开展全民健身运动，提高全民健康水平。努力办好二〇〇八年奥运会
2007年	党的十七大报告	广泛开展全民健身运动。办好二〇〇八年奥运会、残奥会
2012年	党的十八大报告	广泛开展全民健身运动，促进群众体育和竞技体育全面发展
2017年	党的十九大报告	广泛开展全民健身活动，加快推进体育强国建设，筹办好北京冬奥会、冬残奥会
2022年	党的二十大报告	广泛开展全民健身运动，加强青少年体育工作，促进群众体育和竞技体育全面发展，加快建设体育强国

第一，不断完善全民健身法制建设。2003年，国务院发布《公共文化体育设施条例》，为保障公共文化体育设施建设、管理和开放等提供了法律依据。2009年8月，国务院发布《全民健身条例》，这是中华人民共和国历史上首部专门针对全民健身的法规条例，明确表述了"公民依法参加全民健身活动的权利"，将每年8月8日定为"全民健身日"，《全民健身条例》的出台提升了全民健身的法律地位。

第二，注重全要素推动全民健身。这一阶段，国家先后出台了场地设施、组织建设、健身活动、科学指导、体质监测等多项政策，着重解决制约全民健身发展的重点问题和核心问题，这与全民健身政策启动探索阶段的特征具有明显区别。21世纪初，国家体育总局出台了《2000年国民体质监测工作方案》《国民体质监测工作规定》，目的是建立我国国民体质监测系统和数据库，这也拉开了我国大规模国民体质监测的序幕。2002年，国家体育总局下发了《关于在全国开展2002年全民健身周活动的通知》，随后接连发布了多份全民健身活动的政策。此外，《关于进一步加强社会体育指导员工作的意见》《关于命名资助十五个全民健身活动中心的通知》《关于广泛开展全民健身志愿服务活动的通知》等全民健身各要素政策不断出台，有效保障和推动了全民健身健康持续发展。2011年，国务院发布了《全民健身计划（2011—2015年）》，将工作重点确定为建设和完善全民健身公共服务体系。

第三，强化全人群健身的开展。参加体育运动是每个公民的基本权利，能够享受体育带来的健康快乐是一个国家和谐与文明的重要体现。这一阶段，党和国家非常重视利用顶层设计保障各类人群参与全民健身活动。2000年，《中共中央办公厅 国务院办公厅关于加强青少年学生活动场所建设和管理工作的通知》；同年，《中共中央 国务院关于加强老龄工作的决定》；2002年，国家体育总局、原农业部（现农业农村部）联合出台《农村体育工作暂行规定》；2007年，《中共中央 国务院关于加强青少年体育增强青少年体质的意见》，对今后我国青少年体育工作的开展提出了总体要求与措施保障。2007年，《国务院办公厅关于进一步加强残疾人体育工作的意见》，为有效推进残疾人体育运动健康、稳定发展提供了政策保障。

第四，推动全民健身区域均衡发展。为了积极扶持中西部地区、少数民族地区、革命老区和贫穷地区发展全民健身事业，满足"老、少、边、穷"地区日益增长的体育需求，2003年，国家体育总局出台了《"雪炭工程"实施办法》，随后又制定了《关于建设2005—2007年中国体育彩票雪炭工程的通知》《关于2009—2010年"雪炭工程"实施工作有关事宜的通知》《关于建设2009年雪炭工程的通知》《关于援建2010年"雪炭工程"的通知》《关于援建2011年雪炭工程的通知》《关于援建雪炭工程项目的通知》《关于资助雪炭工程项目的通知》等政策，先后在新疆、西藏、内蒙古、黑龙江等地援建了"雪炭工程"项目，促进了全民健身在不同区域的均衡发展。

案例1

体彩公益惠及全民　雪炭工程援建项目已达 400 个[1]

中国体育彩票雪炭工程是国家体育总局贯彻《全民健身计划纲要》，为满足"老、少、边、穷"地区日益增长的体育健身需求，利用体彩公益金在全国范围内援建综合性公共体育设施的活动。

2001年6月，国家体育总局在重庆召开全国体育系统对口支援三峡库区工作会议，决定利用彩票公益金4650万元，支援三峡库区各县（区）建设一座主要用于群众健身、业余训练的设施，由此拉开了雪炭工程建设的序幕。

按照国家体育总局2003年制定的《雪炭工程实施办法》，总局每年在本级体育彩票公益金中安排5000万元用于实施"雪炭工程"（从用于实施全民健身计划中安排3000万元，从实施奥运争光计划中安排2000万元）。事实上，从近两年公布的雪炭工程项目来看，每年投入已经超过5000万。比如，2009年一共建成60个项目，每个项目投入体彩公益金150万；2010年援建河北省献县等88个雪炭工程项目，资助西藏自治区每个项目300万元，其他省（区）每个项目150万元。

该工程从2001年起开始实施，截至2010年，国家体育总局已经投入体育彩票公益金5亿多元，援建项目400多个，惠及26个省（区、市）。

（三）提档升级阶段（2014—2022年）

党的十八大胜利召开，标志着中国特色社会主义进入新时代。伴随着我国综合国力和国际影响力的大幅提升，人们生活水平得到显著改善，人口老龄化程度日益加剧，人们对健康的需求愈加强烈。在这种背景下，构建更高水平的全民健身公共服务体系，更大程度地促进人民群众参与全民健身的积极性，满足人民日益增长的健身和健康需求，满足人民日益增长的美好生活需要，成为新时代党和政府必须回应的时代命题。2014年，《国务院关于加快发展体育产业促进体育消费的若干意见》，明确提出积极倡导健康生活，推进健康关口前移，激发群众参与体育活动热情，并将全民健身上升为国家战略。全民健身被确定为国家战略，

---

[1] 体彩公益惠及全民　雪炭工程援建项目已达 400 个 [EB/OL]. [2011-07-05]. https://sports.sohu.com/20110704/n312369507.shtml.

意味着体育在国家经济社会发展格局中的重大转变，以及全民健身在体育发展格局中的战略转移，全民健身的价值功能发生了明显的档次提升，不仅是增强人民体质、增进人民健康的重要方式，也成为"促进体育产业发展、拉动内需和形成新的经济增长点的动力源"。2015年，中共中央办公厅、国务院办公厅印发《关于加快构建现代公共文化服务体系的意见》，将全民健身纳入构建现代公共服务体系的重要内容。此后，《关于进一步加强大型体育场馆免费低收费开放规范化管理的通知》《关于开展2015年全民健身志愿服务活动的通知》等政策接连出台，从多个方向全面保障全民健身工作的开展，推动全民健身国家战略的有效实施。

随着体育的多元价值被广泛认同，全民健身正逐步成为以"大健康"为引领的综合体系的重要组成部分，全民健身与健康、文化、教育、旅游等诸多领域产生着越来越密切的关系，全民健身与多领域、多业态融合成为发展趋势。2016年，习近平在全国卫生与健康大会上明确提出，"推动全民健身和全民健康深度融合"。这是习近平首次在卫生与健康大会上用"深度融合"来定位全民健身与全民健康发展的辩证关系，描绘了全民健身与全民健康融合发展的未来图景，为全民健身与全民健康融合发展提供了根本遵循。2016年，中共中央、国务院印发《"健康中国2030"规划纲要》，明确提出把健康融入所有政策，全方位、全周期保障人民健康，大幅提高健康水平，显著改善健康公平。这是全民健身首次出现在国家重要的卫生健康政策中，提升了全民健身在国家宏观政策中的战略地位。2016年，国务院印发了《全民健身计划（2016—2020年）》，开篇就阐释了全民健身与全民健康的逻辑辩证关系，认为全民健康是国家综合实力的重要体现，是经济社会发展进步的重要标志。全民健身是实现全民健康的重要途径和手段，是全体人民增强体魄、幸福生活的基础保障。这是从国家层面对全民健身与全民健康的战略定位，为二者的融合发展进行了政策铺垫。《体育强国建设纲要》将"大力推动全民健身与全民健康深度融合"作为指导思想，并在战略任务中提出要"落实全民健身国家战略，助力健康中国建设"。2019年12月，第十三届全国人民代表大会常务委员会第十五次会议审议通过了《中华人民共和国基本医疗卫生与健康促进法》，这一法案填补了长期以来我国卫生健康领域缺少母法的空白，并将全民健身纳入具体内容（表3-3），对于全方位、全周期保障人民健康，推进健康中国建设具有重要意义。

表 3-3 《中华人民共和国基本医疗卫生与健康促进法》关于全民健身的内容

条款	政策内容
第六十七条	医疗卫生、教育、体育、宣传等机构、基层群众性自治组织和社会组织应当开展健康知识的宣传和普及
第六十八条	学校应当按照规定开设体育与健康课程，组织学生开展广播体操、眼保健操、体能锻炼等活动 县级以上人民政府教育主管部门应当按照规定将学生体质健康水平纳入学校考核体系
第七十条	国家组织居民健康状况调查和统计，开展体质监测，对健康绩效进行评估，并根据评估结果制定、完善与健康相关的法律、法规、政策和规划
第七十五条	国家发展全民健身事业，完善覆盖城乡的全民健身公共服务体系，加强公共体育设施建设，组织开展和支持全民健身活动，加强全民健身指导服务，普及科学健身知识和方法 国家鼓励单位的体育场地设施向公众开放

2017 年，党的十九大报告指出，广泛开展全民健身活动，加快推进体育强国建设。习近平指出，体育强国的基础在于群众体育。2019 年 8 月，国务院办公厅印发《体育强国建设纲要》，全民健身的价值功能再次得到升华，成为建成体育强国的基础，实现中华民族伟大复兴中国梦的重要内容。2020 年，国务院办公厅下发了《关于加强全民健身场地设施建设发展群众体育的意见》；之后，国务院办公厅下发了《关于促进全民健身和体育消费推动体育产业高质量发展的意见》，国家体育总局下发了《关于加强全民健身公共服务体系建设的指导意见》等，这些文件目标明确、内容具体、措施到位，对于推动全民健身高质量发展发挥着重要的指导作用。

2021 年 8 月，国务院印发了《全民健身计划（2021—2025 年）》，针对今后一个时期促进全民健身更高水平发展，为更好满足人民群众的健身和健康需求作出了重要部署。2022 年 3 月，中共中央办公厅、国务院办公厅印发了《关于构建更高水平的全民健身公共服务体系的意见》提出"到 2025 年，更高水平的全民健身公共服务体系基本建立""到 2035 年，与社会主义现代化国家相适应的全民健身公共服务体系全面建立"等目标。关于全民健身政策的不断完善，全民健身和全民健康的制度建设不断向前推进。

三、全民健身政策体系的演进特征

(一) 始终以人民体育需求为中心调整全民健身政策体系

中国特色社会主义制度坚持以人民为中心,国家治理目标归根结底是为了人民利益。纵观我国全民健身政策体系的演进,不难发现,这些政策是随着经济社会的发展和人民体育需求的变化而适时调整的。20世纪90年代,随着我国经济社会的快速发展,人们的收入水平大幅提升,与之相对应的是,我国的疾病谱系也发生了较大变化,"静坐少动,吃动不平衡"的慢性病呈"井喷式"发展态势,这种态势使社会公众将健身作为较好的应对措施,人们的体育健身意识和体育消费观念不断加强,因此国家需及时给予回应以满足社会需求。《体育法》的颁布实施,明确了社会公众参与体育的基本权利,以及"大力促进体育公平"理念的提出,开启了我国体育公共服务政策由追求规模与效率转向质量提升与注重公平。随着我国工业化、城镇化、人口老龄化进程的加快,人民不仅对物质文化生活提出了更高要求,而且在民主、法治、公平、正义、安全、健康、环境等方面的要求日益增长。健康是国家软实力的重要体现,是经济社会发展的基础性条件,是人民美好生活的根本性内容。在温饱、安全等问题解决以后,健康问题成为人们最关心、最直接、最现实的利益问题,也成为人们获得感、幸福感、安全感的重要内容。面对人民日益增长的健康需求,习近平多次强调,"没有全民健康,就没有全面小康"健康是促进人的全面发展的必要条件,人民健康是社会文明进步的基础,保障人民健康是一个系统工程,要把人民健康放在优先发展的战略地位。2016年,《"健康中国2030"规划纲要》颁布,明确提出,把健康融入所有政策,全方位、全周期保障人民健康,大幅提高健康水平,显著改善健康公平。2019年,国务院办公厅印发《体育强国建设纲要》,将"大力推动全民健身与全民健康深度融合"作为纲要的指导思想,并在战略任务中提出要"落实全民健身国家战略,助力健康中国建设"。可见,为满足新时代人民对健康的需求,国家政策层面的顶层设计已经开始搭建,构建全民健身与多领域融合、具体可行、落地可操作的政策体系成为当前全民健身发展的重要任务。

(二) 以政府协同、全社会共同参与的政策主体特征初步显现

就政策过程的视角而言,政策主体理应在政策制定、政策执行及政策评估等

方面发挥其重要作用,以推动政策目标的最终实现。就中国全民健身政策体系的整体演进而言,政府协同、全社会共同参与的政策主体特征初步显现。例如,在政策制定环节,笔者曾对1995—2016年的全民健身政策开展了量化研究,发现几乎每年的全民健身政策都有两个及以上部门参与,2014、2015年的参与部门竟达到了17个,多部门的参与能够有效整合部门权力与资源,更利于政策在地方的落实,这显然成为我国全民健身政策运行的重要特征之一。更为重要的是,体育专家、社会公众等社会力量也作为主体参与全民健身政策的制定。《全民健身计划纲要》自1993年开始征求专家意见,邀请了北京体育大学、天津体育学院等高校的专家学者参与纲要的制定工作。此外,《全民健身计划(2011—2015年)》《全民健身计划(2016—2020年)》等政策在制定过程中专家意见也受到重视,由国家体育总局向专家征询意见并形成初稿。《全民健身计划(2011—2015年)》在向专家咨询后形成第一稿,向地方体育部门征求意见后,形成公开征求意见稿,向社会公众公开征求意见,时间为20天。在形成《全民健身计划(2016—2020年)》之前,国家体育总局更是发布了《国家体育总局向社会公开征集对〈全民健身计划(2016—2020年)〉(框架)的意见》的文件,积极寻求社会公众的建议。除了在全民健身政策制定环节,全民健身政策的实施和评估等环节也形成了政府协同、全社会共同参与的总体态势。事实上,全民健身作为一项涉及体育、教育、场地、资金、组织等多个方面的国家事业,其具体运行离不开多个部门的参与。以全民健身计划为代表的专项政策明确提出要形成"政府主导、部门协同、全社会共同参与的全民健身事业发展格局更加明晰",并对构建多元协同的政策主体提出具体意见。而对于政策评估而言,国家层面的全民健身专项政策已经开始依托社会力量开展评估的尝试,委托上海体育大学进行第三方评估。可以预见,以政府协同、全社会共同参与的政策主体特征,更有利于全民健身政策制定的科学性与合理性,同时也更有利于全民健身政策在地方的有效执行。

(三)以法规、战略、计划等为要素的政策框架体系逐步成型

政策不仅局限于宏观性法规,还应包含战略、计划、规划、意见等具体的推进文本形式,需要多元政策的协同配合。随着我国体育事业的发展,尤其是随着全民健身战略的深入实施,我国已初步构建起涵盖法规、计划、战略等要素,且具有中国特色的全民健身政策框架体系(图3-3),已成为我国体育政策体系不

可分割的组成部分。1995年,《体育法》的颁布实施正式确立了全民健身的法律地位；2009年,国务院颁布实施的全民健身领域第一部行政法规《全民健身条例》,进一步明确了全民健身工作的目标、方向、任务、机制及具体实施措施等内容,为社会公众的体育参与权益及促进全民健身开展提供了坚实法律依据,有力助推了全民健身法治化进程。

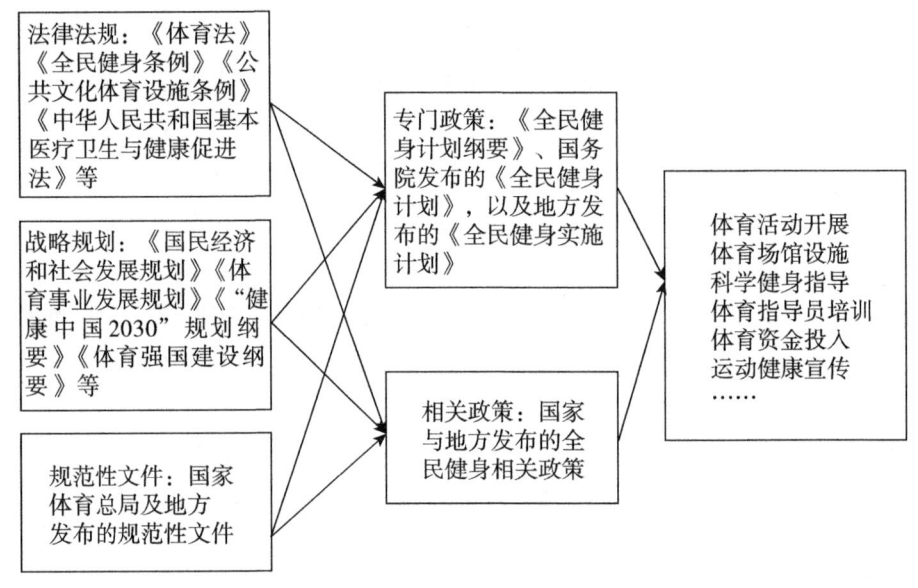

图3-3　全民健身政策体系示意图

在战略规划方面,每一次的《国民经济和社会发展规划》中都不同程度地对全民健身事业做出了部署,引领我国全民健身朝正确的方向发展。2000年,《2001—2010年体育改革与发展纲要》颁布实施,对21世纪前10年的全民健身做了宏观规划,此后我国在2011、2016年先后颁布了《体育发展"十二五"规划》《体育事业发展"十三五"规划》,其中"全民健身"亦备受关注,无论是国家层次还是省市区层次的体育发展5年规划,都将全民健身工作作为独立板块进行重点规划设计,且通常位列第一板块,根据时代变迁特征及全民健身需求演进,与时俱进地调整全民健身的工作重点与实施方案。更值得一提的是,2014年国务院印发《关于加快发展体育产业促进体育消费的若干意见》,将全民健身上升为"国家战略",显现国家与政府对全民健身重要基础性保障作用的认可与重视。为了进一步保障相关政策措施的实践与落实,国家体育总局及地方体育局研究制定了《全民健身计划纲要》第一期工程、《关于在全国开展2002年全民健身周活动的通知》《农村体育健身工程实施方案》《关于组织开展"全民健身日"活动的通知》《体育总局关于加强和改进群众体育工作的意见》《"十三五"公共体育普及工程实施方案》《关于加强全民健身场地设施建设发展群众体育的意见》等一系列规范性文件，有力地促进了全民健身活动的开展。同时，为了配合完成国家对全民健身事业的战略规划，体育领域围绕全民健身制定了一系列专门性政策文件。1995年国务院颁布实施了我国全民健身领域第一份纲领性文件《全民健身计划纲要》，提出了到2010年的总体发展目标，就是"努力实现体育与国民经济和社会事业的协调发展，全面提高中华民族的体质与健康水平，基本建成具有中国特色的全民健身体系"，设计了针对不同人群对象的发展举措和15年"两期工程、五个阶段"的实施步骤，为20世纪末和21世纪初我国全民健身事业开展明确了方向。2011年起，每5年颁布《全民健身实施计划》，从计划纲要到计划的改变，说明国家对全民健身政策有了更为深入与清晰的认识与把握，在政策文本上对于发展目标、实施任务、考评管理等作出更为细致与明晰的安排，从而确保基层政策的稳步执行与贯彻落实。此外，全民健身事业日益受到社会的广泛关注，不仅体育领域相继配套出台了一系列具体实施计划、意见、方案、规章等政策文件，在其他领域的有关政策文本内亦频繁出现，如《"健康中国2030"规划纲要》《"十三五"推进基本公共服务均等化规划》《中华人民共和国基本医疗卫生与健康促进法》等文件中也充分肯定了全民健身在疾病防治和健康促进中的关键作用，并对全民健身工作作出相应安排与部署。这些规章制度已基本覆盖了全民健身的各个方面，为全民健身发展奠定了坚实的法规基础。

(四) 以全民健身与多业态融合发展为格调的政策内容日渐明晰

融合发展是社会发展的基本规律之一。当今世界，各行各业相互关联，无法完全独立，走向"融合"发展是时代所向、大势所趋。我国全民健身政策也在不断探索中引领全民健身实践走向"融合"发展态势。2006年《"十一五"群众体育事业发展规划》提及群众体育事业要善于在"融入""纳入"上做文章，虽然只是提及融入现代化建设，纳入相关行业立法、发展规划、全面建设小康社会评价、政府业绩考核等领域，没有上升到与其他行业的融合高度，但在某种程度上表明全民健身领域开始摆脱独立发展，走向融合共生的萌芽。随后体育与多业态融合发展逐渐成为备受关注的全民健身政策议题，尤其是步入"十三五"时期以来，全民健与多业态融合发展成为全民健身政策文本一再强调的重点。

2016 年《国务院办公厅关于加快发展健身休闲产业的指导意见》中"融合发展"被明确列为新时期全民健身事业发展的指导原则之一，提出"推进健身休闲与旅游、健康等产业融合互动"的发展方向，以及健身休闲同其他产业（文化、养老、教育、健康、农业、林业、水利、通用航空、交通运输等）融合发展更为紧密的发展目标。该政策将全民健身与多业态融合发展正式确定为新时期全民健身工作的重要内容之一，为全民健身"融合"发展确定了方向，也进一步引发了后续政策在全民健身与多业态融合实践措施上的思量。

2014 年《国务院关于加快发展体育产业促进体育消费的若干意见》中进一步拓展了全民健身与旅游、会展、广告、传媒、影视、康体、设计服务等产业融合，鼓励全民健身与金融、地产、建筑、交通、住宅等行业交互融通。随着"体育+"理念逐渐被接受与广泛应用，全民健身与多业态融合也在不断提档升级，并在实践中逐渐探索出更为清晰具体的发展理路。

2019 年《国务院办公厅关于促进全民健身和体育消费推动体育产业高质量发展的意见》中单列"实施'体育+'行动，促进融合发展"的专项任务，并就体医融合、体旅融合、体教融合三项工作作出了清晰、明确、具体的任务安排，为全民健身与多业态融合发展的实践厘清了发展思路、找到了工作抓手。融合发展已成为新时期体育政策的主旋律，全民健身政策亦不例外。其中，涉及全民健身与多业态融合的政策内容表现出更加具体、细致的文本特征，如对推动全民健身与全民健康深度融合的计划安排，细化到人才培养、实验室建设、运动处方库完善、"运动健康师"试点等环节。

（五）全区域、全人群、全周期的全民健身政策供给体系趋于完善

习近平在全国卫生与健康大会上强调，"没有全民健康，就没有全面小康。"全民健身重在追求推进与实现全民健康。我国全民健身政策历来以"保障全民健康"为出发点，力求实现全区域、全人群、全生命周期的全民健身政策供给。《体育法》明确了全民健身"提高全民族身体素质"的工作指向，并就城市、农村、少数民族地区体育，老年、青年、少年、儿童、残疾人体育，国家机关、企业事业组织、工会、学校体育等，不同区域、不同人群体育进行了统筹安排。就后续政策文本梳理而言，全民健身政策也较好地呈现出了面向全区域、全人群、全周期的全民健身政策供给的特征，与"提高全民族身体素质"的工作指向相

吻合。针对不同区域，国家先后颁布《关于深化改革加快发展县级体育事业的意见》《关于加强城市社区体育工作的意见》《关于在全国开展"体育三下乡"活动的通知》《农村体育工作暂行规定》《关于实施农民体育健身工程的意见》；为了均衡区域全民健身发展水平，国家先后出台若干《"雪炭工程"实施办法》《2012年援建"雪炭工程"项目通知》《关于体育扶贫工程的实施意见》等政策文件，支持、扶持贫困地区、边远地区、少数民族地区的全民健身事业，缩小区域间发展差距；针对不同人群，国家先后颁布《关于加强老年人体育工作的通知》《残疾人体育工作"十五"实施方案》《关于同意依托创建青少年体育俱乐部的通知》《关于进一步加强残疾人体育工作的意见》《关于加强青少年体育增强青少年体质的意见》、体育总局办公厅关于印发《青少年体育锻炼器材配置指南》的通知，《关于进一步加强新形势下老年人体育工作的意见》《进一步加强职工体育工作的意见》《关于进一步加强残疾人康复健身体育工作的指导意见》《关于深化体教融合　促进青少年健康发展的意见》等政策文件，围绕不同人群体育活动开展、场地设施建设、健身指导等进行了专门性工作安排。加之"15 min"健身圈、"六个身边"工程、体育公园建设等政策措施的推行，目的在于促进各地区、不同人群健身的便利性、可及性及均衡性，有力地保障与推动了全民健身事业的开展。除以上各项专门性政策文件之外，在各综合性政策文件中，如《全民健身条例》《体育强国建设纲要》，以及体育事业发展的五年规划、全面健身五年计划等，针对不同人群、不同区域的健身事业政策规划一直是政策文本的重点所在。可以预见，随着国家对全民健身事业重视程度的提升，面向覆盖全区域、全人群、全生命周期的全民健身政策供给仍将是未来政策的主旋律。

第二节　我国全民健身与全民健康的关系变迁及逻辑——政策的视角

一、全民健身与全民健康的关系变迁

（一）分离发展：全民健身与全民健康关系的常态演进

长期以来，全民健身属于体育部门的工作，而全民健康主要集中在卫生医疗部门。囿于中国传统体制的路径依赖，再加上人们对运动促进健康的认知水平不

够，全民健身与全民健康虽有关联，但在实践中却很难形成融合发展之势，两个部门分割成为中国健身与健康两大关乎国民身体健康的常态，这集中体现在政府制定与颁布的各项重要政策中。

第一，从国家重要的全民健身政策看，颁布于1995年的《全民健身计划纲要》提出要更广泛地开展群众性体育活动，增强人民体质。从政策目标来看，它并未提及全民健身与全民健康的发展问题；从政策具体内容看，难以发现全民健身与全民健康融合发展的政策规定；从政策实施部门来看，全民健身工作基本上是体育部门的独角戏，包括卫生医疗等健康部门在内的协同关系、共享机制等还没能确立。2009年，国务院颁布了《全民健身条例》，我国全民健身事业的地位在法律层面得到进一步提升。作为最具权威的全民健身发展条例，正文内容几乎没有涉及健康的相关表述，即便是第一条也仅是用"提高公民身体素质"这样传统的说法表明了条例出台的目的。第二，从健康政策看，2005年卫生部颁发的《全国健康教育与健康促进工作规划纲要（2005—2010年）》强调加强多部门协调，发挥各级健康教育协会等非政府组织和大众媒体的作用，但并没有将体育运动纳入其中，也没有提到利用体育资源为健康促进服务。2008年，卫生部颁布了我国第一个"健康中国2020"战略，提出了诸多促进国民健康的行动计划，但这些计划与体育的关系并不大，仅在第21项行动计划《全民健康生活方式行动计划》里有"日行一万步，吃动两平衡，适量运动"的内容表述。可见，无论是社会公众还是政府部门，对健康的认识很多时候也是局限在身体层面，实现全民健康的途径被简单理解为大力发展卫生医疗事业。体育作为促进健康的重要手段很难出现在政策文件中。

由此可见，我国全民健身与全民健康长期以来是彼此分离的，这种态势与经济社会发展水平不高、传统的行政管理体制部门条块分割密切相关，而运动促进健康的观念并没有广泛深入人心而是深层次的因素，因此也就很难能动地反映到体育或健康政策中，造成体育部门与健康部门联合制定政策、执行政策及评估政策的实践活动很少出现。实质上，公共政策存在的最大价值在于引领与规范社会实践活动，而全民健身与全民健康在政策层面的彼此割裂势必阻碍两者关系的良性发展。

（二）由分离到融合：全民健身与全民健康关系的逐步转变

随着我国经济社会的快速发展，人们的生活水平发生了翻天覆地的变化。与之相对应的，我国的疾病谱也发生了较大变化，"静坐少动，吃动不平衡"的慢病呈井喷式发展态势，传统的健康促进模式已经由"以疾病治疗为中心"向"以预防为主、防治结合为中心"转变[1]。人们逐渐意识到运动健身对健康促进的重要价值，投身于体育锻炼中，并将体育锻炼作为增强体质、防病祛病的主要方式。伴随运动促进健康的观念逐步深入人心，社会对运动健康的诉求也随之提升，全民健身与全民健康之间的关系发生了明显的改变，而这种变化也体现在体育和卫生健康政策文本中。2011年，国务院印发的《全民健身计划（2011—2015年）》指出，"全民健身关系人民群众身体健康和生活幸福"，将以往全民健身计划增强体质的价值定位提升到健康促进层面，强化了全民健身与全民健康的密切联系。

2013年，习近平总书记在会见全国体育先进单位和先进个人代表时指出，"全民健身是全体人民增强体魄、健康生活的基础和保障，人民身体健康是全面建成小康社会的重要内涵，是每一个人成长和实现幸福生活的重要基础"。习近平的重要讲话深刻阐述了全民健身与全民健康的逻辑关系，高度强调了全民健身在健康中国建设中的重要战略定位。2014年，国务院发布《关于加快发展体育产业促进体育消费的若干意见》中明确提出"全民健身上升为国家战略""促进康体结合……发挥体育锻炼在疾病防治以及健康促进等方面的积极作用"，这是"康体结合"的内容表述首次出现在国家重要顶层设计中，揭开了全民健身与全民健康融合发展的新局面。2016年，国务院印发了《全民健身计划（2016—2020年）》，开篇就阐释了全民健身与全民健康的逻辑辩证关系，认为"全民健康是国家综合实力的重要体现，是经济社会发展进步的重要标志。全民健身是实现全民健康的重要途径和手段，是全体人民增强体魄、幸福生活的基础保障。"这是党中央、国务院对全民健身与全民健康的战略定位，为两者的融合发展做好了政策铺垫。

新时代人们健康观念发生了重大转变，把健康关口前移、运动促进健康成为预防疾病的方式。在卫生健康政策中，全民健身与全民健康融合发展的政策理念、内容逐渐凸显。2016年，中共中央、国务院印发了《"健康中国2030"规划纲要》，发出建设健康中国的号召，明确了建设健康中国的大政方针和行动纲领，并对"提高全民身体素质"做了专门论述，要求"推动形成体医结合的疾病管

---

[1] 卢文云，陈佩杰. 全民健身与全民健康深度融合的内涵、路径与体制机制研究[J]. 体育科学，2018，38（5）：25-39，55.

理与健康服务模式,发挥全民科学健身在健康促进、慢性病预防和康复等方面的积极作用",这是全民健身首次出现在国家重要的卫生健康政策中,提升了全民健身在国家宏观政策中的战略地位,"体医结合"成为全民健身与全民健康融合发展的模式。

(三) 深度融合:全民健身与全民健康发展关系步入新纪元

2016年,习近平在全国卫生与健康大会上提出,要树立"大健康"理念,推动全民健身与全民健康深度融合。这是国家领导人首次在全国卫生与健康大会上用"深度融合"来定位全民健身与全民健康的发展辩证关系,描绘了全民健身与全民健康融合发展的未来图景,提升了全民健身在国家健康事业中的地位,无论对全民健身事业还是卫生健康事业的发展都具有划时代价值和里程碑意义。2017年10月18日,习近平在党的十九大报告中指出,"人民健康是民族昌盛和国家富强的重要标志。要完善国民健康政策,为人民群众提供全方位全周期健康服务。"习近平关于全民健身与全民健康"深度融合"的定位,指明了全民健身与全民健康融合发展的方向,而"完善国民健康政策"的要求对全民健身和全民健康政策的制定提供了重要遵循。

从全民健身政策来看,2019年8月10日,国务院办公厅印发《体育强国建设纲要》,将"大力推动全民健身与全民健康深度融合"作为指导思想,并在战略任务中提出要落实全民健身国家战略,助力健康中国建设。坚持以人民健康为中心,制定并实施全民健身计划,普及科学健身知识和健身方法,因时、因地、因需开展全民健身活动,坚持大健康理念,从注重"治已病"向注重"治未病"转变。可见,作为全面建设社会主义现代化国家新征程中的体育发展规划纲要,《体育强国建设纲要》已经将"全民健身与全民健康深度融合"作为重要内容,为全民健身与全民健康两者的深度融合提供了政策依据。2019年9月17日,国务院办公厅印发了《关于促进全民健身和体育消费推动体育产业高质量发展的意见》(国办发〔2019〕43号),这是在同一年里第二份由国务院办公厅印发的体育事业发展政策。该意见第八条提出了要"实施'体育+'行动,促进融合发展",其中"推动体医融合发展"位列融合发展的第一领域,并提出了具体的政策路径,以及明确了责任单位(表3-4)。

第三章　历史经验：我国全民健身与全民健康的政策进程和关系变迁

表3-4 《关于促进全民健身和体育消费推动体育产业高质量发展的意见》
"推动体医融合发展"的主要措施

政策措施	责任部门
1. 将体育产业发展核心指标纳入全国卫生城市评选体系 2. 鼓励医院培养和引进运动康复师，开展运动促进健康指导，推动形成体医融合的疾病管理和健康服务模式 3. 完善国民体质监测指标体系，将相关指标纳入居民健康体检推荐范围 4. 为不同人群提供有针对性的运动健身方案或运动指导服务，推广科学健身，提升健身效果 5. 加强针对老年群体的非医疗健康干预，普及健身知识，组织开展健身活动	卫生健康委、 民政部、 国家体育总局

资料来源：《关于促进全民健身和体育消费推动体育产业高质量发展的意见》。

从全民健康政策来看，2019年7月15日，国务院印发了《关于实施健康中国行动的意见》，对贯彻落实《"健康中国2030"规划纲要》做了全面部署，明确了总体目标和主要任务，提出了实施健康中国的15个行动计划。其中，涉及全民健身的行动计划有两个，分别是实施全民健身行动（表3-5）和实施中小学健康促进行动，并围绕这两个行动提出了具体目标和主要措施。显然，该意见突出了运动对于健康的促进作用，全民健身已经成为促进国民健康的重要抓手，成为国民健康促进体系不可或缺的重要指标。2019年12月28日，第十三届全国人民代表大会常务委员会第十五次会议审议通过了《中华人民共和国基本医疗卫生与健康促进法》，自2020年6月1日起施行。作为我国卫生与健康领域的第一部基础性、综合性法律，《中华人民共和国基本医疗卫生与健康促进法》在第六章"健康促进"多个条款中对全民健身知识宣传、体质健康测定、开设体育与健康课程、将学生体质健康水平纳入学校考核体系，以及加强公共体育设施建设，组织开展和支持全民健身活动，加强全民健身指导服务等相关内容做了专门规定（表3-5）。这是全民健身文本表达首次出现在国家卫生健康法律法规中，是对《"健康中国2030"规划纲要》等系列政策文件精神的继承，进一步肯定了全民健身在疾病防治和健康促进中的关键作用。同时，由于法律法规是政策的合法化形态，具有普遍约束力和相对稳定性，并通过国家强制力保障实施，因此提高了全民健身在国家卫生健康发展中的战略地位，也为全民健身与全民健康更好地深度融合发展奠定了法律基础。

表 3-5　健康中国的全民健身行动指标

序号	指标	基期水平	2022 年目标值	2030 年目标值	指标性质
结果性指标					
1	城乡居民达到《国民体质测定标准》合格以上的人数比例（%）	2014 年为 89.6	≥90.86	≥92.17	预期性
2	经常参加体育锻炼人数比例（%）	2014 年为 33.9	≥37	≥40	预期性
个人和社会倡导性指标					
3	鼓励个人至少有 1 项运动爱好或掌握一项传统运动项目，参加至少 1 个健身组织，每天进行中等强度运动至少 0.5 小时				倡导性
4	鼓励医疗机构提供运动促进健康的指导服务，引导社会体育指导员在健身场所等地方为群众提供科学健身指导服务，提高健身效果，预防运动损伤				倡导性
5	鼓励公共体育场地设施更多、更好地提供免费或低收费开放服务，符合条件的企事业单位体育场地设施全部向社会开放				倡导性
政府工作指标					
6	每千人拥有社会体育指导员（人）	1.6	1.9	2.3	预期性
7	农村行政村体育设施覆盖率（%）	88	基本实现全覆盖	100	预期性

资料来源：《健康中国行动（2019—2030 年）》。

2020 年 9 月，习近平在教育文化卫生体育领域专家代表座谈会的讲话中，提出要"推动健康关口前移，建立体育与卫生健康等部门协同、全社会共同参与的运动促进健康新模式"，进一步明确了全民健康与全民健康深度融合的路径要求。全民健身与全民健康的深度融合是新时代"体医结合"的升华，是党中央、国务院为提高人民身体健康水平作出的重大决策部署，将大力推动全民健身向全民科学健身跨越。政策在一定意义上是对实践的能动反映，全民健身与全民健康经历了由长期分离到融合发展的过程，全民健身与全民健康的政策进程及其关系变化取决于经济社会的发展，以及社会健康意识的改变。展望未来，随着新时代人们日益增长的运动健康需求必将加快两者融合发展的进程，两者必然要走向深度融合。然而，由于全民健身与全民健康两大系统本身的复杂性，目前两者的深度融合还处在目标层、理念层，需要在实践中从法规完善、政策配套、理念宣传、体制改革、机制建立等方面紧密对接，建立行之有效的政策路径，最终推动全民健身与全民健康走向深度融合。

二、全民健身与全民健康政策变迁的内在逻辑

（一）国家利益与社会需求的耦合调整

从中华人民共和国成立到 21 世纪初期，我国经济社会发展的整体速度并不快，社会需求也长期停留在生存、安全等层次上，人们主要关注的是基本生活需要，对体育的需求更多是停留在政治、仪式等层面。国家设立卫生医疗和体育部门，主要是满足社会公众的疾病医治和体质提升需求，虽然卫生医疗和体育部门均是与人的身体密切相关的部门，然而由于体育部门还承担着为国争光的政治重任，进一步造成了卫生医疗和体育部门总体目标的不一致性，久而久之，两个系统之间的行政壁垒逐渐形成，相应的政策制定与实施成为各自系统内部行为，而政策内容局限于各自领域，体育与卫生健康难以实现交叉融合，相应的政策内容规定较为少见。随着我国经济社会的快速发展，人们的收入水平大幅提升，与之相对应的是，我国的疾病谱系也发生了较大变化。"静坐少动，吃动不平衡"的慢性病呈井喷式发展态势，这种态势使社会公众将全民健身作为较好的应对措施，人们的体育健身意识和体育消费观念不断增强，国家也应予以及时的回应以满足社会需求。同时，由于我国大国地位的逐步提升，生存和安全需求已不再是我国面临的主要矛盾或问题，人民日益增长的美好生活需要和不平衡、不充分发展之间的矛盾成为我国经济社会发展的主要矛盾，身体健康则是满足人民美好社会向往最基础的指标。"没有全民健康，就没有全面小康。"要把人民健康放在优先发展的战略地位，加快推进健康中国建设，努力全方位、全周期保障人民健康。因而广泛开展全民健身运动，保障人民身体健康成为新时期国家利益的重要诉求，与之对应地则是变革政府机构及谋划顶层设计，提出应对方案，国家制定并发布了《"健康中国 2030"规划纲要》《健康中国行动（2019—2030 年）》《体育强国建设纲要》等政策纲要，将全民健身作为全民健康实现的重要方式，强调了全民健身在满足人民日益增长的美好生活需要方面发挥着不可替代的作用，提升了全民健身在健康中国建设中的战略地位。可以看出，全民健身与全民健康政策的变迁正是国家利益和社会需求耦合关系调整的外在呈现。

(二) 党和政府主导下的渐进式变迁

作为一种话语体系，全民健身政策是党和政府对全民健身开展的话语行为在其文本中的彰显。党和政府历来重视体育事业发展，强调体育在促进身体健康的重要作用，并积极制定各项政策以推动全民健身与全民健康稳定持续发展。中华人民共和国成立后，毛泽东同志提出了"发展体育运动，增强人民体质"，鲜明地表明了共产党为人民服务和为人民谋利益的宗旨。邓小平同志始终重视体育的发展。1984年，中共中央发布《关于进一步发展体育运动的通知》，明确提出"要积极发展城乡体育活动，努力提高人民健康水平"。在继承毛泽东、邓小平体育思想的基础上，第三代领导集体在中华人民共和国体育史上第一次明确提出，全国制定有目的、有任务、有措施、有步骤的"全民健身计划"。江泽民同志指出，"体育的中心任务、重要任务就是要保证人民身体健康"。1995年，国务院发布《全民健身计划纲要》，同年8月，《体育法》颁布，填补了国家体育立法的空白。以胡锦涛同志为中心的党的第四代领导集体发出了从体育大国向体育强国迈进的号召。胡锦涛强调，广泛开展全民健身活动，提高全民族的健康素质，是全面建设小康社会的重要内容，是构建社会主义和谐社会的必然要求，也是功在当代、利在千秋的事业。2008年，卫生部颁布了我国第一个"健康中国2020"战略；2009年，国务院制定并颁布了《全民健身条例》；2011年，国务院印发了《全民健身计划（2011—2015年）》。这些由党和政府颁布实施的法规政策为推动全民健身、促进人民身体健康提供了制度保障，加快了全民健身与全民健康融合发展的步伐。党的十八大以来，以习近平同志为核心的党中央高度重视体育工作，谋划、推动体育事业改革发展，习近平多次就开展全民健身，增强人民体质，提高人民健康水平发表重要讲话，深刻阐释了全民健身与人民健康、增强人民体质的内在逻辑，阐述了加快体育强国建设、促进健康中国建设的战略定位、方针、目标、思路、举措。2014年，国务院发布《关于加快发展体育产业促进体育消费的若干意见》，将全民健身上升为国家战略。2016年，中共中央、国务院发布《"健康中国2030"规划纲要》，国务院发布了《全民健身计划（2016—2020年）》。2019年，《体育强国建设纲要》和《中华人民共和国基本医疗卫生与健康促进法》先后颁布实施。在党中央、国务院的高度重视与主导推动下，全民健身各项政策相继颁布实施，融合发展成为我国全民健身发展的重要方式，也成为各类全民健身政策制定的重要依据。

（三）社会公共资源配置的优化策略

政策资源是指保障政策目标实现所必需的资源条件的综合，通常包括人力资源、财力资源、物力资源、信息资源、权威资源和管理资源等。无论是全民健身还是全民健康，都需要在依托各类社会公共资源的基础上实现各自领域的发展目标。鉴于社会公共资源的稀缺性，在政策制定或执行过程中，要充分论证资源对政策目标实现的支撑效用，加强对各类资源的积极开发、合理利用和科学调配。从中华人民共和国成立一直到改革开放这段时期，我国经济社会发展相对落后，社会公共资源稀缺性特征比较显著，卫生健康与体育在优先保障各自领域发展的前提下，很难实现公共资源配置的溢出效应，两大系统在缺少资源支撑的环境下也很难实现融合发展。改革开放加快了经济社会发展的整体速度，社会公共资源供给的紧张状态得到了有效缓解，特别是21世纪之后，我国实现了经济社会发展的大飞跃，经济发展已由高速增长阶段逐步转向高质量发展阶段。卫生医疗与体育等社会公共资源供给数量和质量均发生了翻天覆地的变化，同时随着人们生活水平的极大改善，体育的健身功能也逐渐显现，这不仅仅是夺取奖牌和为国争光，体育以其增强体质、防治疾病的本质价值，以运动锻炼方式为医疗卫生提供治病防病的新思路、新途径，同时，医疗治愈运动损伤、延长运动寿命、保障综合性体育运动的开展。2020年9月，在教育文化卫生体育领域专家代表座谈会的讲话中，习近平提出要"推动健康关口前移，建立体育和卫生健康等部门协同、全社会共同参与的运动促进健康新模式"。同时，以《"健康中国2030"规划纲要》和《体育强国建设纲要》为代表的国家层面政策目标越来越精准，配套政策也逐步细化，通过政策实现对社会公共资源的最优配置，引导体育和医疗卫生由传统的医药治病、运动健身向有强大市场需求的健康服务领域转变，不断提高两者的资源利用与配置效率，实现体育和健康资源融合配置的效用最大化[1]。

小　结

按照习近平"没有全民健康，就没有全面小康"的指示精神，《"健康中国2030"规划纲要》明确将"全民健康"作为"建设健康中国的根本目的"。"全

---

[1] 杨继星，陈家起，高奎亭. 我国体育与医疗卫生关系演化历程、内在逻辑与展望［J］. 体育文化导刊，2021（1）：54-58.

民健身—全民健康—全面小康"的健康逻辑链形成，全民健身成为健康逻辑链的重要环节，同时也意味着"全民健身"成为重要的时代使命。在这种背景下，全民健身政策自然肩负起与以往不同的重要使命。我国全民健身政策体系的演进历程包括启动探索阶段、全面推进阶段及提档升级阶段。我国全民健身政策体系的优势特征主要体现在，始终根据人民的体育需求动态调整全民健身政策体系，初步形成以政府协同、全社会共同参与为特征的政策主体，系统构建了以法规、战略、计划等为要素的政策框架体系，逐步明晰了以全民健身与多业态融合发展为格调的政策内容，以及力求实现全区域、全人群、全周期的全民健身政策供给。我国全民健身与全民健康的关系变迁先后经历了分离发展、由分离到融合及深度融合三个阶段，全民健身与全民健康的深度融合标志着全民健身与全民健康发展关系步入新纪元。我国全民健身与全民健康政策变迁蕴含着国家利益与社会需求的耦合调整、党和政府主导下的渐进式变迁及社会公共资源配置的优化策略等内在逻辑。

第四章
现实图景：我国全民健身与全民健康融合发展实践表征与问题

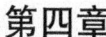

全民健身与全民健康的深度融合对有效落实健康中国战略和全民健身国家战略发挥着重要作用，最终目标是满足人们日益增长的运动健康需求，实现对美好生活的向往。然而，受历史、制度及环境等因素的影响，全民健身与全民健康的深度融合是一种渐进发展的过程，融合发展中还存在若干现实问题和制约因素。问题的发现与确认是公共政策制定的首要环节，对科学合理地制定各类政策起着较为重要的作用。美国学者利文斯顿认为，"问题的挖掘比问题的解决更为重要"。因此，有必要对我国全民健身与全民健康融合发展过程中的问题展开深入调查分析，明晰存在的问题，揭示问题机理，为更加深入地制定全民健身与全民健康深度融合政策奠定实践基础。

第一节 全民健身与全民健康融合发展的实践表征

研究全民健身与全民健康深度融合的政策体系，除了建构基础的概念框架体系，还需要对现阶段我国全民健身与全民健康融合发展的现状进行调查。为此，本研究主要采用问卷调查和实地访谈的方式，对我国部分省市开展了实地调查。在实际调查过程中我们选择了江苏省无锡市、山东省泰安市、安徽省芜湖市、吉林省长春市、广西壮族自治区钦州市、四川省绵阳市及海南省白沙黎族自治县 7 个地方作为实际调查地，基本涵盖了我国东、中、西三大经济地区，以及南方、北方两大地理空间范畴，同时还包括处于特殊地理位置的海南岛，具有一定的代表性，然后再随机抽取 2 个县级市（区）发放问卷并回收统计。之所以选择以上地方开展实地调查，首先是因为这些地方在经济发展水平和体育发展程度上具有一定的代表意义，其次是因为这其中有多个地方研究成员较为熟悉，如江苏省无锡市、安徽省芜湖市及海南省白沙县，研究成员参与了这些地方的体育"十四五"发展规划和全民健身实施计划的编制，相对容易开展实地调查和访谈工作，能够和地方体育部门人员进行深入交流、对话，获得较为客观的一手资料。需要说明的是，本研究针对以上地方全民健身与全民健康融合发展的典型调查，还不能代表全国的总体情况，只是试图通过以点窥面的方式了解我国全民健身与全民健康融合发展的实际情况，发现目前存在的问题。

一、政府与公众的认知情况

（一）政府部门工作人员认知情况

政府部门工作人员是国家、地方全民健身政策的重要执行主体，他们对全民健身和全民健康融合的认知情况，直接影响"健康中国"战略在基层的实施效果。随着国家对全民健身的高度重视、相关政策数量的增多，地方体育部门的发展重心不断向全民健身偏移，相较于以往，对全民健身的人、财、物支持也呈上升趋势。在这个过程中，必然会对政府工作人员认知程度造成影响。统计结果发现，所调查的7个地方的政府部门工作人员（主要是体育部门）关于运动促进健康理念认同程度，选择非常认同、较为认同和一般认同所占比例分别为32.6%、54.8%、12.6%。可以看出，地方政府工作人员对运动促进健康的理念认可程度较高，几乎没有人选择不认同和非常不认同。针对《全民健身计划》专项政策及《"健康中国2030"规划纲要》等由国家制定的全民健身与全民健康政策是否熟知，选择非常熟悉、较为熟悉、一般熟悉、不熟悉所占的比例分别为26.4%、56.2%、15.2%、2.2%，从调查结果可以看出，大部分地方政府工作人员对国家制定的全民健身与全民健康重要政策是较为熟悉的。安徽省芜湖市体育局办公室洪明辉主任在接受访谈时认为，当前国家越发重视全民健身和全民健康，甚至上升到国家战略的高度，并且从国家到地方不断配套各类政策以推动全民健身与全民健康融合发展落地，芜湖市会通过召开专门会议传达、政府网站发布及微信工作圈推送等多种方式传达上级各类文件精神，大家对这些政策还是较为了解的。

(二) 社会公众认知情况

随着我国经济社会文化的不断进步,"健康第一""以人为本"等现代体育意识逐渐确立,人们更加关注体育的本质功能,对于与民生息息相关的健身体育寄予更多的期望[1]。对以上7个地方居民开展问卷调查的结果显示,78.2%的人认为可以通过体育锻炼促进身体健康,但也有一些居民不认同体育锻炼对身体健康的促进作用。结果表明,人们的健身意识逐步增强,很多人已经将体育健身作为提高健康水平的重要方式。从图可以看出,针对了解"全民健身或全民健康"的程度,有11.1%的人选择"非常了解",有29.4%的人选择"了解",有50.8%的人选择"仅听说过",也有8.7%的人选择"完全不知道"。平永忠等曾在2011年对山东省农村居民了解全民健身计划的情况调查中发现从未听说过这些政策的人所占比例达61.08%[2]。笔者也曾在2012年对江苏省部分地区进行实地调研中发现不仅是农村地区居民,城市居民对全民健身计划的认知度也不高[3]。如果将过去和现在的调查结果进行对比,我们会发现城乡居民关于全民健身的认知度显著提高,这从一个侧面反映了近十年我国全民健身政策正逐渐被大众所了解,全民健身已经逐渐成为人们的生活方式,人们不再是秉着凑热闹、看新奇的态度看待体育锻炼,而是主动参与、享受体育锻炼带来的各种益处。针对从何种渠道了解全民健身与全民健康这些名词,有38.2%的人选择了单位、社区、学校设立专门的宣传栏,有35.4%的人选择了微信公众号等网络平台,有22.9%的人选择了电视、报刊宣传,还有3.5%的人选择了其他方式(图4-1)。这说明随着网络的普及,人们获取体育信息的渠道日益多样化,不再局限于传统的读书、看报、看电视等方式。

---

[1] 刘红建,孙庆祝.群众体育政策基层执行的调查与分析[J].上海体育大学学报,2012,36(4):49-53.

[2] 平永忠,李振,李玲君.全运会推动黄河三角洲全民健身发展实证分析[J].体育文化导刊,2011,108(6):27-31.

[3] 李洪波,孙庆祝,刘红建,等.应然与实然视角下全民健身服务城乡一体化发展探析[J].武汉体育学院学报,2012,46(1):13-18.

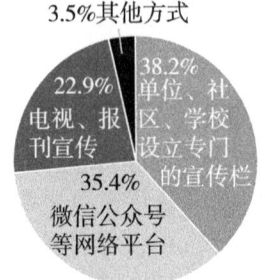

图 4-1 社会公众了解全民健身与全民健康渠道情况

二、融合发展政策配套情况

政策在全民健身与全民健康深度融合过程中具有引导、规范与约束的功能。从前面章节的分析我们知道，国家已经制定并发布了多个全民健身与全民健康融合发展相关政策，这些政策在实践过程中还需配套专门的政策，否则党和政府出台的一些政策很难落地发芽。正如国务院印发的《关于加快发展体育产业促进体育消费的若干意见》，以及《国务院办公厅关于印发中国防治慢性病中长期规划（2017—2025年）的通知》等现行文件中，有关体医融合的政策大多是以间接的方式出台，体现出碎片化、部门化、低层次化特征[1]。在实际访谈中，针对当地是否配套出台体卫融合、体医融合等全民健身与全民健康融合发展政策方案，所调查的 7 个地方仅有芜湖市出台了专门性政策，但无锡市、钦州市已经开始着手研制出台专门性政策。芜湖市体育局会同市委宣传部、市卫健委、市教育局等部门出台了《关于加快推进全民健身与全民健康深度融合的指导意见》，启动开展体医融合慢病干预试点工作。

2020 年 10 月，在无锡市实地访谈中，无锡市体育局相关领导告诉研究者，"全民健身与全民健康融合发展政策的制定需要在上位政策出台之后，我们才能研制并发布，据说省里已经准备出台这方面的政策，之后我们会按照省里政策文件配套相关实施方案。尽管目前没有专门性政策，但我们已在《无锡市"十四五"体育事业发展规划》和《无锡市全民健身实施计划（2021—2025年）》中将全民健身与全民健康融合发展的内容写了进去"。在针对钦州市全民健身与全

---

[1] 薛欣，徐福振，郭建军. 我国体医融合推行现状及政策问题确认研究[J]. 体育学研究，2021，35（1）：20-28.

民健康融合发展访谈时，广西壮族自治区钦州市北部湾大学体育部一位专家认为，广西全民健身与全民健康深度融合政策的制定走在了全国前列，早在2017年，广西壮族自治区人民政府办公厅就印发了《关于加快推进全民健身与全民健康深度融合的指导意见》，全面启动全民健身和全民健康深度融合试点工作。2020年，广西壮族自治区体育局联合自治区卫生健康委出台并实施《关于促进广西"体医融合、资源共享"实施意见（试行）》，构建7个项目、19个指标、64项任务清单，这是全国首个以省级相关部门联合印发的关于推动体医融合工作的政策性文件，同时该实施意见被列入自治区党委全面深化改革工作要点和项目清单，由各市全面深化改革委员会负责督促当地体育部门编制、促进体医融合的相关政策。

实际上，尽管所调查的地方还没有出台全民健身与全民健康专门性政策，但在省一级层面，所调查的地方中有4个省已经出台了专门性政策（表4-1）。这些政策有的是体育局与卫健委联合发文，有的是由政府办公厅直接发文，足见地方对全民健身与全民健康深度融合的重视程度，同时这些政策均具有明确的政策目标和主要任务，为当地各级政府部门提供了工作措施。从另一个侧面来讲，由于省里出台的专门性政策可操作性较强，也可以直接作为地级市相应的工作方案。针对当地是否制定出台优惠政策支持全民健身及全民健康融合发展相关产业的发展，46.6%的人选择了已经制定出台，53.4%的人选择了还未制定出台。全民健身与全民健康的深度融合需要大力发展运动健康相关产业，为社会公众提供多层次的运动健康服务，需要地方政府从税费、工商、土地、金融信贷等方面出台专门性优惠政策。

表4-1 所调查地区省级部门出台全民健身与全民健康融合发展政策情况一览

省份	时间	制定部门	政策名称	政策目标
广西壮族自治区	2017年7月	广西壮族自治区人民政府办公厅	《广西壮族自治区人民政府办公厅关于加快推动全民健身和全民健康深度融合的指导意见》	到2020年，基本形成全地域覆盖、全周期服务、全人群共享的全民健身公共服务体系，全民健身在"大健康"中的作用更加突出，实现大众健康管理服务从单纯依靠医疗卫生"被动、后端的健康干预"到体育健身"主动、前端的健康干预"的发展。建设一批具有广西特色的全民健身和全民健康深度融合的市、县（市、区）、乡镇（街道）、村（社区），实现"八化"目标，使我区成为在全国有影响、有特点的全民健身和全民健康深度融合先行地区

续表

省份	时间	制定部门	政策名称	政策目标
安徽省	2019年12月	安徽省体育局、省委宣传部、教育厅、民政厅、住房和城乡建设厅、文化和旅游厅、卫生健康委员会、省总工会、省妇女联合会、省残疾人联合会	《安徽省关于加快推动全民健身与全民健康深度融合的指导意见》	到2020年，全省全民健身和全民健康深度融合的大格局初步呈现，成效显著，人民群众健康水平持续提高。到2025年，促进全民健身与全民健康深度融合的制度体系更加完善，健康文明的生活方式成为全省人民群众的习惯，全地域覆盖、全周期服务、全社会参与、全人群共享的全民健身公共服务体系基本形成
江苏省	2020年12月	江苏省体育局、江苏省卫生健康委员会	《江苏省体育局 江苏省卫生健康委员会关于促进体医融合发展的意见》	到2022年，全省体育和卫生健康等部门协同、全社会共同参与的运动促进健康新模式初步形成，基本建成覆盖全省的体医融合服务平台，体医在理念、政策、设施、组织、科技、人才、服务等方面深度融合取得明显成效，人民群众健康水平持续提高，各项相关指标稳定达标。到2025年，全省体育和卫生健康等部门协同、全社会共同参与的运动促进健康新模式更加完善，人民群众健康文明的生活方式得到新提升，体医融合在健康江苏和体育强省建设中的作用充分凸显，江苏体医融合在全国产生示范引领作用，在国际健康和体育领域具有较强影响力
吉林省	2020年12月	吉林省人民政府办公厅	《吉林省人民政府办公厅关于推进全民健身与全民健康深度融合的意见》	到2025年，全省全民健身与全民健康深度融合的工作机制初步形成，深度融合大格局初步呈现，全民健康素养水平稳步提高，全省智慧化全民健身公共服务体系逐步完善，全民健身在"大健康"中的作用更加突出，群众健身意识显著增强。到2030年，全民健康素养水平大幅提升，全民健身与全民健康深度融合制度体系更加完善，全民健身促进全民健康理念深入人心，城乡居民达到《国民体质测定标准》合格以上的人数比例不少于92.17%，经常参加体育锻炼人数比例达到40%以上，形成区域健身与健康深度融合特色，呈现吉林健康模式

三、组织机构协同建设情况

(一) 政府机构

全民健身与全民健康的深度融合发展离不开地方政府的推动。按照查尔斯·琼斯的研究,"法定的权利主体,通过法定的程序制定和执行政策是公共政策执行合法性来源之一"。《"健康中国2030"规划纲要》明确提出,"各地区各部门要将健康中国建设纳入重要议事日程,健全领导体制和工作机制,将健康中国建设列入经济社会发展规划,将主要健康指标纳入各级党委和政府考核指标,完善考核机制和问责制度,做好相关任务的实施落实工作"。地方体育局和卫健委是直接推动全民健身、全民健康的政府职能部门,这并不意味着全民健身与全民健康的深度融合仅是这两个部门的职责。实际上,全民健身和全民健康融合发展是复杂的系统工程,涉及多个领域的方方面面,因此还需要地方政府协同相关各职能部门共同推动深度融合发展。在实地访谈中,许多体育部门工作人员认为,体育、卫生医疗、教育、文化旅游、园林、财政、民政、建设等部门都是推动全民健身与全民健康深度融合的政府责任主体。针对当地政府部门(街道、乡镇以上)是否成立全民健身与全民健康融合发展的领导机构或协调部门,政府部门工作人员选择"已经成立""正在组建"和"没有成立"的比例分别为48.80%、30.70%和20.50%(图4-2),即所调查的7个地区有近一半的政府部门(街道、乡镇以上)成立了全民健身与全民健康融合发展的领导机构或协调部门。针对当地体育服务和卫生服务协同开展工作时负责协同管理的部门,所调查的7个地方社会公众选择体育部门、医疗卫生部门、社区居委会、政府成立专门的管理部门及其他的比例分别为23.65%、22.52%、25.23%、22.97%、5.63%,

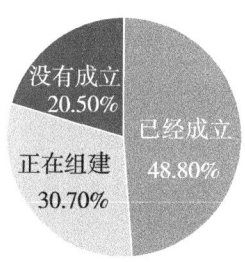

图 4-2 全民健身与全民健康融合发展的领导机构或协调部门成立情况

由此可见，社会公众对体育部门、医疗卫生部门、社区居委会和政府成立专门管理部门的倾向性较为均衡，社区居委会所占比例相对高一些，这可能与社会公众经常与社区居委会打交道，而对其他部门了解比较少有关。

（二）社会组织

2014年10月，《国务院关于加快发展体育产业促进体育消费的若干意见》（简称《意见》）出台，全民健身上升为国家战略，《意见》指出，"要进一步转变政府职能，推行政社分开、政企分开、管办分离，加快推进体育行业协会与行政机关脱钩，将适合由体育社会组织提供的公共服务和解决的事项，交由体育社会组织承担。鼓励社会力量参与体育治理，培育发展多形式、多层次的体育协会和中介组织"[1]。当前，体育社会组织成为推动全民健身蓬勃发展的重要力量。所调查的7个地方政府工作人员都表达了社会组织在推动全民健身与全民健康深度融合中的关键作用。无锡市"十三五"期间各级各类体育社团组织增至289个，全市达到3A等级以上的体育社会组织数量共40家，其中3A以上的市属体育社会组织20家，实现了市、市（县）区、镇（街道）、村（社区）四级全覆盖。在访谈时，吉林体育学院有专家认为，长春市积极探索实现社区体育组织"1+5"模式，"1"指的是每个社区配备1名社区体育管理员，"5"指每个社区建立5个体育社会组织，须包含老年人体育组织与社会体育指导员组织，通过赋权赋能体育社会组织，带动社区全民健身的开展。然而，尽管体育社会组织能够参与社区全民健身，但与卫生健康社会组织及其他社会组织的交流情况却不甚乐观。针对当地是否组织体育社会组织与卫生健康社会组织开展运动促进健康的相关交流活动，选择"经常组织""偶尔组织""未组织"的比例分别为20.20%、46.30%、33.50%（图4-3），可见体育社会组织和卫生健康社会组织的交流不多，不利于推动全民健身与全民健康的融合发展。这主要是因为这两类社会组织隶属于不同的部门指导和管理，平时没有专业和业务方面的联系，很难形成关系纽带，久而久之形成了与体育和卫生健康部门同样的态势，因此社会组织之间的壁垒也要尽快打破，强化组织融合成为推动全民健身与全民健康深度融合的重要步骤。

---

[1] 国务院. 国务院关于加快发展体育产业促进体育消费的若干意见 [EB/OL]. [2014-10-20]. http://www.gov.cn/zhengce/content/2014-10/20/content_9152.htm.

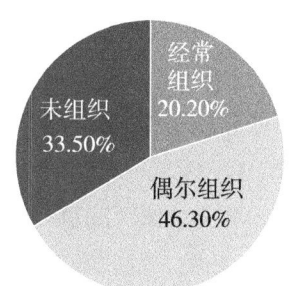

图 4-3 体育社会组织与卫生健康社会组织开展交流活动情况

四、场地设施与智慧化情况

场地设施是人们参与运动健身、促进身体健康的最直接载体,是促进全民健身与全民健康深度融合的焦点问题。实际上,国家持续出台全民健身计划,很大程度上是要解决场地设施不足这一制约全民健身健康发展的问题。2020年,国务院办公厅发布《关于加强全民健身场地设施建设发展群众体育的意见》(国办发〔2020〕36号),要求编制健身设施建设补短板五年行动计划,明确各年度目标任务,聚焦群众就近健身需要,增加健身设施有效供给,补齐群众身边的健身设施短板。针对当地拥有的体育场馆、设施、器材等能否满足体育活动开展的需要,所调查的7个地区的政府部门工作人员选择"完全能满足""能满足""基本能满足""不能满足",以及"远远不能满足"所占的比例分别为7.32%、16.74%、32.56%、35.78%、7.60%(图4-4),选择不能满足的比例排在第1位。由此可见,这些地方的健身场地设施在满足当地人们体育健身需求的方面仍任重而道远。

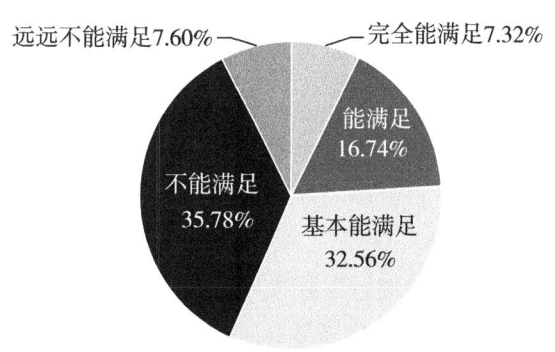

图 4-4 所调查地区场馆设施满足体育活动开展需要情况

随着人们健身需求的日益多样化，场地设施的类型和智慧化程度越来越成为评价公民满意度的重要指标。针对所在社区的体育场地配套设施类别的满意情况，所调查的社会公众选择"非常满意""满意""不满意""非常不满意"的比例分别为10.36%、49.32%、34.23%、6.08%。从调查结果可知，所调查地区对场地设施类型的满意度较高。泰安市体育局群体处工作人员认为，这与最近几年国家重视体育场地设施建设密切相关，目前泰安市城市社区全部配套建设健身设施，为满足社区居民的多元需求，泰安市在全省率先出台了《关于申报社会足球场地设施建设项目的通知》，对足球场地设施建设给予标准足球场地20万元/块、非标准足球场地6万元/块的资金扶持，鼓励各地社区积极申报建设足球场地。

推进全民健身与全民健康深度融合离不开健身场地设施的智慧化程度，如健身者可以随时了解自己的运动时间、运动步数、运动频率、运动距离、运动时心率变化和消耗的热量等运动数据，给锻炼者带来新的感受，让参与健身的社区居民更好地了解自己的身体状况。针对所在社区的体育场地配套设施智慧化程度，所调查的社会公众选择"很高""高""不高""很低"的比例分别为8.56%、18.92%、50.23%、22.30%。从调查结果可知，社会公众认为社区体育场地设施的智慧化程度不高及很低的比例较大，说明当前这些地区的场地设施需要进一步提档升级。从实地调查情况来看，江苏省无锡市、山东省泰安市被调查的社区健身场地设施智慧化程度在逐步提升，而中西部地区总体情况不容乐观。吉林体育学院专家认为，社区体育健身设施的智慧化建设，不仅可以吸引更多的居民参与健身，还能帮助居民更直观地了解运动状态，对有效推动运动健身与卫生健康的融合具有一定的促进作用。

五、全民健身健康活动的开展情况

现代体育是为了满足人们娱乐需求、促进人们身心健康发展而创造的一种以自觉意识支配的身体运动，是一种对自身身心进行改造，并使其达到完美状态的实践。活动开展是全民健身的重要载体，也是推动全民健身与全民健康走向深度融合的重要抓手。地方政府在推动全民健身活动开展中发挥着积极作用，主要由体育部门牵头，协同各体育协会组织开展各种各样的全民健身活动，通过打造品牌性群众体育活动来吸引越来越多的城乡居民参与其中。以无锡市全民健身为例，其全民健身运动会、无锡体育大联赛等品牌活动带动全市人民的健身活动迅速发展，全市每年举办各级各类全民健身赛事活动超过2000场次，参与市民超过百万人次，全市经常参加体育锻炼的人数比例达到42%。一些地方政府还采用线上线下相结合的方式推动全民健身活动的开展。四川省绵阳市开展了"健康绵阳全民运动汇"活动，该活动以线上活动为主，采用线上+线下的模式进行，通过"文化+体育+健康+互联网"融合模式，开展广场舞、毽球、跳绳、健身操、广播体操、客厅马拉松等线上全民运动活动，为市民搭建了一个突破时空限制的全民健身"云舞台"，带动大家通过活动强身健体、增进健康。除了政府大力推动外，社会公众自发开展健身活动的热情也在日益递增，在实地调查中发现，许多社区居民会自发地开展运动健身活动，利用早晨和傍晚的时间，在社区周边公共广场、公园开展广场舞、健身操、现代舞、太极拳等多种健身类项目。

开展全民健身活动时可能会对参与者造成一定的运动损伤，因此活动组织者应在活动举办时配备专门的运动健康指导人员或医护人员，做到防患于未然，及时为参与者提供科学指导或帮助。针对所在社区开展群众性体育活动时是否配备专门的运动健康指导人员或医护人员，所调查的地区社会公众选择"配备"的所占比例为32.66%，选择"没有配备"的所占比例为67.34%。从结果可以看出，各种健身活动配备专门健康指导员的比例不高。究其原因，一是运动健康专业人才较为缺乏，体育院校或综合性大学体育学院开设的体育专业大多是体育教育、运动训练、体育管理等，运动人体科学专业毕业生数量很少，尽管我国有数量可观的体育社会指导员，但由于缺乏医学专业知识，在遇到运动损伤时很难采取科学的救治措施；二是体育部门（社会组织）与卫生健康部门（社会组织）缺少沟通交流，融合程度有限，全民健康还没有真正融入全民健身相关的赛事活动、健身指导中。

六、全民健身健康科学指导情况

全民健身科学指导的本质是让健身更符合科学规律，因而健身指导是推动全民健身与全民健康深度融合的重要"窗口"。我国社会体育指导员队伍逐步壮大，据《体育蓝皮书：中国体育产业发展报告2021》数据显示，截至2021年底，社会体育指导员队伍达到270万人，每千人拥有社会体育指导员1.92人。同时，为培养体育指导员，国家建成了30个国家级、204个一级、474个二级和1609个三级社会体育指导员培训基地，共培养各级社会体育指导员约65万人[1]。2020年1月，国家体育总局印发《关于大力推广居家科学健身方法的通知》，要求充分利用各种媒体，对居家健身的重要性进行普及，对居家健身方法进行宣传。

---

[1] 全民健身：让生活更美好[N]. 大众日报，2021-08-09.

针对是否会参加社区组织的体质健康监测,所调查地区的社会公众选择"定期参加""偶尔参加""了解但未参加过""不了解"的比例分别为21.62%、29.73%、22.30%、26.35%(图4-5)。针对所在社区是否会组织开展运动促进健康的相关培训和指导活动,所调查地区的社会公众选择"经常组织""偶尔组织""未组织"的比例分别为13.06%、37.61%、49.33%,可见,基层社区开展运动促进健康的培训或指导活动比例还不够高。一方面,国家日益重视科学健身指导,而另一方面,社区因多种制约因素难以实施运动促进健康的培训和指导活动,出现了不均衡的"上头热、下头冷"的态势。四川省绵阳市滨湖社区文体站负责人认为,当前社区也开始重视科学健身,但因疫情因素等,一些科学健身指导活动组织情况并不理想,还不能深入开展健身指导,因而对社区居民运动健身的指导有限。针对遭遇运动损伤后会偏向选择哪种方式进行治疗,选择"医院治疗"的比例为57.88%,选择"自我诊断"的比例为21.4%,选择"推拿按摩"的比例为9.01%,选择"到运动康复工作室进行治疗"的比例为6.08%,选择"其他方式"的比例为5.63%。从调查结果可以看出,社会公众在遇到运动损伤时,更倾向于到医院去治疗,这与运动参与者的健康认知密切相关,也反映了我国基层运动健康指导机构、站点,以及运动健康治疗专业人员仍相对缺乏。

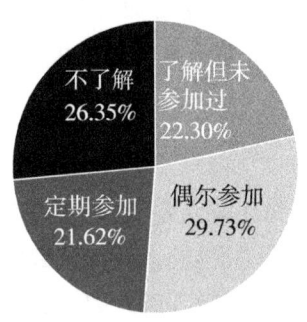

图4-5 所调查地区公众参加社区组织的体质健康监测情况

第二节 全民健身与全民健康融合发展存在的问题

一、运动促进健康理念有待提升

理念是个人长期形成的思想认识,如对体育的理念、对教育的理念等。理念是内因,是主导个体行为的内在因素,因而正确的理念对个体的行为会形成正确的引导。在实际访谈过程中,体育部门工作人员针对运动促进健康理念的认同程度较高,体现了较好的体育职业素养。在实际访谈中,广西钦州市文广体旅局群体科工作人员认为,"北京奥运会后,国家对群众体育的重视程度逐步提升,特别是全民健身上升为国家战略,进一步提高了群众体育的发展地位,而地方各级群体工作人员的认知也随之有了很大的提升,以前群众体育就是策划一些活动,表面上很热闹,现在群众体育是真抓实干,人财物投入力度较大,目的就是为公众提供健康的场地设施和活动指导,为人们的健康提供更好的保障。然而,在实际访谈中发现,一些地方政府部门对运动促进健康的认知不够,他们认为,健康只与卫生医疗相关,公众的健康是卫健委的事,体育部门的任务还是搞竞技体育,抓体育赛事活动"。芜湖市体育局办公室工作人员认为,"由于这些理念深入人心,卫生医疗部门并不重视医务人员相关运动知识和技能的培训,许多医务人员不能开具有针对性的运动处方,这成为制约全民健身与全民健康深度融合的重要因素"。有研究对保定市三级甲等医院注册护士和执业医师进行的"体医融合知信行"现状调查中发现,35.60%的被调查者仅听说过"体医融合"的概念,12.20%的医护人员也仅限于了解运动处方包含的要素[1]。同时,由于政府不同部门对运动促进健康的认知不尽相同,也导致全民健身工作在实际开展过程中会遇到一些问题,如居住小区全民健身场地的规划、全民健身场地的选址等在实践过程中推进困难,全民健身在实践中"说起来重要、做起来次要、真正落实起来无关紧要"的情况,不利于全民健身与全民健康的深度融合。

从社会公众的角度来看,在很长一段时间内,人们都把健康和医学联系在一起,人们想当然地认为只有使用药物等医学方法,才能促进身体的康复,没有意识到体育也可以提升健康水平。从实地调查情况来看,尽管所调查的7个地区居民有78.20%的人认为可以通过体育锻炼促进身体健康,但仍有21.80%的居民不认同体育对身体健康的促进作用。社会公众的健身理念对健身行为有着直接的主导作用,针对参与体育锻炼的频率,选择"每天1次""一周3至5次""一周1次"及"其他"的比例分别为8.20%、19.20%、30.30%、42.30%,针对每次锻炼的时间,所调查地区的社会公众选择"不足30分钟""30分钟至1小时"

---

[1] 高尚尚,姚祺雯,刘鑫羽,等.保定市医护人员体医融合知信行现状调查及影响因素分析[J].护理研究,2020,34(12):2203-2207.

"1小时以上"所占的比例分别为31.54%、49.55%和18.92%，从实际调查结果可以看出，社会公众实际参与体育锻炼的次数及锻炼的时间并不理想。国内有研究显示，大连市社区居民很大程度上是愿意通过体育锻炼达到身体健康目的的，但是对体育锻炼的认识存在偏倚，因此他们不清楚如何进行科学的、有效的体育锻炼以达到自己的目的[1]。实际上，科学的健身时间和频率对于健康有着重要的促进作用，以老年群体为例，《世界卫生组织关于身体活动和久坐行为的指南》中对于65岁以上的老年人，强烈推荐每周进行150～300分钟中等强度的有氧运动或者75～150分钟剧烈强度的有氧运动，或者两者结合，可以获得巨大的健康收益。社会公众运动促进健康的理念仍面临一定困境，究其原因，主要是政府对于"运动是良医"等运动健康知识的宣传还不到位，对科学健身的知识还未普及。

二、配套法规政策体系有待完善

在全民健身已上升为国家战略的背景下，要构建和完善全民健身与全民健康的深度融合机制，必须有健全的法律法规作为保证。但是，当前我国全民健身与全民健康的融合还在起步阶段，在政策法规方面还存在着许多不足。在融合的过程中，各部门间的部分相关法律构建在某些领域仅限于单一的政府体育部门或卫生领域，缺乏"多领域协同立法、全方位共同治理"的长效机制。

从法律法规层面来看，尽管我国已经出台了《中华人民共和国体育法》《全民健身条例》等几部国家层面的重要法规条例，但这些法规条例出台时间较早，有些条款规定已然不符合当前全民健身发展的实际。特别是随着全民健身上升为国家战略，其发展地位、发展模式等和过去相比有了明显的区别，需要针对全民健身发展实际修订相应的内容和条款，从而更好地引领、规范和约束新时代全民健身事业的发展。同时研究制定全民健身与全民健康深度融合的专门法规、条例或办法，进一步加强相关利益部门的责任感和义务感，在法律层面充分体现全民健身与全民健康深度融合的权威性[2]。从政策层面来看，有关全民健身及全民健康的政策文件等仍有待完善，虽然《"健康中国2030"规划纲要》中提出构建

---

[1] 黄非. 大连市健康社区建设中体医融合实现路径研究 [D]. 大连：辽宁师范大学，2021.
[2] 尤传豹，刘红建，周杨，等. 推动全民健身与全民健康深度融合的政策路径研究 [J]. 沈阳体育学院学报，2022，41（3）：56-63.

"体医结合的疾病防治与卫生服务模式",但既未给出政策路径,也未给出具体的政策措施。部分政策即使包含与全民健身和全民健康深度融合有关的问题,如教育、旅游、医疗等,也没有提出有效、具体的对策和路径,科学性还有待考察,同时,执法的主体繁杂、力度有限,无法形成合理的反馈闭环。与此同时,尽管已出台若干政策,包括利用不同行业的力量来促进一体化发展、协作,但是这些政策都没有具体的执行方案,也没有具体的协调机制。此外,我国幅员辽阔,不同省份之间的经济文化发展还会在很长一段时间里呈现不平衡的状态,且国家的政策是"标准性"的,缺乏本地的"差异性",不利于当地"全民健康"的发展,所以,我们需要制定一些地方性的法律,来弥补这些法律的不足。

有研究显示,政策问题是深入推进上海市"体医融合"的难点和堵点问题,"《'健康上海2030'规划纲要》《健康上海行动(2019—2030年)》等卫生健康事业发展的纲领性文件虽明确提出要加强非医疗健康行为干预,以及构建体医结合的疾病管理与健康服务体系,但体系化、针对性的实施细则及配套政策法规还未颁布,使得体医融合在实践中难以操作。此外,体育、卫生健康、民政等部门交叉重叠和责任边界不清晰,虽然部门政策都提到了要重视体医融合工作,但缺乏具体的投入政策,导致政策碎片化,体医融合难以全面深入推进,有限的资源也不能实现精准投入和最优配置"[1]。从所调查的7个地区全民健身与全民健康融合政策出台情况来看,除安徽省芜湖市外,无锡、泰安、长春、绵阳、钦州及白沙等地均没有出台全民健身与全民健康深度融合的专门性政策。在实地访谈过程中,泰安市体育局群体干部认为,因为目前省里还没有出台相关的政策,我们地级市没有直接的参考文件。同时,全民健身与全民健康融合发展涉及卫生健康、教育、园林、养老等多领域多部门,需要由市政府统一协调,共同制定相应政策,只靠体育局一家很难形成科学的政策文本,即便拿出了政策文本,没有其他相关部门的支持,政策目标仍然难以在实践过程中落实。此外,当前的政策体系还不够完整,在大健康产业中涉及的一些前沿技术应用,以及技术新模式、新业态方面还存在着政策和管理的空白区域,这在一定程度上可能会形成体医融合发展的政策瓶颈。在未来一段时期内,需要更为有效地利用政策工具构建一个多方位的政策保护空间,需要更具体化、专业化的实施细则和可操作性强、能够落

---

[1] 深入推进上海"体医融合"的难点和堵点研究[EB/OL].[2022-09-05]. http://www.fzzx.sh.gov.cn/zdkt_2021/20220905/a454a027479b4caa9e16506a284549d6.html.

地的行动策略来支撑"体医融合"在关键技术持续创新、社会化实践和颠覆性价值网络构建等过程中的运作[1]。因此，要根据不同地区来制定差异化、多样化的行政法规和配套政策，保证全民健身与全民健康融合在地方实践中的有效推进。

三、部门协同管理机制缺位模糊

全民健身与全民健康深度融合的本质是为了达到人们预防、治疗疾病和康复的目的，由多个部门相互协同促进，通过全民健身的科学健身行为干预和解决人们健康问题。体育部门和卫生健康部门是推动全民健身和全民健康深度融合的主要力量。在我国，体育部门与卫生健康部门是平等级别的。卫生健康部门主要负责健康工作，而体育是由政府体育部门管理所有的资源，在特定的阶段，大量的体育资源都倾向于竞技体育，因此群众体育、学校体育等方面的发展相对滞后，造成了二者之间权责的不交叉，不能很好地配合。近几年，"体医融合""全民健身和全民健康深度融合"等概念的提出使二者发生关联，但这两大主体在很长一段时间内互相设置障碍、推卸责任，难以实现真正的融合。据调查，目前福建省"体医融合"的两大领域——体育和医学，因为长久以来的分离，现况是医学力量强大、体育力量薄弱，想要将两者结合起来非常困难，需要漫长的探索过程[2]。从实地调查情况来看，有近一半的地方目前仍没有建立协同领导机构，相应的深度融合协同机制也存在不完善，甚至缺失的情况。实际上，当前我国基层全民健身与全民健康的融合，多以医疗卫生为主，对体育的定位不够清晰，政策制定中缺乏体育促进健康的内容，造成体育、医疗健康等相关部门"踢皮球"的局面，两部门缺乏合作意识和政策支撑，职责分工不明晰，最终各自为政，形成了"条块管理""碎片化"的局面。习近平指出，"全民健身是全体人民增强体魄、健康生活的基础和保障，人民身体健康是全面建成小康社会的重要内涵，是每一个人成长和实现幸福生活的重要基础"。在全民健身上升为国家战略的背景下，全民健身在推动健康中国建设、实现中华民族伟大复兴的进程中，发挥着日益重要的作用，需要党和国家从现实出发，进一步做好全民健身和全民健康融

---

[1]陈巧玉，王定宣，刘中强. 体医融合的进路选择：从知识生产到颠覆式创新［J］. 体育科学，2023（2）：78-86.

[2]刘一平，王深，余蓉蓉. 福建沿海城市推进"体医融合"模式的调整［J］. 体育科学研究，2021，25（2）：1-5.

合发展的组织设计和架构,推动相关职能部门的变革,更好地形成全民健身与全民健康融合发展的体制结构,进而实现相应的功能。同时,也可以在地方实行先行先试的方略,加快建立相适应的体制机制,促进部门间的职能融合、责权分明和资源共享,最终推动全民健身与全民健康的深度融合。

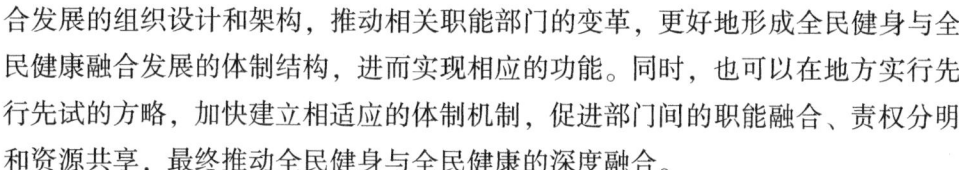

部门协同管理机制缺乏[1]

体育与卫生健康部门是推进全民健身与全民健康深度融合的主体和重要力量。受传统体制的影响,体育与卫生健康部门的协同管理机制缺失、权责不清、合作意向不足,形成各自为政的"条块管理"局面,本应发挥的"体医结合"促进健康的共享和协同作用难以达成。一方面,卫生健康部门未将运动与慢性病预防和康复及非医疗健康干预纳入医学管辖范畴,加之卫健系统"轻运动,重医疗""轻预防,重救治"的被动健康理念长期固存,使与运动相关的大众健身、运动康复等健康服务游离于体育与卫生管辖范围的边缘。另一方面,体育部门长期以竞技体育为核心的体育系统,体医结合观念淡薄,缺乏对运动处方的研制、推广及应用,非医疗干预手段难以融入公共卫生、临床医学中,体医融合配套服务短期难以整合。

四、运动健康资源和服务布局不合理

推进全民健身与全民健康的深度融合离不开各类运动和健康资源,缺乏运动和健康资源,推进全民健身与全民健康的融合就成了"无源之水""无本之木"。实际上,我国政府高度重视运动和健康资源的建设,相继颁布了多份强化与保障运动和健康资源建设的政策文件,但与我国居民日益增长的美好生活需要相比,与居民不断提升的健身与健康需求相比,仍存在一定差距,运动健康资源及服务布局仍不合理,主要表现为以下三点。

第一,区域运动健康资源的布局不合理。在我国,西部地区资源匮乏,大部分优质资源分布在中东部发达地区,如健身的器材、场地、人员配置,以及用于

---

[1] 殷琼. 全民健身与全民健康深度融合的现实困境与对策建议[N]. 芜湖日报,2020-08-14.

健身的医疗、养老资源等。与此同时，我国城乡差异较大，在贫困地区，健康问题都无法得到有效的保障。从实地调查可以看出，无锡、芜湖、泰安等东部地区，由于经济基础相对较好，全民健身场地设施相对布局较多，但在四川绵阳、广西钦州等地，全民健身场地布局总量不够，难以满足居民的健身需求。

第二，运动健康资源的功能设置不合理。伴随全民健身事业的快速发展，广大人民日益增长的健身需求与全民健身场馆设施之间的矛盾呈现不均衡、不协调的状态，两者之间的矛盾也越来越明显。根据全国第六次体育场馆普查数据，室内场地只占全国体育设施总数的9.4%，大部分都是用来举办竞技比赛的，很少有适合居民健身的场地。此外，尽管我国相关的法规政策规定公共体育设施应当根据其功能、特点、运营维护需要和服务内容，向公众免费或低收费开放，但由于公共体育设施管理部门理念滞后，资金缺乏，公共体育设施难以向社会开放，也就出现了"洛阳王城公园的广场区与篮球运动的场地之争""体育场地放藏獒"等事件，说明我国的全民健身场地仍然不能有效满足人民的需求，也反映了场地场馆资源功能设置的不合理，不能聚焦全民健身功能，也不能真正做到服务于人民的运动健康需要。

第三，运动健康资源结构不合理。推进全民健身与全民健康融合发展，需要以全民健身资源为基础，但不能缺少运动健康资源的嵌入和融入，如果运动健康资源缺位，全民健身与全民健康深度融合就不能实现。我们在调查中发现，针对社区居民遭遇运动损伤时治疗方式选择情况，大部分居民还是到医院进行诊断和治疗，这是因为大部分全民健身场馆设施并没有配置运动健康治疗室、运动诊所等运动健康资源，即便是一些地方配备了社会体育指导员、医护人员等，但由于这些人员的不稳定、不专业，居民也很难获得相应的诊断和治疗，仍然要到周边医院进行治疗。因此，运动健康资源的整体结构还不合理，健康资源往往处于缺位态势，不利于全民健身过程中的健康指导和诊断治疗。

五、运动健康专业人才严重短缺

人才资源是推动全民健身与全民健康深度融合的实际执行主体，只有具备相当数量和质量的运动健康专业人才，才能有效推进深度融合。有研究显示，公众的健康知识与体育知识是彼此分离的，且都相对缺乏，尽管"生命在于运动"这一常识是众所周知的，但是对于如何进行运动、通过什么运动来提高身体的健康，以及如何通过体育干预来改善慢性病，却很少宣传。一些高发的慢性病，比如高血压、糖尿病、骨质疏松等,更需要专业的医疗和体育机构来引导患者科学运动[1]。有研究显示,上海市体医融合人才的缺乏,已经成为深入推进体医融合的重要障碍,目前采取医生在职培训的方式只能是杯水车薪,且效果难以保证。另外,各地缺少运动处方师实训基地,比如医院运动处方门诊、社区运动处方指导点等。到目前为止,康复治疗师、物理治疗师、运动康复师等还未纳入中国的职业大典。一方面体医融合人才短缺,另一方面又没有合法身份,加剧了体医融合领域发展与人才使用的矛盾[2]。

因为医务人员缺乏基本的运动知识、技能,所以不能给患者开出有效的运动处方。一项对高等医学院校2977名大学生进行的有关"体医融合"的调查发现,有60%以上的大学生不知道"体医融合"概念,48.47%的大学生不知道运动处方的内容,仅15%左右的学生所在学校讲授过有关"运动处方"的内容[3]。从当前体医融合发展实践来看,全民健身科学化发展方面主要是由体质监测人员、社会体育指导员等担当。然而2015年,社会体育指导员只有200万人,相当于每1000人中只有1.5人是社会体育指导员,而且在运动处方、运动康复健康等领域,其专业知识和职业素质都不高,有时不能对科学健身理念和健康知识的传播进行讲解、示范。由于缺少相关的医学常识和卫生保健知识,体育指导人员在为人民群众提供服务的过程中,存在很大的盲目性,特别是无法对患病的重点人群进行有针对性的运动内容、练习时间和强度指导。在全民健身的进程中,不能根据民众的需求"对症下药",致使部分民众无法得到有效引导,最终造成民众科学健身的观念缺失。

实际上,我国开设了与运动健康相关的专业,如运动人体科学专业。然而,由于运动人体科学的教学内容繁多、教学时间安排不合理,教学内容的专业性和针对性不强。从这一专业的毕业生为社会服务的现状来看,运动人体科学专业毕业的学生多获得教育学学位,普遍缺乏熟练的医学实践能力,这就造成了他们的社会就业前景十分不明确。但是,在我国医学专业中,对人才的培养还停留在"诊断-治疗"的模式上,重治疗、轻预防、轻保健,忽视了患者作为人的整体

---

[1] 黄非.大连市健康社区建设中体医融合实现路径研究[D].大连:辽宁师范大学,2021.
[2] 深入推进上海"体医融合"的难点和堵点研究[EB/OL].[2022-09-05]. http://www.fzzx.sh.gov.cn/zdkt_2021/20220905/a454a027479b4caa9e16506a284549d6.html.
[3] 纪之光,贾固华,陆乐,等.高等医学院校"体医融合"类课程开展现状与影响因素调查分析[J].卫生职业教育,2020,38(12):135-137.

性、社会性,忽视了体育锻炼对人类健康的重要作用[1]。2004 年,我国首次在北京体育大学、武汉体育学院、天津医科大学招收运动康复专业的本科生,化解了体育康复人才不足的问题,但 2011 年,国家卫生部将运动康复专业的工作人员列入"紧缺"行列,截至 2014 年,共有包含 15 所体育院校、14 所医学院在内的多所学校对运动康复专业进行招生,总计 1421 名。医学院和体育院校的毕业生很少应聘运动康复的工作,医学院的学生进入医院担任临床工作,体育院校的学生大多在专业队、体育局等任职,极少从事运动康复专业类工作,导致大众对运动康复的需求得不到满足。2016 年"两会"报告中指出,中国具备康复医生资格的人员达到 3.6 万人,且每 10 万人口中仅有 2.65 名康复治疗师[2],与西方发达国家相比仍存在很大差距,这一差距严重影响我国体育与医疗卫生的融合发展。因此,在全国范围内,全民健身与全民健康深度融合,亟须一批高质量、高素质的专业运动康复人才。

六、运动促进健康的智能化水平不高

"工欲善其事,必先利其器。"随着我国全民健身公共服务体系的搭建,为保证群众体育活动的开展,体育场地设施的建设数量、项目种类逐渐丰富起来,推进全民健身与全民健康深度融合离不开健身场地设施智慧化程度的提高,但"智慧场馆"还是存在数量较少、项目单一、地域发展不平衡等问题。体育场馆的智能化改造程度低主要受制于政府扶持力度、社会力量参与程度、管理运营模式不畅等多种因素。要推动深度融合,必须满足不同时段、不同人群对场地设施的多样化需求,但目前针对体育场地的数据资源共享平台还没有建立起来,导致人民群众的体育参与度低,大大降低了全民健身的智慧化服务能力。智慧体育场馆为群众体育活动的开展提供了便利,但同时面临着智慧场馆服务评价、监管体系不健全等问题,如由于群众性体育活动中的事故责任认定问题难以解决,许多地区的智慧场馆出现了"建而不用"的搁置现象。

数字技术嵌入智能化健身平台可以成为推进全民健身与全民健康的载体,能最大限度打破时空界限,提供独具特色的体育服务,如通过可穿戴运动监测设

---

[1] 黄非. 大连市健康社区建设中体医融合实现路径研究 [D]. 大连:辽宁师范大学, 2021.
[2] 余清, 秦学林. 体医融合背景下运动康复中心发展困境及对策分析 [J]. 体育与科学, 2018, 39(6):24-30.

备，服务健身者可以随时了解自己的运动时间、运动步数、运动频率、运动距离、运动时心率变化和消耗的热量等运动数据，让参与健身的社区居民更好地了解自己的身体状况，但其高昂的使用成本使大部分群众望而却步。以 Keep 为主的诸多软件通过线上教学方式降低了社区居民参与健身活动的门槛，但其人性化、智能化还有进步的空间，一方面是部分体育动作在缺乏指导的前提下自行训练容易受伤，另一方面是其配套功能仍然匮乏，只重视运动本身，对于防治运动损伤和急救的应急措施鲜有涉及。

案例3

全民健身智慧化的阻滞因素[1]

全民健身供需两端存在共情落差

随着全民健身战略的持续推进，健身理念逐步深入人心。我国健身群体数量大、层次多，其规模总量远超其他国家。随着慢性病高发与人口老龄化程度加快，且不同省份、不同区域的经济社会发展差异较大，财政支付能力与人口特征、健身传统等具有极大的异质特征。

与此同时，全民健身智慧化的供需两端不仅在不同组织、不同区域与人群之间存在着不平衡，而且供需两端的相关主体之间存在着共情落差。面对庞大的健身人群和日益增加的全民健身公共服务供需矛盾，现有全民健身公共服务体系与其服务模式不仅难以满足健身者个性化的物质需求，还难以满足健身者的多样化和多层次的精神追求。①目前全民健身公共服务供给质量、数量与需求之间仍存在较大差距，我国社会日益增长的健身需求对现有全民健身公共服务模式和体系的质量标准，以及要素之间的配置等提出了挑战。②智慧化运行系统及其功能往往是由全民健身公共服务供给者主导设计，同理心的不足使得他们难以精准把握不同健身者的情感需求，并为其提供有温度的健身服务。例如，设计主体对老年人运用智能技术的劣势考虑不够充分，造成老年人在线上预约、线上支付、体育场馆门禁出入、智能化健身器材使用等方面存在困难。健身中的情感需求尤其是健身中的体育意志、品格、精神慰藉得不到满足，供需主体之间尚未解决的共情落差，需要用智慧化的技术赋能来消除。

---

[1] 全民健身智慧化的阻滞因素［EB/OL］.［2022-09-19］. https://www.sohu.com/a/586161338_121403372.

全民健身信息沟通存在数字鸿沟

在借助信息化成果提升自身健康状况时，健身者因信息素养不足，仍然是信息时代的弱势群体，不同人群之间和人机交互之间存在着明显的信息障碍。城乡网民结构存在较大差距，不利于区域全民健身公共服务智慧化均衡发展。这一现象表现在：①如何消解不同组织、不同区域与不同人群之间的供给差距；②如何消除供给与需求之间存在的"非对称性信息"，以保障全民健身智慧化的多元主体在区域之间、线上与线下之间实现切换，促进全民健身智慧化的红利共享。

从智能技术的操控层面看，全民健身智慧化中的诸多智能产品是由专门人员设计的，对不同健身者的知识储备、技能运用及身体质量的考量不够充分，对以人为本的健身理念认知不足，造成智能产品在健身市场中难以广泛普及。同时，由于健身者数据安全与处理能力参差不齐，势必增加智能技术运用的安全风险，在一定程度上对健身者的人身安全与财产安全产生影响。由此可见，全民健身公共服务的包容性、可及性、有效性等服务系统功能属性成为全民健身智慧化的关键性影响因素。如果对健身者的健康信息、需求信息把握不够精准，实时更新不及时，对信息的深耕和精准分析不足，那么精准对接健身者的实际需求将变得无比困难，高质量的健身服务更是无从谈起。

随着人们生活理念的转变和生活方式的革新，体育正在成为人民群众生活的重要组成部分，人们的物质投入和价值观念也逐步从"遭遇疾病时求医问药"转向"寻求运动处方提升身体素质"，对健康问题"关口前移"的认知要归功于全民健身战略的实施，但要进一步推动全民健身与全民健康深度融合，还需要通过智能（智慧）化手段提高运动处方的精准程度，"授人以鱼不如授人以渔"，对于幼儿及青少年，运动处方应主要着眼于促进其生长发育；对于中年群体，运动处方应注重对慢性疾病防治；对于老年群体，应重视防治跌倒和平衡训练等微观问题，此外还有各类疾病患者、特殊人群等，目前群众了解运动处方的渠道较少、推广范围较窄，全民健身活动的开展效果也会大打折扣。

体育主管部门应当提升全民健身智慧化服务能力，加强全民健身设施管理维护、公共体育场馆预订等信息化建设，提供赛事服务、健身指导、体育文化等综合服务，建立线上线下相结合的服务模式；鼓励和引导社会力量创新智能健身产品和服务，开发智能健身设备、健身软件、在线健身培训课程等；还应以大数据、云计算、5G等数字化手段为依托搭建和运营相应的数据资源共享平台，提升全民健身活动的参与程度和服务效率以满足不同人群的运动健身需求。除此之外，要与体医融合、康养融合等政策做好对接，在运动处方的推广和实施上提升智能（智慧）化程度，切实提升全民健身与全民健康深度融合中的智能（智慧）化发展水平。

小 结

通过采用问卷调查和实地访谈的方式，对我国部分省市开展了问卷调查和实地调研。研究发现，在全民健身与全民健康融合发展认知情况方面，地方政府工作人员对运动促进健康的理念认可程度较高，社会公众的健身意识逐步增强，开始将体育健身作为提高健康水平的重要方式。在全民健身与全民健康融合的配套政策方面，所调查的地区还没有出台专门性政策，但在省级层面，有的省出台了专门性政策，地方政府已经开始从税费、工商、土地、金融信贷等方面出台专门性优惠政策。在全民健身与全民健康组织机构方面，所调查的地区有近一半的政府部门（街道、乡镇以上）成立了全民健身与全民健康融合发展的领导机构或协调部门。社会公众对体育部门、医疗卫生部门、社区居委会、政府成立专门管理部门的倾向性较为均衡，社区居委会所占比例相对较高。体育社会组织和卫生健康社会组织的交流不多。在全民健身与全民健康场地设施方面，所调查地区的政府部门工作人员认为场地设施不能满足公众需求的比例最高，对场地设施类型的满意度相关较高，社会公众认为社区体育场地设施的智慧化程度不高及很低的比例较大。在全民健身与全民健康活动开展方面，各种健身活动配备专门健康指导员的比例不高。在全民健身与全民健康科学指导方面，基层社区开展运动促进健康的培训或指导活动比例还不够高，社会公众在遇到运动损伤时，更倾向于到医院治疗。结合实践调研结果，我们认为当前我国全民健身与全民健康融合发展的政策问题可以归纳为：运动促进健康理念有待提升，配套法规政策体系有待完善，部门协同管理机制缺位模糊，运动健康资源及服务布局不合理，运动健康专业人才严重短缺，运动促进健康的智能化发展水平不高等方面，所构建的全民健身与全民健康深度融合的政策体系应重点从以上几个方面考虑和设计。

第五章 国外镜鉴：发达国家大众体育与卫生健康融合发展的政策经验

党的十八大以来，党和政府对体育工作给予了极大关注，积极推进体育事业的改革发展，并在全国范围内促进全民健身活动展开。全民健身和健康中国是新时代国家重大发展战略，其内在逻辑体现在全民健身是实现健康中国的有效途径和手段，健康中国是全民健身的最终目标，已成为满足人民美好生活需要的制度保证。2020年9月，习近平在教育文化卫生体育领域专家代表座谈会讲话中指出，"要推动健康关口前移，建立体育和卫生健康等部门协同、全社会共同参与的运动促进健康新模式"，更清晰地指明全民健身与全民健康两大战略融合发展的未来方向和路径。作为新的发展战略，需要新的政策加以引导、推动和规范，而政策的改进、完善又会引起体制及机制的连锁反应，有利于推动全民健身与全民健康深度融合从理念走向实践。在新形势下，我们需要学习和借鉴外国的有益经验，以本土的政策进程为基础，从政策学的角度，为新时代下的全民健身和全民健康深度融合提供有效的推进路径。

第一节 发达国家大众体育与卫生健康融合重要政策

一、美国的大众体育与卫生健康政策

20世纪中期，肥胖和慢性疾病在美国蔓延，使美国的国民医疗负担加重，美国成为全球健康医疗支出最多的国家。针对这些问题，美国政府高度重视疾病的预防，为此推出了一系列健康公民战略，使美国成为较早进行健康教育和促进的国家，也是第一个把健康战略上升为国家战略的国家。21世纪初，美国政府提出"构建更加健康的美国"的倡议，呼吁全体美国民众增强体质健康。随后

第五章 国外镜鉴：发达国家大众体育与卫生健康融合发展的政策经验

美国卫生与公众服务部（HHS）在"预防优先"的方针中，将疾病预防与健康促进放在中心位置，将参加体育活动纳入定期的健康体检、合理的健康选择中以此预防慢性病的发生。美国的体育与卫生健康政策演进按照目标和类型主要分为两类：①以提高国民整体健康水平为目标每十年推出一个《健康公民计划》（Healthy People）；②以专门预防控制疾病为目的的《国民体力活动计划》（National Physical Activity Plan，NPAP）。在战略主题上，美国一直保持着动态调整过程；在战略目标上，每一次都会在原有基础上增添新的内容，并且分类更加细致。在健康领域上将内容和数量形成对比，在健康指标上做到设置合理、幅度调整较小，相对来说更易于实施（图5-1）。

20世纪80年代

1980年美国发布第一篇国家健康战略性文件《健康公民1990》，开始实行每隔十年发布一次"健康公民（health people）计划"。

1984年美国举办了具有其自身特色的洛杉矶奥运会，其特色体现在美国政府对于奥运赛事举办的支持力度远不如其他国家。

1985年《健康公民1990中期回顾》。

20世纪90年代

1990年颁布《健康公民2000》，95年颁布《健康公民2000中期回顾》。

美国联邦50个州都设立以户外娱乐为中心的专门机构，负责与休闲体育直接相关的活动。

1990年出台《美国残疾人法》（ADA）要求体育场、健身中心等场所必须实现对残疾人的无障碍设施。1997年出台《残疾人教育法案》，残疾人在学校也能参与普通体育课程。

1995年美国国家体育协会（NASPE）根据《目标2000：教育美国法案》制定了美国第一个学习体育标准：《走向未来国家体育标准：内容和评价指南》。

1996年卫生署推出《身体活动和健康报告》，其目的在于：①促进青少年儿童的身体活动和健康生活方式。②抵制肥胖的蔓延。

1997年，美国政府及主要社会组织联合制定《发展青年人终身体育学校和社区规划指南》。

1998年修改《业余体育法》为《奥林匹克业余体育法》。

21世纪初

2000年美国出台《健康公民2010》，2005年出台《健康公民2010中期回顾》。

2001年NASPE还与美国国家教育认证委员会等一起制定了美国体育师范专业本科、硕士、博士。

2001年，美国还推出了《大众健身计划》，由美国国家体育运动会、全美健康，体育，休闲和舞蹈联盟（NASPE，AAHPERD）具体实施。

2001年《增加身体活动：社区预防服务工作小组的建议报告》由国家疾病控制和预防中心（CDC）研发。报告集中体现和发挥政府在社区承担支撑公民身体活动的重要角色作用。

2008年，美国卫生与福利（HHS）出台了《美国人体育活动指南》。该文件主要是针对性地对人们日常体育活动锻炼提供指导，并对不同类别的人群提出了具体的标准。

2009年，卫生与公共服务部门下发"个人健康投资法案"（PHIT），规定民众在大众体育活动中的花费不纳入消费税。

2010年后

2010年美国出台《健康公民2020》，2015年出台《健康公民2020中期回顾》。

2010年政府推出《国民体力活动计划》，该计划对不同群体体力活动开展提供指导，推动国民能经常性的参与体力活动，身体健康并具有活力的生活和工作。

2011年，《国家蓝皮书：促进50岁以上成年人身体活动》出台，由联邦政府开始大力推动中老年人体适能与身体活动。

2018年，美国体育博彩合法化。

图5-1 美国的体育与卫生健康政策演进

(一) 健康公民计划

20世纪末，美国在卫生健康医疗事业方面获得发展，国民人口死亡率也逐渐降低，但是美国的国民健康支出也随之增长。健康医疗支出主要用于疾病的治疗，并没有将重点放在预防上。1979年，美国卫生监督机构就健康婴儿、健康儿童、健康青少年、健康成年人和健康老年人几个方面做了相关报告，一份题为《健康公民：促进健康和预防疾病》的报告把国民健康问题引导到疾病预防方面。与此同时，美国开启了第二次公共卫生革命——"健康公民计划"。"健康公民"（Healthy People）是一项长期动态修订的国民健康促进计划，目的是一定程度上降低可以预防的伤害和死亡风险，实现国民健康促进和疾病预防。截至目前，该战略已经换代更迭了四次，分别是《健康公民1990》《健康公民2000》《健康公民2010》《健康公民2020》和《健康公民2030》[1]，其中，《健康国民2000》更是得到了世界卫生组织（WHO）的肯定和支持，被作为国际健康战略的典范。每一个健康公民计划的推出都会设置不同的主题、群体及领域目标。从表5-1可以发现，美国健康公民计划的战略目标和领域是不断调整、动态发展的过程。就健康状况而言，美国已经对口腔健康、传染病、心理健康和其他疾病进行了5代人的连续监测。《健康公民2000》提出了缩小健康差距，普及健康服务的目标，健康领域加入了癌症、传染疾病、糖尿病、心脏病；《健康公民2010》将目标缩小改成了消除，加入了呼吸道疾病及各种慢性疾病，体现了健康公平的理念；《健康公民2020》则增加了健康社会的决定性因素，新增癌症和血液疾病；《健康公民2030》更加注重多方合作，全体国民共同参与，共同构建健康的社会和未来。从提升全民健康水平，到缩小全民健康差距，再到消除全民健康差距，提升全民健康质量，最终构建人人健康的社会，战略方案的代代革新，不断引入更多的领域。美国从20世纪末到目前，推出的5代健康战略成果上可以看到，美国居民健康状况得到明显改善，效果显著。

---

[1] 刘宇泷. 美国《健康公民2030》的战略背景、内容及特征 [J]. 湖北体育科技, 2021, 40 (3): 226-232.

第五章 国外镜鉴:发达国家大众体育与卫生健康融合发展的政策经验

表5-1 美国"健康公民计划"

项目	颁布时间(年)	总体目标	健康目标(个)	健康领域(个)	健康指标(个)
健康公民1990	1980	实施合理的体力活动提升健康水平;消除健康差异,提高国民的生活质量	226	15	0
健康公民2000	1990	增加健康生命年限;提高预防性健康服务供给;减少因年龄、性别、种族、地域等造成的健康差异	319	22	0
健康公民2010	2000	消除不同层次人群健康差异;帮助各年龄段的国民提高生活质量,延长健康寿命	467	28	10
健康公民2020	2010	改善各年龄段健康行为;满足高质量生活方式,疾病预防,降低死亡率;构建全民健康的社会环境;消除层次健康差异,实现健康公平	接近600	42	12
健康公民2030	2020	避免可预防性疾病、残疾、伤害和过早死;实现健康公平,普及健康知识和消除健康差距;改善社会、物质和经济环境;提高人在生命所有阶段健康行为素养;让多个部门的利益相关者和公众参与政策制定执行[1]	489	42	23

(二)体力活动计划

美国医疗卫生事业和体育事业由美国卫生部负责管理,当出现缺乏运动导致国民健康危机时,美国卫生部开始发起全民健身的倡议,然后政府通过与美国医学会、运动医学会、国立卫生研究院等多个组织,多方合作成立新的联盟引导全民体力活动的开展,以及健康计划的制订和执行。美国卫生与公众服务部(HHS)发布了一系列国民体力活动促进计划,将国民运动参与计划与卫生医疗计划相结合,开启了"医体结合"的探索之路,减少久坐,增加体力活动,增强国民体质成为美国卫生健康重点关注的方向。在2008年,美国卫生与公众服务部颁布了《美国体力活动指南》(PAGA),第一代《健康公民》和《美国体力活动指南》的出台并没有很好地改善国民体质,缺乏可操作性,国民肥胖率仍

---

[1] 刘宇泷. 美国《健康公民2030》的战略背景、内容及特征[J]. 湖北体育科技, 2021, 40(3): 226-232.

呈现增长趋势,而后又提出了"构建更加健康的美国"的提议,因此,美国政府在2010年正式颁布了第一个《国民体力活动计划》(NPAP),该计划从2006年由美国政府、非政府、私人企业和非营利组织等300多个工作小组共同酝酿策划。NPAP的制定到执行和评估由国家、体育社会管理部门、美国卫生部门、疾病预防控制中心、总统健身、体育与营养委员会等共同参与,政府不直接介入。该计划包括5大战略、44个策略、250个措施;基于生态学理论,通过对微观、中观、宏观系统的干预,将影响人们参与体育活动的因素,包括卫生保健、公共健身娱乐、教育、媒体、工商业、公共健康、交通城市规划和志愿者组织等在内的多个社会因素全部考虑在内来制定的。在2013年的《美国体力活动指南》中期报告中更加强调了关于青少年体力活动的干预政策,在2015年,一项名为"外科医生的行动呼吁:促进步行和步行社区发展"的政策正式发布,目的是让更多的美国国民拥有步行活动机会,更主动地参与步行活动。2016年,美国NPAP计划统筹委员会颁布了第二代《国民体力活动计划》,囊括社会中9个相关领域,共50条策略,268条措施。与第一代相比,新增了1个宗教组织,6条战略与18条措施;计划制订理论模型由健康行为的生态模式转向社会生态模式;以推动社区身体活动为中心的规划;重视去中心化自组织,将个人、组织和政府机关作为规划执行的主要力量;建立多功能多主体委员会,以促进各类体育项目参与者的多元融入。

2018年,美国卫生与公众服务部发布了第二版《美国体力活动指南》。该指南是在第一版基础上修订的,增加了7个方面的内容:①学龄前儿童(3~5岁)指导;②与脑健康、其他癌症部位和跌倒相关伤害有关的其他健康益处;③对人们的感觉、功能和睡眠有直接和长期的益处;④对老年人和其他慢性病患者的进一步益处;⑤久坐行为的风险及其与身体活动的关系;⑥测试策略,可使人们更活跃地参加体力活动;⑦取消成年人的体育活动至少10分钟的要求。总的来说就是更加注重健康的预防,强调运动对健康的益处,注重个人和社区层面的有效融合[1]。

二、英、法、德、芬等欧洲国家的大众体育与卫生健康政策

(一)英国

作为现代体育诞生的摇篮,英国体育曾在历史上对世界各国的发展有着重要

---

[1] 白志明,项贤林,陈长洲.美国《体力活动指南》探析及对"健康中国"的启示[J].山东体育科技,2019,41(6):74-78.

第五章　国外镜鉴：发达国家大众体育与卫生健康融合发展的政策经验

的影响，在一定程度上是世界体育发展的"领航者"。二战后，受政治、经济环境的影响，英国体育的发展开始走下坡路，体育事业的问题逐渐暴露出来。认识到这些问题后，英国政府开始针对性地制订了一系列计划，如2000年伊始，英国政府内阁办公室颁布了《关于全民体育运动的未来计划》，强化实施大众体育发展策略。实际上，20世纪中叶有学者开始研究缺乏运动和慢性疾病的关系，体育与卫生健康政策主要通过英国国家卫生服务体系（NHS）5至10年的战略改革来进行，在1996年发布了《英国国民身体活动指南》，但是随后的实施过程中并没有取得很好的效果，他们认为以体育社区为单位的运动干预是有限的，后来将卫生专业人员纳入促进民众参与体育活动预防疾病的宣传当中，以此来推广体育活动和健康生活方式。在医疗界的支持下，英国进行了一项"运动转介计划"（ERS），这项计划相当于为特定疾病、健康管理人群制定为期12周的个性化运动处方以改善人们身体活动不足的问题。

21世纪以来，英国颁布了大量健康促进政策，并借助2012年伦敦奥运会对全国体育与卫生健康促进政策进行了改革，2007年颁布了《我们的承诺2012》，激发国民对体育的参与热情。2009年英国颁布了《活动·健康：使国家动起来的计划》（Be active be healthy: a plan for the nation moving），这项政策明确了"吃得好，多运动，更长寿"的健康促进理念，为达到以下目的：通过减少一周不足一次，一次不足30分钟的不间断身体活动人群，一周将100万人从静止状态中解放出来，将周体育锻炼时间提高到5%。2014年英国政府先后颁布了《让苏格兰走起来：全国步行》《运动越多，生活越好》《保持健康，保持积极》政策，这一时期将青少年和女性的身体活动作为重点关注对象。2015年开始颁布的《体育的未来：充满活力的国家新战略》（以下简称《新战略》），与之前的政策相比，更加关注国民的身心健康和全面发展，以及带动社会经济发展等方面的内容，实施对象也更加关注低社会经济阶层人群、心脏疾病患者、神经疾病患者和老年人。《新战略》始终强调参与运动和体育活动，志愿活动和亲身经历体育赛事在战略性成果产出中的重要性，并从体育参与、体力活动、青少年群体、志愿服务等几个方面，给出了具体的措施（图5-2）。在体育参与方面，《新战略》指出，要保证人人都能以自己认为最佳的方式参加体育运动，并且要有政府作为保证。《新战略》颁布以前，英国所采取的反映人们体育参与状况的调查计划是《活跃人群计划》，该计划主要针对运动人群，忽略了对运动匮乏人群的重视。

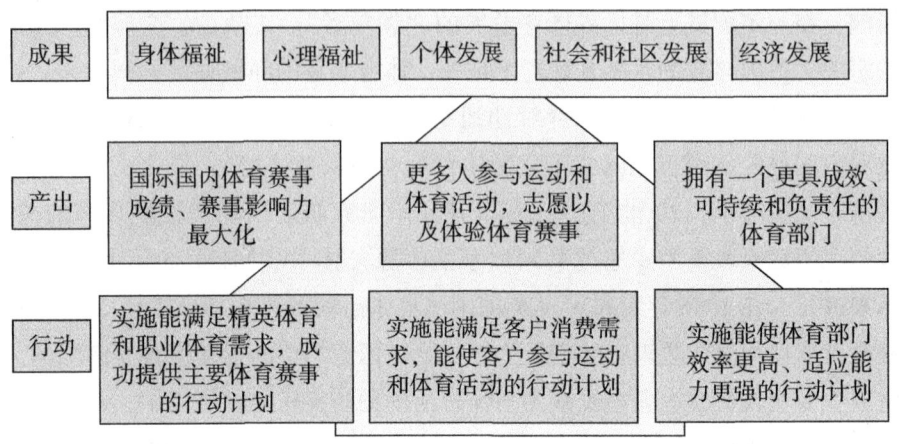

图 5-2 《体育的未来：充满活力的国家新战略》的基本框架

因此，《新战略》把重点放在了缺少体育活动群体上，并通过了一项全新的、以全人类生活方式为目标的调查方案——《活跃生活计划》来加以强调。4 年内，该方案使用 1.2 亿英镑的预算来帮助这个群体参加体育活动，英格兰体育理事会还承诺，至少投入 25% 的预算用来帮助那些身体状况不佳的人。另外，文化传媒体育部（DCMS）还将联合英国国家卫生服务中心、当地政府协会（LGA），以及其他机构组织，加强健康和体育的结合，保证人们在运动时得到更多医疗专家的意见、处方和干预。2020 年《塑造我们的未来》战略，更是借助新冠肺炎疫情这一公共卫生事件，让国民意识到英国社会健康问题的严重性，目的是加快推进"肥胖危机"这一棘手问题的解决，该政策无论从制定到宣传，还是执行较以往都更加全面。针对医疗与非医疗环境的融合，英国政府推行了运动转诊体系（Exercise referral systems），运动转诊计划指的是初级医疗保健机构中的医疗从业人员（包括全科医生、护士和物理治疗师等），在对其进行系统的评估之后，以患者的实际情况为依据，将其转介到第三方服务机构（如休闲中心、运动中心等），再由运动专业人士对患者进行科学的运动指导，从而让患者改变低体力活动水平的生活方式，预防和治疗健康问题，该体系在卫生医疗和体育等部门间搭建了一座桥梁[1]。

(二) 法国

法国卫生部于 2001 年颁布了法国国民营养健康计划（PNNS）。该计划主要

---

[1] 倪国新，邓晓琴，徐玥，等. 体医融合的历史推进与发展路径研究 [J]. 北京体育大学学报，2020，43（12）：22-34.

分成两个阶段，通过干预国民的营养状况，达到健康促进和身体健康质量的提升。法国国民营养健康计划包含居民饮食、体力活动和营养监测等，以及利益相关部门，包括研究教育机构、医疗保健机构、食品部门等。针对普通人群的9个高优先级营养目标和针对特定人群组的10个特定目标。9个优先级指标中，1个涉及日常体力活动行为；10个特定目标中包括孕妇和哺乳期妇女、儿童、青少年、老年人，以及在社会和资金方面的弱势群体。

2014年7月，法国政府成立了卫生健康部际联席委员会，负责出台并监管各项政策措施，决定其在部际协调合作框架内的定位和发展方向。委员会每年举行1次会议，其常设机构承担会议准备工作。指导委员会由各相关机构或部门的代表组成，每年至少召开1次会议，明确战略方针、政策措施的具体细则，各方交换意见，讨论现实困难与解决方案，每年向卫生健康部际联席委员会常设机构提交1份技术报告，由社会科学、体育、公共卫生、医疗等各界专家组成的科学团队对该报告的内容进行研究和讨论。在大区一级、体育部下设机构和大区卫生健康部门确保战略的实施，与"国家运动和身体活动发展计划"协调推进。各地方部门以消除社会和地区不平等的现象为优先目标，加强运动和身体活动服务供给的精准度和可及性，同时加速推动以治疗为目的的适应性身体活动和运动处方的发展。

为改善全民健康状况、促进运动和身体活动的发展，法国体育部、社会团结与卫生部于2019年7月联合发布了《2019—2024年国家体育与健康战略》。2017年12月，法国《2018—2022年国家健康战略》也指出，体育锻炼活动是预防疾病的重要手段，应加强运动处方的管理，从而推动运动和身体活动的发展。本战略的目标是大力宣传、推广运动和身体活动，让民众认识到其对身心健康的重要意义，为在安全条件下开展相关锻炼活动提供解决方案。除体育部外，本战略将动员各级行政单位、各运动项目联合会和私营企业，即刻起至2024年，积极参与其中，迎接即将到来的2024年巴黎奥运会和残奥会，让每个人都有参与运动和身体活动的机会。目的是通过运动和体育活动来提高民众的健康和福祉，做好运动和身体活动参加者的保障工作。法国计划2022年之前在全国新建或改造500所运动与健康之家，集合医疗健康和体育领域的专业人士，为民众提供更加便捷的运动和身体活动服务。

(三) 德国

德国在1920年开展了"黄金计划""德国体育奖章制度"，逐步发展大众体育。

20世纪60年代以前，德国的体育都以竞技体育为主，直到1959年政府提出"体育的第二种方式"，这一口号成了德国全民健身的开始，并重新提出"黄金计划"，这一举措有效增加了体育场地设施的数量，提高了健身场所的人均占有率。

1970年实施的"锻炼活动"，大力提倡实施全民健身活动，1989年体育人口较1950年上升了50%。1990年德国统一后，群众体育进一步发展。除了继续延续"黄金计划"外，政府还积极推动体医融合健康促进，在2000年颁布了《德国体育指南》。值得一提的是，德国是世界上最早实施社会保障制度的国家，几乎所有国民都参加医疗保险。德国人较强的健康意识，促使德国的医疗保障体系比较发达。

20世纪末，德国经济快速发展，环境污染加剧，国民健康受到威胁。因此，政府明确了健康管理入法的导向，随后德国政府将慢性病的防治与管理纳入社会保障系统，从保险费中拿出一部分钱来投资预防事业，作为开展预防工作的经费保证。保险公司为了保证自己的效益，就要密切关注投保人的健康，所以保险公司除了负担医疗费用，还会定期对投保人群进行健康行为教育的宣传和干预。德国保险协会工作小组在2004年提出了预防疾病的"红利政策"，以"积分"的形式对按时完成身体健康检查、运动、营养等一系列家庭医疗健康课程的投保人，给予奖励，享受保费，减少医疗支出。这样的策略很好地激励投保人积极参与体育锻炼，利用"红利"激发民众体育参与的热情，很好地宣传了"治病"向"预防"转变的健康促进观念。德国联邦政府为调动国民参与运动的积极性，还制定了不同形式的优惠政策鼓励体育活动的开展，比如对部分公益性质的俱乐部出台减免税收的政策，在全民健身场地建设方面加大投入，扩建体育场馆，修建露天游泳池、运动绿地等社区基础设施。这些政策使德国人更为主动地参与到体医融合健康促进的过程之中。就效果来看，在实施了一系列的体育与卫生健康政策后，近十年来德国整体国民医疗费用不断减少，心血管疾病和慢性疾病的患者人数不断下降，糖尿病、宫颈癌和乳腺癌死亡人数下降超过20%，预期寿命从2000年的78.3岁增加到81.1岁。

（四）芬兰

作为发达国家之一的芬兰，体育事业与健康事业发展也极具特色。"芬兰在公共健康政策制定和规划方面有坚实的基础，是公共健康领域公认的国际领军者"。这是世界卫生组织对芬兰的健康政策的评价，可见芬兰的健康促进政策在全球范围内有着不可撼动的地位。追根溯源，这与芬兰完善的法律制度有着密切联系，芬兰的法律中明确规定，所有政府部门都有义务将健康促进活动放进报告中。20世纪60年代末，芬兰政府就开辟了一条属于自己国家特色的群众体育路线，芬兰体育主管部门是文化教育部，职能主要是促进志愿组织和体育俱乐部活动的开展。1993年，《身体活动促进健康和幸福的国家战略2020》颁布，该行动计划主要针对青少年群体，明确提出适龄儿童在学校应该减少久坐时间，想要通过在学校更多的身体活动达到促进更好学习生活的目的。1995年，由教育、文化、社会事务和健康部共同发起面向工作人群的全国性身体活动项目，2004年又发起了针对老年人的健康促进项目（Strength in old age）；2010年发起了"芬兰学校活动项目"。制定者认为适量身体活动是学习的重要媒介，要求学生的上课时间增加身体活动并减少久坐。2012年颁布了《对社会福利和卫生健康的国家发展计划（2012—2015）》，主要想从治疗的问题上转移，以建立客户群体的途径开展社会福利和医疗健康服务，达到促进民众在身体、精神和社会上的福利并有效预防的目的，这其中也包含了对身体活动的要求。2013年颁布了《在行动：促进健康和福利身体活动的国家策略（2020）》[On the Move: National Strategy for Physical Activity Promoting Health and Well Being (2020)]，强调把身体活动指导作为社会、医疗服务链和护理的一部分，目的是让民众在日常生活中寻求更多的身体活动、坐的时间更少，养成积极运动的生活方式，达到增加社会融入、预防和治愈普通疾病、提高国民福利的目的。其明确制定了4个指导方针：①在日常生活中减少久坐时间；②鼓励民众多参与室内外的身体活动，社会文化部门应该创设积极的运动参与氛围，使得国民拥有更加积极的生活方式；③将身体活动视为增进健康与福祉、预防和治疗常见疾病与康复的重要组成部分，在社会和健康服务上，通过专业团队来巩固、指导不同年龄段的国民身体活动，并纳入生活方式准则，把身体活动指导作为社会和医疗服务链，以及护理过程的一部分[1]；④指出体育活动对于整个社会的导向功能，积极向上的体育生活，是一个民族策略性思考中不可或缺的一环，也是推进整个民族福祉的重要组成部分。2016年，由芬兰文化部门颁布的《对芬兰教育的关键计划改革》中提到了一项计划，要求适龄儿童每天至少锻炼1小时的活动目标，旨在促进青少年体力活动参与积极性，为青少年儿童提供更好的学习环境。目前，芬兰各方组织和部门都意识到群

---

[1] 曹振波，陈佩杰，庄洁，等. 发达国家体育健康政策发展及对健康中国的启示 [J]. 体育科学，2017，37（5）：11-23，31.

众体育事业对芬兰人民的身体健康促进和社会稳定和谐发展上的包容性和积极性，这奠定了全民健身和健康促进政策融合发展的基调。

三、日本的大众体育与卫生健康政策

众所周知，作为世界上人口老龄化较为严重的国家之一，日本一直在寻求改善之法，这在一定程度上促成了日本体育与卫生健康融合政策的发展。1961年日本颁布了《体育振兴法》，这也是日本历史上第一部业余体育法。三年后，为了更好贯彻《体育振兴法》，颁布《关于增进国民健康和体质的对策》，多部门协调大力发展体质，增进国民运动。20世纪70年代，日本真正走上了"预防疾病"转向"运动健体"的健康促进道路，颁布了《第1次国民健康促进对策》，确定了"营养、运动、修养"的健康要素，提出了"健康一生"的理念。1988年日本政府发布了《第2次国民健康10年规划战略》，其中推行了《促进老年人健康与福利的十年规划战略》《推进老年人保健福利十年计划（新）》《关于面向21世纪的体育振兴策略》《为了增进健康的运动指针》《不同年龄的身体活动指针》等一系列举措，确立了运动促进健康的核心地位。21世纪初，针对人口出生率不断下降、慢性疾病不断蔓延这两个核心问题，日本政府颁布了《健康日本21》，从疾病医疗支出、运动增进健康的可能性、健康服务资源合理分配等方面入手推出了一系列举措达到减少壮年死亡、延长健康寿命、提高生活质量、实现全民身心健康、建立活力的目的。该计划制定了9大类领域（营养与饮食、身体活动与运动、休闲与心理健康、控制吸烟、控制饮酒、牙齿保健、糖尿病预防、循环系统疾病预防、癌症预防），共70个目标值[1]。为配合《健康日本21》所提出的身体活动与运动领域相关举措，2001年，《日本大众体育白皮书》进一步完善了体育设施标准从而保障人们的身体活动场地空间（表5-2）。2012年，日本推出《健康日本21》第2期，这一政策更加关注改善营养和饮食、身体活动和运动、休养等有关的生活习惯和社会环境，更加重视基础教育阶段科学健康教育课程的普及，依托基础教育打造"体医融合"的健康观，针对不同年龄段的人群制定了定量身体活动目标值。建造的医疗服务中心，集医学、健身于一体，还在大型健身中心兴建医务室，给予国民体育锻炼前健康检查的服务，指

---

[1] 黄亚茹，郭静，王正珍. 加强体力活动指导对提高民众体质健康之作用研究——基于对"健康日本21"实施效果的考察［J］. 西安体育学院学报，2016，33（1）：36-47.

导民众掌握自我体适能评估方法，做到早预防及科学健身。

表 5-2 2001年《日本大众体育白皮书》中体育设施标准

级别	机能	种类	标准	附属设备	备注
社区设施	社区居民日常运动的常用设施（供体育俱乐部和各种例行体育活动，如体育节等）	多功能运动场	10000m²（可开展棒球、垒球、足球等运动）	长椅、场地围栏、更衣室、夜间照明、洒水设备	在市区及村镇内，根据实际情况，以人口和中小学的区域为基础设定社区的范围，幼儿游乐场应另外考虑
		多功能球场	2000m²（可进行网球、门球等运动）		
		社区体育中心	720m²（可开展排球、篮球、体操等运动）		
		柔道、剑道场地	300m²		
		游泳池（最好是温水）	25m泳池，6～8个泳道		
市区村镇设施	市区村镇范围内发挥作用的设施（开展各种运动会或例行体育活动，如运动节、体育节、居民就近日常体育活动）	综合运动场（包括田径场、各种球场）	可进行正常比赛	娱乐室、保健咨询室、资料室、西餐厅、交流室、会议室、研修室、观众席、夜间照明	—
		社区体育中心	3000m²以上		
		柔道、剑道场地	400m²		
		游泳池（最好是温水）	50m或25m泳池，6～8个泳道		
都道府县设施	培养社区体育骨干，推动社区体育健身方法；供国内、全县体育运动会使用为主，也供培养运动员、教练员和收集提供体育科研信息时使用	综合比赛设施（田径场、足球场、橄榄球场、网球场、棒球场等室外设施，体育馆、柔道剑道馆、游泳池等室内设施、滑冰场，综合训练），研究、研修设施，情报中心	可进行正式比赛	看台、西餐厅、谈话室、夜间照明 训练房、体力、体育咨询室、研修室、研究室、体育资料室、住宿、研修室、研究室、训练房、体育资料室	"主要种类"一栏所指设施在设置和运营时最好有机结合

日本先后经历了4次国民健康促进运动,整体呈现连续性、科学性、法制性的特点。具体表现在将"健康一生"的理念贯穿政策始终,强调了加强身体活动对疾病预防和健康促进的积极作用,以"营养、运动、休养"为基础,把"运动习惯的养成"作为重点,把"终身体育"作为最终实现目标。健康促进政策也根据疾病谱的变化调整预防方案,逐渐将重点放在国民常见重病、慢病、生活习惯病和重症化的预防上。政策的制定、实施、监测和评估始终科学循证,卫生和体育管理部门协同治理,并出台律法积极配合健康战略的实施与执行,比如与《21世纪计划》配套的《健康增进法》。目前,日本"体医融合"的改革历经多年实践已经比较成熟,构成了相对完善的体医融合健康课程的体系,日本卫生保健教师资格证制度、养护教谕资格证制度和健康运动指导员进修制度,为培养体医融合人才提供了途径,奠定了人才基础,体医融合促进身体健康的理念已经深入日本国民民心,为推动全民健身和健康政策的融合打下了坚实基础。

四、澳大利亚的大众体育与卫生健康政策

纵观历史,体育始终是澳大利亚经济、社会、大众生活等领域的重要组成部分。尤其是20世纪60年代后,群众体育在全球兴起,澳大利亚政府也开始强调发展群众体育,追求群众体育、学校体育、竞技体育的协调发展。作为发达国家之一,澳大利亚在21世纪初期,民众的肥胖率就已经达到了60%以上,这个结果直接导致国家医疗制度在体力活动的费用上每年花费约4亿。研究者发现,这一趋势和国民长期久坐及儿童过少的身体活动有关,认为增加体力活动可以降低所有原因导致的成年人过早死亡的概率[1],体育休闲活动是澳大利亚人民提高体力活动时间和运动参与的主流方式。这些体育休闲活动主要通过国家非营利组织联合举办,地方政府对运动与体育休闲设施的投入相对较高。1996年政府提出了"活跃澳大利亚"的理念,围绕这个主题出台了一系列的政策(表5-3)。

---

[1] KNAEPS S, BOURGOIS JG, CHARLIE RR. et al. Associations between Physical Activity and Health-related Fitness-volume Versus Pattern [J]. Journal of Sports Science, 2017, 35 (6): 539-546.

表 5-3　"活跃澳大利亚"系列政策汇总

政策名称	颁布时间	健康促进目标	指导原则
《活跃澳大利亚：国家参与机构》	1996 年	第一，提高和加强终身参与；第二，实现体育参与对社会健康和经济利益的价值；第三，兴建基础设施，为体育参与提供机会和服务	便利和公平；终生参与；享受；多样性和选择性；高质量服务；提高健康效益
《活跃澳大利亚——国家体育锻炼对健康行动计划》	2005 年	提高所有澳大利亚人的健康和福祉，通过提高所有人参与身体活动的水平，减少不活动和与之相关的疾病和残疾。更具体地说，目标在于使所有澳大利亚人能够符合相应的国家身体活动指南的要求	帮助那些确实需要，但是受到各种限制的困难人群；发展及支持所有健康部门的所有级别的机构与其他部门的关系；发展社区体育设施、增加机会和改善服务，以提高公众的体育参与
《活跃澳大利亚蓝图》	2009 年	致力于清除体力活动的障碍，为人们在自己的家园、邻里、学校、工作场所和社区创造体力活动的机会	注重体力活动的公平与获取；注重促进体力活动环境和便利设施的创建
《体育 2030——国家体育计划》	2018 年	促进身体健康，通过运动和身体活动的方式，降低慢性疾病的发病率。增进心理健康，通过认可心理健康受益于运动和体育活动，提高精神疾病的受关注度并增强社会联系	为所有人提供终身运动和体育活动；建立多元化体育部门；继续发挥体育的领导作用，激励澳大利亚人更积极、健康地生活

这些政策针对不同性别、年龄、文化背景群体设置了不同的体育活动参与内容，通过对日常工作、学习场所的群体活动行为进行干预，促进身体活动计划的执行。例如，公司提倡员工工作中的走动可以积极使用消防楼梯；在公司投入使用个性化的站立工作办公桌；提供免费的自行车满足员工上下班的代步需求；还提供运动出汗后的换洗处理场所，这些运动干预措施能有效提高不同群体的身体活力，改善员工的健康状况，降低其工作压力。澳大利亚当局还在医疗保险政策中针对弱势群体、经济困难家庭、多子女家庭颁布了健身场所费用支出减免的政策，并且针对所有的体育活动组织机构与健身会开展运动伤害预防护理，检查与教育活动，避免运动损伤事件的发生。政府在 2004 年颁布了《活跃澳大利亚：

关于身体活动的健康部门行动框架（2005—2010）》（Be Active Australia: A Framework for Health Sector Action for Physical Activity 2005—2010），希望所有澳大利亚人都可以从将体育锻炼作为日常生活的一部分中得到好处，把提高他们的健康和福祉作为目的，为各年龄段的人群设定每日可坐的时间，并强调在不可避免的坐着工作时，尽量多站起来做些运动，增加全民参加体育运动的频率，降低懒散及与此有关的疾病或残疾，从而让所有澳大利亚人达到国家身体活动指南的要求。2014年颁布了《运动促进国民健康蓝皮书》把促进身体活动政策与合理饮食、体重控制、慢性疾病预防结合起来，健康部还发起了"骑行澳大利亚""为生活改变""为生活骑行""为生活游泳""为生活玩"等涉及多个部门的健康促进项目。澳大利亚已经把加大身体活动参与作为慢性疾病监督的重要内容之一。除此之外，政府还创办了专门的基金会来保证增强身体活动热线服务，邀请运动促进健康专家为群众提供如何正确有效地开展身体活动的相关知识。澳大利亚健康促进政策的制定与实施表现为多方位、多层级、多维度的特点。国家从社会各影响因素包括基础建设、交通规划、医疗保障、媒体宣传等多个部门通力合作来促进国民体力活动的开展[1]，上至政府的政策制定和经费支持，下至社区、学校、家庭的协调互动，这种自上而下的领导反馈机制为政策实施提供了有力保障[2]。

第二节　发达国家大众体育与卫生健康融合发展政策特征

一、政策出台注重跨部门合作，吸纳社会力量，强化政策制定的协同性

健康的形成是遗传、营养、卫生、体育、社会等诸多因素综合而成的结果。因此，健康促进是一项复杂的系统工程，这就必然要求健康战略的设计与实施在政府进行宏观指导下，不同的专业领域的部门和组织共同完成。加强部门、组织之间合作，注重政策制定的协同性是发达国家大众体育与卫生健康政策决策的重要经验。美国的《健康公民2030》十分重视以联邦政府机关为主导的行政机关

---

[1] 卢文云，陈佩杰. 全民健身与全民健康深度融合的内涵、路径与体制机制研究［J］. 体育科学，2018，38（5）：25-39，55.
[2] 尤传豹，刘红建，周杨，等. 推动全民健身与全民健康深度融合的政策路径研究［J］. 沈阳体育学院学报，2022，41（3）：56-63.

合作，大体由美国卫生与公共服务部进行宏观指导，各州政府、地方政府及相关利害关系人共同实施，从而制定出符合各自区域特点的医疗保健方案；同时，重点放在与非医疗体系组织之间的跨部门协作，任务由42个联邦跨部门工作组共同担任[1]。2016年爱尔兰颁布了《国民体力活动计划》，倡导充分发挥政府部门和社会组织的力量，利用不同部门和组织的资源优势形成政策制定与实施合力，专门成立了由卫生、交通、旅游、体育部联合领导的跨部门领导机构，同时吸纳了活动计划的利益相关者，具体成员包括来自体育、卫生、交通、教育、环境等政府部门的组织、机构和成员代表，以及动员与吸引大量来自体育协会、媒体、社区的组织、机构和代表。此外，《国民体力活动计划》领导统筹小组定期举行面向地方政府和相关参与的社会组织的多方会谈，积极收集、整合反馈，加强顶层设计与基层实施之间的有效联动。北欧国家丹麦同样注重政府与社会组织的协同合作。2006年，丹麦卫生部为解决国民爱吸烟、酗酒、不爱运动等一系列问题，制定出丹麦全体国民健康、运动的KRAM指南。政府在制定该指南时，"不是单靠政府和闭门造车，而是动员国家及社会卫生、体育、城建各部门联合制定，共同推出"[2]。1999年澳大利亚《妇女和女孩体育、休闲和体力活动计划》是由国家政策体育和休闲部长理事会，体育和休闲常务委员会，联邦卫生与老年保健部，联邦家庭与社区服务部，联邦移民和多元文化事务部，妇女社会地位、总理和内阁办公室，澳大利亚学校体育（代表教育部、培训和青年事务）及澳大利亚体育联合会8个组织协同出台的[3]。加拿大的国民体质健康促进政策《增加身体活动、减少久坐生活的共同愿景：让我们运动起来》明确提出"通过构建共同的叙事模式，促进政府内部和各部门之间的交流，规定社会组织、社区、政府等部门的行动内容来促进国民身体活动"[4]，同样是体育与医疗卫生融合政策注重部门与组织协同合作编制而成的典范。

---

[1] 刘宇泷. 美国《健康公民2030》的战略背景、内容及特征[J]. 湖北体育科技, 2021, 40 (3): 1-7.
[2] 曹振波, 陈佩杰, 庄洁, 等. 发达国家体育健康政策发展及对健康中国的启示[J]. 体育科学, 2017, 37 (5): 11-23, 31.
[3] 李敏, 马鸿韬. 澳大利亚妇女体育政策对我国的启示[J]. 体育科学, 2016, 36 (7): 10-23.
[4] 吴铭, 杨剑, 郭正茂. 发达国家身体活动政策比较：基于美国、加拿大、英国、日本的视角[J]. 北京体育大学学报, 2019, 42 (5): 77-89.

二、政策设计强调循证实践，对接公众需求，追求政策的科学性和系统性

任何一项大众健康政策的颁布与实施，都涉及大众的身体健康和切身利益。发达国家大众体育与卫生健康融合发展政策的制定，特别注重基于循证实践，即"以最佳研究证据为导向的专业实践"[1]，强调政策的设计建立在实践调研、数据分析和专家论证等基础之上，确保政策制定的科学性。2013年，芬兰社会事务和卫生部颁布《在行动：对身体活动促进健康和幸福（2020）》国家战略，提出使身体活动成为促进健康和幸福、预防和治愈普通疾病与康复的主要部分。芬兰的体育与健康融合政策不是基于研究者的主观判断及头脑风暴制定，而是建立在一定的研究结果与研究数据之上，特别注重循证实践。为了确保政策制定的严谨性，芬兰专门成立政策制定指导委员会并开展多轮论证会。"政策制定指导委员会由主席、会员、扩大指导委员会委员、秘书和专家组成，在制定政策过程中共举行8次指导委员会议、10次工作组会议和8次秘书与专家会议"[2]，其目的是对政策制定进行充分咨询、讨论，以保证政策的完整性和科学性。日本的体医融合发展目前在国际上具有一定的领先性，该国《健康日本21》战略是大众体育与卫生健康融合发展政策基于循证实践设计的典范。2000年，日本政府启动国民健康促进计划《健康日本21》。《健康日本21》的诞生，是由日本厚生劳动省牵头，于1996年起，以公众健康为依据，经过广泛讨论、反复论证，历经3年多的努力，才最终形成的日本国民健康现状及今后的健康发展趋势。政策诞生便立足国民健康状况和社会现实，强调专家根据实践制定。到目前为止，《健康日本21》共经历了《健康日本21》一期（2000—2010）和《健康日本21》二期（2013—2022）两个阶段。第二阶段政策是在第一阶段政策实施现状的基础上完善起来的。日本政府在全国普查中发现，《健康日本21》一期提高体质健康水平的效果有限，除糖尿病患者人数控制得较好外，"有运动意识""有运动习惯"的人数虽有所增加，但"体重控制"及"每天走路步数"等指标下降。专家研究发现，体力活动指导力度不够是重要原因。为此，日本政府在《健

---

[1] Bouffard M, Reid G. The good, the bad, and the ugly of evidenced-based practice [J]. Physical Activity Quarterly, 2012, 29 (1): 1-24.
[2] 楚英兰，汤际澜，上俊峰，等. 促进健康身体活动政策及实施策略的国际比较研究 [J]. 南京体育学院学报，2016, 30 (1): 39-46.

第五章 国外镜鉴：发达国家大众体育与卫生健康融合发展的政策经验

康日本21》二期提出"运动第一，饮食第二，坚决禁烟，最后才是药物"的理念，并制定和实施了《增进健康的运动基准与指南（2006）》，建议每周体力活动量应达到23METS.h[1]。可见，《健康日本21》的制定建立在研究证据的基础上做到有证可循，从而确保了战略行动计划的科学性，实施过程的可控性，以及实施结果的可测性，同时该国运动与卫生健康融合政策又体现了其系统性。

三、政策内容瞄准重要实践问题，配套实施具有针对性的政策措施

欧美发达国家在推动大众体育与卫生健康融合发展过程中，往往重视解决关键问题，提供有针对性的政策措施。例如，在一些国家体育与卫生健康属于不同的政府部门，同样也存在部门壁垒问题，制约了体育与卫生健康融合发展。为解决这个问题，一些国家往往通过立法途径对运动与健康进行保障，如德国通过立法，加强运动与健康政策制定的规范性，保障国民运动健身活动的开展。美国将全民健身纳入卫生与公共服务部（HHS），作为政府机构，HHS同时管理卫生健康和体育事业，有效避免了体育与卫生健康融合的体制机制壁垒，不仅鼓励民众进行体育锻炼，还鼓励医卫人员指导患者进行体力活动，倡导以"运动"这一非医疗手段促进健康，是美国政府部门倡导"医体结合"促进民众科学健身的直接推行者和实践者[2]。在运动健康人才培养培训方面，英国运动与卫生健康部门共同组织，并实现资格的相互认证，如英国运动转诊计划为医生提供了由卫生服务行政体育活动协调员、爱尔兰全科医学院、体育运动医学院，以及爱尔兰执业护士协会等机构联合开发的培训内容，并通过了多个权威协会的专业认证，保证了运动健康人才持续性输出[3]。澳大利亚卫生部（Department of Health）先后出台了《运动转诊框架》《运动转诊计划设计、实施和评估工具包》等指导文件，逐步形成了全科诊疗、运动协疗的评价主体和评价方式相互配合的机制，贯穿PARS服务的整个过程（图5-3），这些措施推动了PARS在澳大利亚的实施，促进了全科诊疗与运动协疗分担机制协同发展，使PARS在各类慢性病防治中取

---

[1] 黄亚茹，郭静，王正珍.加强体力活动指导对提高民众体质健康之作用研究——基于对"健康日本21"实施效果的考察［J］.西安体育学院学报，2016，33（1）：36-47.
[2] 黄亚茹，梅涛，郭静.医体结合，强化运动促进健康的指导［J］.中国体育科技，2015，（51）6：3-7.
[3] 韩磊磊，周李，郭恒涛.跨领域合作视角下中国体医融合的路径选择［J］.武汉体育学院学报，2020，54（9）：5-9，15.

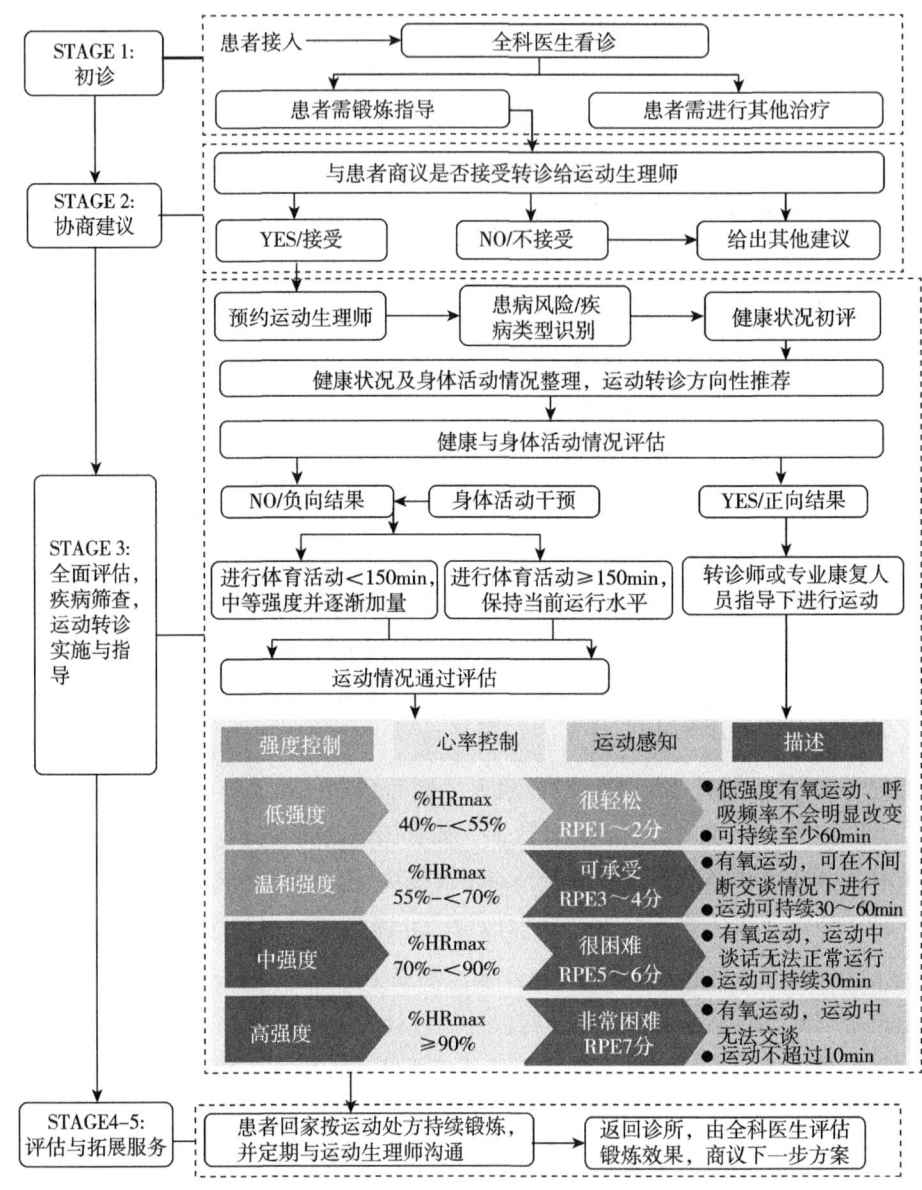

注：%HRmax＝最大心率的百分比，RPE＝主观疲劳量表。

图 5-3　澳大利亚患者全科诊疗与运动生理师协疗服务流程

得明显成效[1]。在运动健康活动标准等方面，美国卫生与公共服务部组织专家

---

[1] 李利强，吴进，张李强，等．澳大利亚运动转诊对中国全科诊疗与运动协疗分担机制探索的启示[J]．中国全科医学，2023，26（19）：2311-2317．

编写了联邦政府历史上第一本健身运动指南——《2008美国体力活动指南》,该手册从运动方式、运动量及运动强度等方面为儿童、青少年、成年人、老年人、残疾人等各种人群提供运动健身指导,并提出个性化的运动处方。日本政府为了提高民众科学锻炼的自我指导与督促能力、预防慢性病、助力体质健康,结合《健康日本21》的实施经验,先后出台了2006版和2013版的《增进健康的运动基准与指南》,对各类群体的运动健身提供了指导性建议。

四、政策目标强调量化标准设计,便于政策的执行和评估

欧美发达国家大众体育与卫生健康融合政策,"尽量以量化的描述代替模棱两可的定性描述,能用数字说明的就不要用文字"[1],是其政策制定的显著特征。美国作为全球最早实施健康战略的国家之一,其国家大众体育与卫生健康融合政策的制定,特别注重政策目标的量化设计,以提升政策执行的导向性和可操作性。1980年,美国颁布《健康公民1990》计划,引领国民健康促进进程,持续至今已推行4代健康公民计划。美国国家健康公民计划注重运用量化形式来制定健康目标体系,在健康领域、健康目标、健康指标、策略标准等方面都设有具体数值作为目标的评价标准,如《健康公民1990》提出"把婴儿出生死亡率降低35%、15~24岁青年人降低20%等",《健康公民2010》提出"提高至少50%的体育课时间用于积极体育活动的比例,提高成人每天至少完成30min中等强度身体活动的比例"[2]。《健康公民2020》直接把健康公民战略目标分为发展性目标和可测量目标两个部分,发展性目标暂未设定国家起始数据值,而测量性目标设定了来自国家层面的起始值,如"将成年人不参加身体活动的比例从2008年的36.2%降为32.6%"[3]。到目前为止,《健康公民2020》已经构建起以疾病预防、降低死亡率、改善年龄段健康行为等总目标为主导,下设立42个健康领域、近600个健康促进目标、12个健康指标、4个基础卫生策略标准的综合性量化目标体系,旨在通过定量化的身体活动目标以达到对身体活动检测和评估的目的。

---

[1] 刘红建,张航,沈晓莲. 全民健身与全民健康深度融合的政策体系:价值、理念与框架[J]. 武汉体育学院学报,2019,53(3):25-33.

[2] DONNAES. Healthy people 2010 objective for improving health [R]. Washington, DC: US Departmenton of Healthand Human Services,2000:17-18.

[3] 徐士韦,肖焕禹,谭小勇. 体力活动:美国国家健康政策之要素——基于美国健康公民战略的考察[J]. 上海体育大学学报,2014,38(1):25-30.

由于政策具有明确的量化目标为导向,大大提升了美国体育与医疗卫生融合政策的执行效率和实施效果。加拿大身体活动政策《增加身体活动、减少久坐生活的共同愿景:让我们运动起来》涉及6个重点关注领域,强调"从社区到国家,所有组织和领导者都必须参与到促进身体活动和减少久坐生活中来"[1],针对重点领域的所要达成的具体目标配套量化指标,追踪"共同愿景"的进度,包括划分各部门的发展轻重缓急、共享数据、更新数据收集方法等。

五、政策导向重视普惠性,强调构建全人群、全过程覆盖的政策体系

发达国家健康战略或计划的制定与实施,特别注重强调健康公平,不仅追求公民个体的健康促进,而且重视消除不同层次人群的健康差异,开展全体国民的健康促进行动。美国4代健康公民计划在强调公平的基础上,保障了不同人群的健康与预防,重视提高居民生活质量。第1代健康公民计划提出"通过预防行为,提高5个不同年龄层次人群的健康水平";第2代健康公民计划提出"减少因种族、性别、民族和教育程度等因素造成的健康不公平现象";第3代健康公民计划提出"消除不同阶层人群间的健康差异";第4代健康公民计划对健康公平提出了更为详尽的要求,制定了"实现健康公平,消除层次差异"的目标,并在4个卫生测量标准中把"健康差距和不平等,基于民族(种族)、性别、地理,以及身体和心理能力4个方面因素的健康状况差异"作为基础卫生测量标准之一[2,3]。澳大利亚在国民健康战略《运动促进国民健康蓝皮书(2014—2017)》指导下,"针对特殊人群,比如老年、儿童、妇女和女孩、经济困难和偏远地区居民,特别出台配套政策,确保运动参与与享受医疗服务的公平性"[4],从而提升国民体质健康水平。欧美发达国家体育与卫生健康融合政策,充分考虑不同性别、年龄、健康状态和经济水平的人群,最大限度地立体式覆盖所有国民群体,充分体现出体育与医疗卫生公共服务的公平性。英国国民健康促

---

[1] KNAEPS S, BOURGOIS JG, CHARLIERR. et al. Associations between Physical Activity and Health-related Fitness-volume Versus Pattern [J]. Jouranl of Sports Science, 2017, 35 (6): 539-546.
[2] 彭国强, 舒盛芳. 美国大众体育战略演进的历程、特征与启示 [J]. 中国体育科技, 2018, 54 (2): 30-39.
[3] 刘宇泷. 美国《健康公民2030》的战略背景、内容及特征 [J]. 湖北体育科技, 2021, 40 (3): 226-232.
[4] 曹振波, 陈佩杰, 庄洁, 等. 发达国家体育健康政策发展对健康中国的启示 [J]. 体育科学, 2017, 37 (5): 11-23, 31.

进的代表性政策《活动·健康：使国家动起来的计划（2009）》，其政策指向对象不仅包括全英国国民，而且将弱势群体列为重点关注对象，"重点关注的人群包括低社会经济阶层、心脏疾病患者、神经疾病患者、老年人"[1]，通过对弱势群体的关怀，最大化地体现政策的公平性。

当然，尽管以美国、澳大利亚、日本等为代表的大众体育发达国家在体育与卫生健康融合政策方面有许多经验值得借鉴，但同时也存在一些不足的地方。如根据美国《健康公民2020审查报告》对体育活动目标实现情况的评估结果显示，《健康公民2020》所制定的36个体育活动目标中仅有7个目标得以实现，完成率不足20%[2]，显然该政策的目标确定是否有过高之嫌值得讨论。此外，由于我国与以上国家在体育、卫生健康等领域的体制机制不同，在实际借鉴有益经验的时候不可能完全盲目照搬，需要结合我国国情研究制定适合于我国国情的全民健身与全民健身深度融合政策。

第三节 国外的经验对我国政策制定的有益启示

一、修订完善法律法规，保障全民健身与全民健康深度融合的合法性

虽然我国已经有了全民健身与全民健康深度融合的理念和相关政策规定，但这些内容仍然没有上升为法律法规。新时代是落实健康中国和全民健身国家战略的重要时期，最终目的是要充分满足人们日益增长的运动促进健康需求，全方位、全周期保障人民健康，因而修订完善相关法律法规，保障全民健身与全民健康深度融合具有内在的逻辑正当性。更进一步讲，由于法律法规具有较强的权威性和稳定性，只有确保全民健身与全民健康深度融合的合法性，相应的政策制定、体制改革以及资源保障等一系列重大问题才能更容易在实践中妥善解决。一是要适应新时代我国全民健身与全民健康的"大健康"发展格局，积极推进修改完善《中华人民共和国体育法》《全民健身条例》等国家层面的重要法规条例。2022年6月24日，我国的全民健身与全民健康深度融合的相关内容已经写

---

[1] 楚英兰，汤际澜，上俊峰，等.促进健康身体活动政策及实施策略的国际比较研究[J].南京体育学院学报，2016，30（1）：39-46.
[2] 刘宇泷.美国《健康公民2030》的战略背景、内容及特征[J].湖北体育科技，2021，40（3）：226-232.

入《中华人民共和国体育法（修订版）》，为我国全民健身和全民健康深度融合发展奠定了法律基础。当前要抓住《全民健身条例》修订的契机，增加全民健身与全民健康深度融合的相关内容，同时还要研究制定全民健身与全民健康深度融合的专门法规、条例与办法，进一步强化相关利益部门的责任和义务，从法律层面体现全民健身与全民健康深度融合的权威性。二是要协同卫生健康部门将全民健身与全民健康深度融合的内容纳入行业法律法规中。卫生健康领域的母法——《中华人民共和国基本医疗卫生与健康促进法》已于2020年6月施行，该法第六章"健康促进"的多个条款中提到了全民健身内容，奠定了全民健身在卫生健康法律中的价值定位。因此，需要体育部门抓住契机主动协同卫生健康部门，将全民健身与全民健康深度融合的内容纳入与卫生健康母法相配套的行业法规中，只有从法律层面明确基本内容，全民健身与全民健康深度融合才会逐步稳定与完善，从理论逐渐走向实践。

二、基于顶层设计和循证实践，建立满足人民运动健康需求的政策体系

建立健全全民健身与全民健康深度融合的政策体系是国家治理体系和治理能力现代化的重要内容，也是中国特色社会主义制度体系的重要组成部分。政策体系的建立需要遵循自上而下与自下而上相结合的制定范式，深入调研全民健身与全民健康融合的现实问题，听取政策目标群体的需求，同时结合专家意见最终形成符合民众意愿的政策体系。第一，要基于顶层设计建立健全全民健身与全民健康深度融合政策。实际上，针对体育与医疗卫生融合发展，国家相继发布了《"健康中国2030"规划纲要》《全民健身计划（2016—2020年）》《体育强国建设规划纲要》等政策并提出了相关要求，这标志着国家已从顶层设计提出了框架要求，然而由于这些政策大都属于宏观性政策，政策目标与内容并不具体，需要国家相关部门制定详细的配套政策，将宏观性的顶层设计逐步细化为具体的各类政策，体育与医疗卫生的融合发展才能更好地从理念转化为实践。第二，要基于循证实践建立健全全民健身与全民健康深度融合政策。2020年8月，习近平总书记在经济社会领域专家座谈会上的讲话中要求深入调研，察实情、出实招，充分反映实际情况，使理论和政策创新有根有据、合情合理。发达国家体育与卫生健康融合政策启示我们，政策制定要建立在研究证据的基础上，这样才能够做到有证可循，确保政策行动的可行性，实施过程的可控性，以及实施结果的可测

性。随着健康成为人民群众关心的重大民生福祉问题，人们的体育需求也呈现新的特征，多样性与融合性需求将逐步提高，人们更加青睐于体育与卫生、健康、教育、娱乐等领域的服务融合，这更加要求政策制定部门广泛调研民众的实际需求，在广泛征询的基础上结合科学研究以及专家意见制定颁布各类政策，通过循证实践设计政策，从而提升政策的科学性、合理性，使政策更接地气，并在实践过程中得到有效执行，最终满足人们日益增长的美好生活需求。

三、明确政策主体，形成跨部门协同、全社会共同参与的政策过程模式

党的十九大报告提出了"广泛开展全民健身活动"。"广泛"凸显了全民健身是一项惠及全体人民，增加民生福祉的行动纲领。在全民健康以及全面建设小康社会过程中，全民健身处于基础性地位。只有全体人民都重视体育健身，全民健康才会逐步实现，全面小康社会的战略目标才能最终完成。"大健康""大卫生""大体育"将成为发展趋势，我国体育的发展将更加重视与健康、休闲、娱乐等部门的融合发展。囿于全民健身与全民健康涉及体育与健康两大要素，因而两者的深度融合不是体育部门单打独斗所能实现的，务必确保卫生医疗、教育、文化、财政、园林、建设等部门打破壁垒，结合实际情况，明确政策主体，协同制定政策，这样才能有利于全民健身与全民健康深度融合政策权威性与稳定性的实现，才能更好地在实践中落实。第一，国家层面需要成立全民健身与全民健康深度融合领导协同机构。鉴于全民健身与全民健康深度融合的政策具有多重目标，又涉及多个部门领域，需要由国家层面的领导机构进行统筹协调，这样能够充分调动体育、卫生、教育、文化等各部门的积极性，让其参与到全民健身与全民健康深度融合的实践中去。地方层面也需要成立相应的领导协同机构，领导与统筹全民健身与全民健康深度融合的政策制定、实施以及评估工作。第二，需要充分调动社会力量参与到全民健身与全民健康深度融合的政策过程中。全民健身与全民健康的深度融合是一个复杂的系统工程，仅靠政府部门力量难以充分有效地落实各类政策，也不能充分满足社会公众多样化、个性化的健身与健康需求。《全民健身计划（2016—2020年）》指出，"通过强化政府主导、部门协同、全社会共同参与的全民健身组织架构，推动各项工作顺利开展"，需要将社会力量纳入政策实施的队伍中，发挥社会体育组织、健康促进团体、运动健康企事业单位，以及公民个体的作用，以购买公共体育服务的形式落实政策任务，打造政府与社会

协同配合的政策实施主体,共同推动全民健身与全民健康深度融合政策在实践中得到落实。

四、瞄准重要政策问题,构建可量化考核指标,强化复合型专业性评估

全民健身与全民健康深度融合的关键是要从顶层设计层面统筹谋划,抓重点问题,找主要矛盾,着力解决重要政策问题,有效推进全民健身与全民健康的深度融合。第一,要瞄准体制机制融合、人才培养培训,以及运动处方标准等问题,设计出台相应配套政策。体制机制的融合是全民健身与全民健康深度融合的"牛鼻子",需要国家以人民的运动健康需求为改革目标,推动体育与卫生健康等部门的协同改革,打破体育与卫生健康部门之间行业壁垒,有效整合部门资源,实现优势互补、共生共赢,构建从国家到地方相对应的制度安排和治理体系。人才培养培训问题是全民健身与全民健康深度融合的"动力源",需要教育部、卫健委、国家体育总局等政府部门协同配合,协调利益矛盾,出台政策解决运动健康专业人才的培养和培训,实现职业资格互认,构建运动健康专业人才的准入、晋升等制度体系。运动处方标准,即全民健身与全民健康深度融合的"药方子",需要借鉴欧美发达国家运动健康相关标准,根据我国居民实际需求,研究制定对接全人群、全过程的运动处方标准,出台各类运动健康指导手册和指南,推动全民健身与全民健康融合走向科学性、系统性。第二,构建可量化的考核指标,强化复合型专业性评估。欧美发达国家的运动与健康融合政策特别重视政策措施的量化特征,可以借鉴发达国家经验,提炼全民健身与全民健康深度融合可量化的政策指标,制定明确清晰的政策措施。更为重要的是,这些量化指标要在政策文本的适当位置凸显,而不是在内容中简单提及。只有这样,相关政策指标才能更具合法性与权威性。同时在政策制定时就要将政策目标具体到各个部门,并将各部门的具体任务及奖惩机制体现在政策文本内容中,进而从顶层设计层面强化各部门对政策实施的重视程度及行动表现。政策监督与评估是政策过程的重要环节,要形成自上而下的制度设计,让全民健身与全民健康深度融合政策落实的监督与评估成为常态性工作;要组建复合型的监督与评估主体,改变以往政策评估的政府部门"同体评估"样态,实现政策评估多元化模式,既要包括政府相关部门,以及体育、卫生医疗等领域的专家,还要包括公民个体、社会体育组织等,这样更有利于监督政策实施的真实性,也能对政策执行主体的行为形

成有效规约。

五、优化整合政策资源，夯实全民健身与全民健康深度融合的保障机制

政策资源是保障政策得以有效实施所必需的综合条件，一般包括人力资源、财力资源、物力资源等。需要进一步优化整合政策资源，统筹调配各类资源服务于全民健身与全民健康的深度融合。第一，强化体医融合专业人才的培养、培训力度。专业人才是实现全民健身与全民健康深度融合的关键。要加大运动康复专业人才在体育院校和医学院校的培养规模，统一人才培养标准，输出满足社会需求的优秀人才，打破运动康复师和康复治疗师之间的行业壁垒。打开运动处方师的职业资格认证通道，提升运动处方师的行业认同程度，加大对现有体育人才和健康人才的培训力度，让更多的运动处方师参与到全民健身与全民健康深度融合的过程中。第二，优化利用财政资源解决重要政策问题。十四五时期各级政府的财政支出将面临较大压力，各级财政拨付的体育事业经费不增反减的可能很大[1]。因此，需要优化使用各类财政资源，集中主要财政力量解决最重要、最迫切、最需要的政策问题，当前需要重点关注运动健康设施的建设、运动康复人才的培养和培训等重要问题。第三，打造运动和健康、娱乐、教育等元素有效融合的体育综合体，实现价值最大化。建设以城市体育公园、综合性体育场馆，以及体育特色小镇等为代表的体育综合体，将成为推进全民健身与全民健康深度融合的重要方式。需要将综合体建设列入地方事业发展规划，大型体育场馆、体育公园，以及特色体育小镇的规划建设必须考虑多种服务元素的整合与融合，并从税收、补贴等方面给予相应优惠与支持[2]，改变以往只重视大型体育场馆的体育功能而忽略其他综合功能，极易造成物质资源浪费的态势。此外，面对新时代应接不暇的各类政策需求，"十四五"时期还需要积极培育其他各类资源，高效配置资源，充分发挥各类资源的潜力和效力，妥善解决各类全民健身与全民健康深度融合所聚焦的政策问题，实现政策目标所蕴含的公共利益，最终有效提升公民的身体健康水平。

---

[1] 鲍明晓. "十四五"时期我国体育发展内外部环境分析与应对[J]. 体育科学, 2020, 40 (6): 3-8, 15.
[2] 刘宏亮, 刘红建, 沈晓莲, 等. 英国"体育的未来"新战略：内容、评价及镜鉴[J]. 沈阳体育学院学报, 2019, 38 (6): 33-41.

六、遵循弱势补偿原则，推进全民健身与全民健康深度融合的普惠开展

全民健身的成果理应惠及全体人民，将全民健身和健康中国纳入国家战略，这是党和国家将人民放在第一位的体现，将人民的立场放在最根本的政治立场，将人民的利益放在最重要的位置，重视提高人民的获得感，对国家治理起到"良政标杆""善治标尺"的作用。全民健身与全民健康的深度融合走向均衡发展需要秉承弱势补偿原则，既要保障融合发展面向不同人群，又要促进不同区域体育与医疗的融合走向均衡。第一，全民健身与全民健康的深度融合政策要保障不同人群的全覆盖。参与体育运动，享受健康快乐是每个公民的基本权利之一。发达国家的体育与卫生健康融合政策，注重面向幼儿、青少年、中老年人、残障人群等不同人群，努力实现人群的全面覆盖，以体现政策的公平性，如美国、澳大利亚、英国等国家在此方面具有较为先进的发展经验。残疾人、老年人、留守儿童等群体具有一定的弱势特征，因此，我国全民健身与全民健康的深度融合需要为这些弱势群体提供人文关怀与扶持帮助，通过制定专门的"残疾人运动健康促进计划""老年人运动健康促进计划"等政策，从政策层面维护不同人群运动健康权利的公平性，让体育与医疗卫生融合发展的成果惠及全体人群。第二，要促进不同区域全民健身与全民健康的深度融合走向均衡。既要鼓励经济发达地区依托自身体育与卫生健康发展优势，通过出台利好政策推动这些地区率先实现全民健身与全民健康的深度融合，形成自身发展模式，从而发挥引领与示范作用；同时由于我国中西部地区、偏远地区的体育与医疗卫生水平本身不高，要推进这些地区全民健身与全民健康的深度融合也需要国家从人力、财力、物力等政策层面的支持，逐步实现这些地区全民健身与全民健康的深度融合。

小　结

发达国家大众体育与卫生健康融合发展起步较早，这些国家制定的一些政策及相应措施对我国全民健身与全民健康的深度融合起到镜鉴意义。通过采用文献资料法、政策分析以及比较分析法，尝试从政策学视角梳理了美国、英国、德国、法国、芬兰、日本、澳大利亚等国家的大众体育与卫生健康融合发展的政策

经验，并总结了这些国家的政策特征，主要包括政策出台注重跨部门合作，吸纳社会力量，强化政策制定的协同性；政策设计强调循证实践，对接公众需求，追求政策的科学性和系统性；政策内容瞄准重要实践问题，配套实施具有针对性的政策措施；政策目标强调量化标准设计，便于政策的执行和评估；政策导向重视普惠性，强调构建全人群、全过程覆盖的政策体系。当然，尽管以美国、英国、日本、澳大利亚等为代表的大众体育发达国家在体育与卫生健康融合政策方面有许多经验值得借鉴，但同时也存在一些不足，所以在实际借鉴的时候不可能完全盲目照搬，需要结合我国国情研究制定适合于我国国情的全民健身与全民健身深度融合政策。新时代我国全民健身与全民健康的深度融合将迈上新台阶、步入新阶段。需要以满足人民运动健康需求为目标，修订完善各项法律法规，构建科学的政策体系，要明确政策主体，瞄准重要政策问题，优化整合政策资源，推动全民健身与全民健康的深度融合，同时要秉承弱势补偿原则，促进全民健身与全民健康的深度融合走向均衡。

第六章 体系构建：我国全民健身与全民健康深度融合的政策框架设计

新时代全民健身与健康中国先后成为国家战略，意味着人民健康优先发展的战略地位已经初步形成，人民健康成为重要的时代主题。全民健身与全民健康如鸟之两翼不可偏废，新形势下迫切需要全民健身的功能重心从一般性增强体质延伸到公共健康领域的疾病预防，从而实现全民健身与全民健康的有效对接。为此，习近平总书记在全国卫生与健康大会上高屋建瓴地提出了"推动全民健身与全民健康深度融合"的战略部署，为全民健身与健康中国两大国家战略的发展指明了方向，描绘了图景。政策体系是由在不同空间和时间维度的各项分支政策组成的整体，全民健身与全民健康的深度融合离不开政策体系的引导、推动与规范。《"健康中国2030"规划纲要》明确提出把健康融入所有政策，全方位、全周期维护和保障人民健康，大幅提高健康水平，显著改善健康公平。由此，从政策学视角审视全民健身与全民健康的深度融合论题，构建相应的政策体系就显得尤为重要。

第一节 全民健身与全民健康深度融合政策体系的内涵与价值

一、全民健身与全民健康深度融合政策体系的内涵

（一）政策体系

明晰政策的概念是确定政策体系定义的前提。在我国，"政"字源于周初金文《书经·商书》中"乱正（政）四方"，原意为"使不正为正"，即匡正的意

第六章 体系构建：我国全民健身与全民健康深度融合的政策框架设计

思，后引申为治理国事。"策"字在《说文·竹部》中意为"带刺的马鞭"，后引申为方法、谋划、计谋。西方语义中的"政策"一词源于希腊语"polis"，原意为"city-state"（城邦），直至14世纪衍变为"policie"，含义为"study or practice of government"即"政府治理的研究或实践"。韦伯较早就对政策给出了解释，他认为政策就是"对某一特定的事情进行有计划的处理和领导"[1]。美国研究社会政策的学者霍巴特·伯奇认为政策不是存在于真空之中，它是一系列相关的活动构成的集合中的重要组成部分，通常包括6P，即政策分析（policy analysis）、政策行动（policy action）、政治（politics）、计划（planning）、方案（program）及具体的规划或设计（project）[2]。我国学者陈振明认为，"政策是国家机关、政党及其他政策团体在特定时期为实现或服务于一定社会政治、经济、文化目标所采取的政治行为或规定的行为准则，它是一系列谋略、法令、措施、办法、方法、条例的总称。"[3] 体系是有关事物依照其内在逻辑联系组成的有机整体。政策体系从内涵上可以理解为政策元素按照一定的逻辑关系所形成的有机整体。政策体系具有其内在结构，这是因为政策体系是一个具有内在逻辑联系的政策元素、单元所构成的立体系统，任何一项政策元素和单元的变动，都会导致相关政策元素、单元在结构中的地位随之发生改变，从而引起政策体系整体结构的改变，影响政策体系整体功能的发挥[4]。

一般认为，政策体系具有以下特征。第一，政策体系具有动态性特征。政策体系中的政策元素是随着时间的变化而不断演变的，"政策的数量、表现形式、内容、效力等都会随着越来越负责的社会而发生变化"[5]，因而也就决定了政策体系的动态调整性特征。第二，政策体系具有整体性特征。政策体系是一个有机的整体，政策与政策之间具有一定的逻辑关系，政策要素形成合力对社会发展起到重要引导与推动作用。第三，政策体系的层次性。从纵向结构看，政策体系从高层到低层分为若干等级，高级政策是低级政策的基础，低层级政策是对高级政策的具体化。从横向结构看，政策体系内部分为不同类别的子系统，它们之间相互补充、配合、协调，使政策体系得以保持自身的有机整体性。第四，政策体系

---

[1] 韦伯. 经济与社会 [M]. 北京：商务印书馆，1997：83.
[2] 杨伟民. 社会政策导论 [M]. 北京：中国人民大学出版社，2004：82-83.
[3] 陈振明. 政策科学——公共政策分析导论 [M]. 北京：中国人民大学出版社，2004：10.
[4] 原新，党俊武，李志宏，等. 政策科学与我国老年政策体系的构建 [M]. 北京：华龄出版社，2014.
[5] 吴香芝，张林. 我国体育服务产业政策变迁 [J]. 北京体育大学学报，2012（10）：24-28.

的开放性。政策体系的开放性特征与动态性特征是一脉相承的，政策体系不是孤立存在的，与经济、社会、文化环境密切相关，受环境的直接影响，政策体系会进行不断调整和完善，从而更好地适应外界环境的变化。

(二) 全民健身与全民健康深度融合的政策体系

目前国内还鲜有对全民健身与全民健康深度融合政策体系的界定。有研究者认为，"不同的群众体育政策组成了我国群众体育政策的整个体系，包括群众体育的专门政策、相关政策，以及其他涉及群众体育的政策，群众体育政策体系的主要目的是引导与促进群众体育事业的开展。"[1] 正如前文所述，全民健身与全民健康深度融合就是全民健身与全民健康两大系统在理念、政策、体制、机制、资源等方面相互渗透并形成高度互构关系的过程，目的是通过运动促进以健康的方式实现健康中国的战略目标。结合政策体系的概念，本研究认为，全民健身与全民健康深度融合的政策体系就是推动两大系统走向深度融合的政策元素按照一定逻辑关系所形成的有机整体，这些政策元素既可以包括具体的法律、法规、纲要、计划、方案、通知等多种形式，又可以包括政策目标、政策内容、政策工具、政策测评、政策保障等多种要素，在不同的语境环境中，政策体系的界定可以有不同的内涵。

通常认为，政策体系是具有层次性的，既可以包括纵向上的总政策、基本政策和具体政策，又可以包括各种主题的综合性和专门性政策。针对全民健身与全民健康深度融合的政策体系，纵向的总政策具有方向性、战略性、长期性和全局性特征，是政策主体在一定历史阶段为实现一定任务而规定指导全局的总原则，如《"健康中国2030"规划纲要》就具有这样的特征，是总纲领、总方针、总路线，是推动全民健身与全民健康深度融合的行动指南。其基本政策是总政策的具体化，具有综合性、原则性、一般性和阶段性特征，如《体育强国建设纲要》《全民健身计划（2021—2025年）》等就是这样的政策，具有政策的效力边界性，这些政策针对《"健康中国2030"规划纲要》提出的政策目标在体育领域设计了具体内容安排，提出了体育领域的具体措施，对推动全民健身与全民健康深度融合具有较强的指导作用。与总政策和基本政策相比，具体政策更具针对性、操作性强、时效短、变化快等特点，是对总政策和基本政策的具体化落实，是推

---

[1] 刘红建. 群众体育政策执行阻滞问题及其治理研究 [M]. 北京：人民体育出版社，2020.

第六章 体系构建：我国全民健身与全民健康深度融合的政策框架设计

动全民健身与全民健康深度融合的具体方案和行动计划，如安徽省发布的《安徽省关于加快推动全民健身与全民健康深度融合的指导意见》，江苏省发布的《江苏省体育局、江苏省卫生健康委员会关于促进体医融合发展的意见》等，都是推动全民健身与全民健康深度融合总政策和基本政策在实践中的具体体现。横向推动全民健身与全民健康深度融合政策体系主要包括各种主题政策，如体育活动开展政策、体育场地设施政策、运动健康人才培养政策、科学健身指导政策等，这些政策比较具体，是推动全民健身与全民健康在不同领域的具体实施方案，决定着全民健身与全民健康深度融合的整体进程和走向。

二、全民健身与全民健康深度融合政策体系的价值

（一）有利于落实习近平总书记关于全民健身与全民健康的重要讲话精神

党的十八大以来，党中央高度重视全民健身与全民健康事业，从治国理政的战略高度对全民健身与全民健康工作进行谋篇布局。习近平总书记多次在不同场合发表了关于全民健身与全民健康的重要讲话（表6-1），这些讲话深刻阐述了新时代全民健身与全民健康的辩证关系，高度强调了全民健身在健康中国建设中的重要战略定位，有力推动了全民健身与健康中国两大国家战略部署的形成，为实现中华民族伟大复兴的中国梦奠定了坚实的健康基础。2016年8月，习近平总书记在全国卫生与健康大会上明确提出："推动全民健身和全民健康深度融合"，确定了健康中国战略下全民健身与全民健康发展的具体方略；习近平总书记在本次大会中进一步强调"要将健康融入所有政策，人民共建共享"，这实际上是要求从政策设计层面谋划健康中国战略推行的具体路径，为全民健身与全民健康深度融合提供了政策思路。因此，构建政策体系，从政策目标、内容规定等方面引导全民健身与全民健康走向深度融合，是落实习近平重要讲话与指示精神的体现。

表6-1 党的十八大以来习近平总书记关于全民健身与全民健康的重要讲话

时间	地点与场合	习近平总书记重要讲话节选
2013年8月31日	沈阳，会见全国体育先进单位和先进个人代表	全民健身是全体人民增强体魄、健康生活的基础和保障，人民身体健康是全面建成小康社会的重要内涵，是每一个人成长和实现幸福生活的重要基础

— 121 —

续表

时间	地点与场合	习近平总书记重要讲话节选
2014年8月15日	南京,看望南京青奥会中国体育代表团	一个健全的人既要有丰富的知识和文化内涵,还要有健康的精神和强健的身体,要通过发展体育运动以不断提高全民族身体素质与健康
2016年8月19日至20日	北京,全国卫生与健康大会	要倡导健康文明的生活方式,树立大卫生、大健康的观念,把以治病为中心转变为以人民健康为中心,建立健全健康教育体系,提升全民健康素养,推动全民健身和全民健康深度融合
2016年8月25日	北京,会见凯旋的第三十一届奥林匹克运动会中国体育代表团全体成员	希望同志们充分认识体育对提高人民健康水平的积极意义,落实全民健身国家战略,普及全民健身运动,促进健康中国建设
2017年8月27日	天津,会见全国体育先进单位和先进个人代表	加快建设体育强国,就要坚持以人民为中心的思想,把人民作为发展体育事业的主体;把满足人民健身需求、促进人的全面发展作为体育工作的出发点和落脚点,落实全民健身国家战略,不断提高人民健康水平
2017年8月27日	天津,会见国际奥林匹克委员会主席巴赫	以北京冬奥会为契机,推动群众体育和竞技体育全面平衡发展,推进全民健身事业,不断提升人民健康水平

(二) 有利于推动健康中国和全民健身两大国家战略的有效融合

中国特色社会主义进入新时代,体育领域的全面深化改革已经处于新水平。全民健身在厚植体育基础上发挥着举足轻重的作用,2014年全民健身上升为国家战略标志着全民健身迈入新的征程,2015年十八届五中全会首次提出推进健康中国建设,并将全民健身工作纳入其中,我国全民健身的工作格局再一次发生了历史性变化。在健康中国战略背景下全民健身工作格局将面临新的定位和抉择,因而需要新的制度设计和具体策略。一般来讲,公共政策从类型上可以分为总政策、基本政策和具体政策。习近平总书记指明了全民健身与全民健康深度融合工作的总体方向,《"健康中国2030"规划纲要》在第六章"提高全民身体素质"第三节专门提出"加强体医融合和非医疗健康干预"的相关部署,《全民健身计划(2016—2020年)》多次出现"结合'健康中国2030'等总体发展战略""跨部门联动"等内容规定,但这些都属于指导性、纲领性的政策,内容还

第六章 体系构建:我国全民健身与全民健康深度融合的政策框架设计

不够具体,操作性还不强,还不能针对健康中国战略下全民健身与全民健康的融合工作提供具体思路和实施步骤。公共政策的重要价值在于对实践的引导与规范。有鉴于此,构建专门针对全民健身与全民健康深度融合的政策体系,既需要指导性的总政策,又需要基本的、具体的配套政策,从制度设计层面厘清推动全民健身与全民健康深度融合的目标方向、内容要旨、实施进程以及对策措施等,为落实全民健身国家战略,推动健康中国建设奠定坚实基础。

(三) 有利于保障全民健身与全民健康深度融合工作的统筹推进

"健康中国"作为国家顶级的健康系统工程,全民健身与全民健康二者都是其一级子系统,全民健身代表的是"非医疗健康干预"系统,医疗卫生等全民健康则代表的是"医疗健康干预"[1]。由于过去我国全民健身与全民健康形成了独立的制度体系,整体呈现"各自为政"的工作格局,在政策、体制与机制等层面缺少交流与沟通,因而两个系统并没有形成足够有效的整合。随着新时代健康中国战略的实施,全民健身与全民健康需要多领域、多层次、多要素的深度融合,这就要求打破全民健身和全民健康各自的原有工作体系和制度,重新划分政府、市场、社会的职责权限,进行利益的重新调整[2]。由于长久形成的制度路径依赖已深入人心,仅靠政治动员和行政手段已经很难对全民健身和全民健康旧有的利益格局进行调整、整合,从中央到地方,这对各部门协同共治的工作格局形成存在一定困难和障碍。在此背景下,需要构建全民健身和全民健康深度融合的政策体系,通过发挥法律、法规及规范性文件的权威性、约束性和稳定性,统筹体育、卫生健康、文化、教育等部门的权利和义务,破解全民健身与全民健康深度融合的制度障碍和具体问题,进一步推进健康中国战略格局下全民健身工作的规范化与程序化,保障全民健身与全民健康深度融合工作的顺利开展,形成科学合理的运动促进健康公共服务体系,最终从健康维度满足新时代人民对美好生活的需求。

---

[1] 刘国永. 对"十三五"时期全民健身事业发展的思考 [J]. 北京体育大学学报, 2016, 39 (10): 1-11.
[2] 卢文云, 陈佩杰. 全民健身与全民健康深度融合的内涵、路径与体制机制研究 [J]. 体育科学, 2018, 38 (5): 25-39, 55.

第二节　全民健身与全民健康深度融合政策体系的理念与原则

一、全民健身与全民健康深度融合政策体系的理念

(一) 体现以人民为中心的政策导向

"以人民为中心的发展路线"是新时代中国特色社会主义的鲜明特征。2017年8月，在天津会见全国体育先进单位和先进个代表时，习近平总书记对体育工作提出了殷切希望：要坚持以人民为中心的思想，把人民作为发展体育事业的主体；把满足人民健身需求、促进人的全面发展作为体育工作的出发点和落脚点[1]。政策体系理应带有一定的导向，这与公共政策的政治性与实践性密切相关。新时代"坚持以人民为中心"的思想，自然成为全民健身与全民健康深度融合政策体系的导向。第一，以人民为中心的政策导向要满足人民的需求。进入新时代，我国社会主要矛盾发生了转变，人民的需求已经由以往的物质文化需求转变为美好生活的需要。美好生活以人的身体健康为前提，健康是人民追求美好生活的根本保障，全民健身又是提高人民健康水平的重要方式，人民对健身与健康的需求成为人民对美好生活的向往的重要指标。因此，构建全民健身与全民健康深度融合的政策体系，以人民为中心的政策导向就是要满足人民对健身与健康的需求，既要考虑健身与健康需求的充分性，又要兼顾需求的均衡性，同时还要辐射需求的多样性。这就需要对社会公众进行广泛而深入的调研，将人民的利益诉求，以及关切的重点、难点问题反映到政策体系中，并制定有针对性、回应性的政策措施，将全民健身与全民健康深度融合的成果更充分、更均衡、更多样地惠及全体人民。第二，以人民为中心的政策导向要把人民作为政策体系构建的重要力量。人民群众是历史的创造者，是推动历史前进的决定力量。构建全民健身与全民健康深度融合的政策体系需要紧紧依靠群众，把人民群众作为政策制定与执行的重要参与力量，建立畅通的利益诉求渠道，听取广大人民的意见和建议，让人民参与到具体政策的制定过程中，改变以往仅仅依靠政府和专家的力量制定政策的局面，建立政府、专家团队与人民广泛参与的政策形成机制。由于全民健

---

[1] 万炳军, 史岩, 曾肖肖. "健康中国"视域下体育的价值定位、历史使命及其实现路径——基于习近平治国理政的思想与战略 [J]. 北京体育大学学报, 2017, 40 (11)：1-9.

身政策目标群体的广泛性,在全民健身与全民健康深度融合政策的执行中,需要依托人民作为政策执行的主体,激励人民为了身体健康积极响应与落实国家各项政策。同时需要调动人民承担对政策执行的监督角色,有效监督政府等主体在政策执行过程中的行为,规避政策执行中的腐败行为。第三,以人民为中心的政策导向要以人民的满意作为评价标准。政策评估是对政策制定与执行效果的最直接检验,构建政策体系需要明确评估的标准与方法。对于全民健身与全民健康深度融合政策的评估,要以人民满意度作为首要的评估价值标准,要把人民获得实实在在的健身权益,以及通过健身达到的健康水平作为政策评估的重要指标。

(二) 突出解决实践问题的政策宗旨

推动全民健身与全民健康的深度融合是新时代体育与健康事业的发展特征,是基于国家和人民现实需求的路径选择。政策制定的初衷就在于对现实问题的解决,构建全民健身与全民健康的深度融合的政策体系不是漫无目的、毫无针对性地进行顶层设计,而是要以解决现实问题作为政策宗旨。政策作为政治系统外在性体现,其作用和功能应该是着眼于解决具体的社会问题[1]。以解决实践问题作为政策宗旨,既要解决全民健身与全民健康各领域的问题,如全民健身公共服务还存在着地区不平衡、城乡不平衡、供给内容不平衡,以及健身场地、健身指导、健身组织等具体公共服务供给不充分的问题;还要解决全民健身与全民健康深度融合的各种问题,特别是当前全民健身与全民健康的融合处于初期阶段,全人群覆盖、全生命周期覆盖的运动促进健康公共服务体系还没有形成,原本隶属于体育、卫生、医疗等多个系统的工作深度融合需要克服各种体制、机制等障碍,这些都需要以解决实践问题作为政策体系构建的导向。因此明确政策体系的问题导向,第一,要科学界定问题的主要内容。只有精准定位具体问题之所在,才能对全民健身与全民健康的深度融合进行科学合理的顶层设计。美、英等发达国家在制定各类体育政策之前均会对民众的意愿进行充分调研,然后结合专家调研数据以及文化传统最后形成最终的政策或决策。这启发我们需要科学界定政策问题,要对全民健身与全民健康的融合进行自上而下与自下而上的深入调研,换言之,除了听取来自政府部门、相关专家的意见和建议外,对民众意愿的调研也

---

[1] 陈智广. 新生代农民工继续教育政策体系的理念、内容及调整趋势 [J]. 继续教育研究, 2018 (1): 33-37.

是科学界定问题的重要路径。第二,需要明确问题的解决方案。一定意义上讲,政策的本质其实就是社会问题的解决方案。在科学界定全民健身与全民健康深度融合所存在的问题后,就需要明确问题解决的具体方案,包括明确问题解决的时间节点、问题解决的步骤与方法、问题解决涉及的部门及其分工情况等。需要指出的是,由于问题存在的复杂性和动态性,推动全民健身与全民健康的深度融合绝非一日之功,而是一个逐步调试的过程。

(三) 确保政策的合法性与权威性

合法性是政策制定的前提,政策的权威性也是以政策合法性为基础的。制定全民健身与全民健康深度融合的政策体系需要确保其合法性与权威性,提高政策执行主体和目标群体的认同程度,有利于政策在实践中的贯彻落实。第一,要合乎《宪法》及行业法律法规的相关规定。全民健身与全民健康深度融合的政策在制定时首先要符合我国《宪法》的内容要求;其次要符合体育行业法规,也就是要符合《体育法》《全民健身条例》等法律法规的内容规定,这是确保政策合法性的首要条件;最后要符合国家重要性、规范性文件,国家层面的各类规划和计划,如《关于加快发展体育产业促进体育消费的若干意见》《"健康中国2030"规划纲要》《全民健身计划(2016—2020年)》等。第二,要确保政策制定的程序合法性。程序的合法性是指政策制定过程的合法性,以往政策问题提出程序方面的规定并不十分明确,政策问题的提出主要不是来自公民的政策诉求,而是来源于政策内部机关的信息收集系统。[1] 在哈贝马斯看来,这种政策形成的过程并非全面的合法性,合法性可能还意味着某种政治秩序被认可的价值。[2] 只有经过民主的、源于公民利益诉求的程序,制定的政策才具有实质性上的合法性。因此,当全民健身与全民健康深度融合的政策问题被提上议事议程后,需要强化对社会民众和专家的"听证""咨询"程序,建立制度化的政策制定参与机制,让社会公众等利益相关群体能够充分表达利益诉求,确保政策在利益群体中的广泛认同,从而达到实质的合法性。第三,有效保障政策的权威性。正如前文所述,政策的权威性离不开政策制定的合法性,但只有这些还不够,由于全民健身与全民健康深度融合的政策往往涉及多个政府部门或团体,还需要在

---

[1] 占志刚. 公共政策的合法性与合理性分析 [J]. 行政论坛,2004 (2): 41-42.
[2] 邓旭. 教育政策执行研究:一种制度分析的范式 [M]. 北京:教育科学出版社,2010.

政策内容中明确规定利益相关部门的责任权力和利益,并且自上而下推动政策的传达与解释,以及将政策执行情况纳入政府绩效考核体系等,实现体育、卫生健康、文化、财政、人事、土地规划、园林等利益相关部门对全民健身与全民健康融合政策的认可与重视,增强政策实际执行的权威性。

(四) 强化政策的整合性与协同性

构建全民健身与全民健康深度融合的政策体系的最终目的是提升人民的健康水平,实现人的全面发展。在全民健身与全民健康的辩证关系中,全民健身是基础,也是手段,全民健康则是目标。政策的本质是对各种资源的合理配置。要实现全民健康的最终目标,需要全民健身与全民健康在政策目标与政策内容等方面的高度整合。第一,政策目标的整合。政策目标是公共政策制定主体依据现实的政策问题提出的发展方向,要达成的价值目标。以往由于全民健身与全民健康隶属不同部门,这些部门依其所辖范围制定各自的政策方案,很难在政策目标上形成促进人民健康的合力,割裂了人民健康发展的整体服务需要,造成社会资源的浪费。因此,全民健身与全民健康的深度融合政策需要扭转这种态势,形成健康与健身相互整合的政策目标,如全民健身政策需要把健康纳入政策目标的诉求中,全民健康也应将健身作为实现人民健康目标的重要方式和手段,体现在具体的健康政策目标体系中。第二,政策内容的整合。政策内容是实现政策目标的具体措施和路径。整合的政策目标决定了全民健身与全民健康深度融合政策内容的整合性特征。2017年英国《体育的未来:充满活力的国家新战略》(*Sporting Future: A New Strategy for an Active Nation*) 推出了体育与健康及其他行业融合的案例,如奥福德综合体设有多个健身场馆、1个教育中心、3个全科医生诊所、1个图书馆、1个生活方式团队及1个中央咖啡馆。该项目是由涉及20多个国家和地区的公立、私人和志愿部门的资助合作开展的,新的综合体以其多样性吸引了超过100万的客户,这比只专注于体育设施增加了400%客户量[1]。英国的案例实际上体现了健身与健康在场地建设、休闲娱乐与教育等方面的整合性。其实政策内容的整合理应涵盖全民健身与全民健康深度融合的方方面面,包括立法与执法的整合、财政投入的整合、组织机构的整合、场地建设的整合、活动工程的整

---

[1] HM GOVERNMENT. Sporting Future: A New Strategy for an Active Nation [R]. London: Cabinet Office, 2015.

合、舆论宣传的整合及人才培养的整合等，只有全民健身与全民健康的整合实实在在地落实到具体的政策中，两者共建共享的工作格局才能够真正实现。

全民健身与全民健康在政策目标、内容等方面的整合离不开各部门机构的协同配合，既需要体育部门与外部卫生健康等部门的协同，也需要体育部门内部的高度协同性；既需要政府部门支持，也需要市场调节。实践证明，在全民健身工作领域，如果缺少政府其他重要部门的支持，只有体育部门单打独斗，是很难推动各项工作顺利开展的，许多政策在地方可能就会变成一纸空文。强化体育部门与外部卫生健康等部门的政策协同需要从整体视角审视健身与健康事业，树立"大健康"的利益价值观，成立全民健身与全民健康深度融合的统筹领导机构，打破各部门之间的壁垒，有效整合体育与卫生健康、教育、文化等领域各种资源，共同设计并制定全民健身与全民健康深度融合的政策，共同执行各项政策，并及时评估与反馈政策结果。强化体育部门与其内部各部门的政策协同性需要立足"大体育"的视野，服务健康中国建设的整体需要。习近平强调："体育是提高人民健康水平的重要手段，也是实现中国梦的重要内容，能为中华民族伟大复兴提供凝心聚气的强大精神力量。"这里的"体育"不仅包括全民健身，还包括竞技体育、体育产业等，因此政策的协同性需要打破体育内部传统的群众体育、竞技体育、学校体育及体育产业等部门之间的界限，形成多部门资源协同制定、执行与评估政策的局面。此外，全民健身与全民健康的深度融合是全社会共同参与、共同建设、共同享有的事业，因而离不开市场与社会力量的广泛参与。要充分调动市场和社会力量的积极性，盘活社会各种资源，有效提升内生动力，打造体育、健康、教育、娱乐为一体的运动健康产业，共同服务于提高人民健康水平的目标，推动全民健身与全民健康深度融合。

（五）重视政策量化标准与异体评估

政策规划要想取得好的成效，关键在于执行和落实，而执行和落实的着力点在于确立具体可操作性的量化考核标准[1]，科学合理的量化标准同时又是政策评估的逻辑前提。以往我国出台的一些全民健身政策缺乏量化标准，描述性的政策文本较多，量化的政策标准较少，这在一定程度上扩大了主体政策执行的自由裁量权，导致部分政策在实践中陷入阻滞境地，政策目标难以实现。欧美国家在

---

[1]童建红. 英国青少年体育信托基金会战略及启示［J］. 山东体育科技，2015，37（1）：6-11.

制定公共政策时特别重视政策的量化原则，如美国具有代表性的体育与健康融合政策——《健康公民计划》，从第一代到第五代都具有清晰明确的健康促进指标，有效保障了《健康公民计划》的执行与评估。构建全民健身与全民健康深度融合的政策体系，重视政策的量化标准首先要明确政策的具体目标与内容，尽量以量化的方式代替模棱两可的定性描述，能用数字说明的就不要用文字叙述。此外，可以模仿欧美政策制定的范式，在政策正文中增加政策绩效测评的指标，科学确定政策测评的指标以及具体实施部门、完成时间等。

要加强对全民健身与全民健康深度融合政策的异体评估。过去体育政策的评估主要是体育部门的同体评估，政府既是运动员又是裁判员，评估存在一定的不合理性。随着《关于开展〈全民健身计划（2011—2015年）实施效果评估的通知〉》的发布，2014年5月，国家体育总局群体司在北京启动了《全民健身计划（2011—2015年）》实施效果的评估工作，委托上海体育大学组成专家评估组，对我国全民健身政策的执行效果进行第三方评估，真正意义上拉开了国家层面全民健身政策绩效异体评估工作的序幕[1]。然而，从实际情况看，测评工作还存在测评的覆盖面少，一所高校的力量比较有限，以及因没有上升为规章、条例测评的权威性不足等问题。因此，以第三方为主的异体评估任重而道远，还要以法规、规章的形式将第三方评估工作正规化，提升第三方评估的权威性，要在政策中明确第三方评估的具体内容，使第三方评估有法可依、有章可循；要建立由多个团队组成的第三方评估机构，尽可能大范围地对政策执行情况予以评估，逐步实现第三方评估的常态化。

二、全民健身与全民健康深度融合政策体系的原则

（一）协同性原则

正如前文所述，推进全民健身与全民健康深度融合绝不只是体育部门或卫生健康部门的工作，而是涉及多个政府部门、社会组织，以及社会公众共同参与的公共事业，这从国家将健康中国、全民健身提高到国家战略的发展高度，以及《"健康中国2030"规划纲要》由中共中央、国务院来发布可见一斑。因此，需

---

[1] 刘红建. 社会参与大众体育政策过程的国外经验与本土探索——兼论我国社会参与大众体育政策过程的应然范式 [J]. 沈阳体育学院学报，2015，34（6）：7-12.

要从整体视角审视全民健身与全民健康事业，树立"大健康""大体育"的利益价值观，有效整合体育与卫生健康、教育、文化、旅游、建设等领域的各种资源，共同设计与制定全民健身与全民健康深度融合的政策。只有这样，全民健身与全民健康深度融合的政策元素才能具备内在的结构性、逻辑性和关联性，结构合理、内容完备、功能完善的政策体系才能被构建起来。

(二) 可行性原则

所构建的全民健身与全民健康深度融合政策体系要能够在实践中切实可行、能够落地，而不只是一个口号。这就要求所构建的政策体系，特别是设计的具体政策应具备以下三个特征。一是政策设计必须要符合社会公众的实际需求，必须要问计于民，否则再好的政策在实际应用中也很难得到社会公众的认可。二是政策目标和内容要遵循量化标准，能够量化的政策目标和内容应该按量化指标设计，这样政策执行主体在实际执行时才有抓手，否则全部是定性描述内容，政策在实践操作过程中容易走向"无法执行""不好评估"的境地，形成政策阻滞现象。三是所设计的政策目标和内容应明确责任主体，由于推进全民健身与全民健康深度融合的政策涉及许多部门，如果责任不明确，政策在实际执行过程中就容易形成"互相推诿""相互扯皮"的现象，不利于全民健身与全民健康深度融合政策的实际执行，很难实现政策体系目标。

(三) 兼容性原则

"将健康融入所有政策"是习近平总书记作为一个大国高层领导人的政治承诺，也是一项艰巨任务[1]。《"健康中国2030"规划纲要》是全民健身与全民健康深度融合政策体系的总纲，涉及经济社会发展的方方面面。换句话讲，只有卫生健康、体育、养老、旅游、园林、教育等相关领域所构建的政策体系共同发力，协同推进，健康中国国家战略才能够顺利实现。在这个过程中，特别要求各领域政策体系共同以总纲为基础和行动指南，需要各领域政策相互协同和兼容，不能出现政策相矛盾，甚至政策相冲突的情况，否则《"健康中国2030"规划纲要》的政策目标将难以实现。因此，各领域政策体系在构建时，政策制定者需要熟悉彼此政策的内容，涉及重点领域相关政策问题时应该召开相应的联席会，以

---

[1] 张永光，王晓锋."健康中国2030"规划纲要的几个理念转变 [J]. 卫生软科学，2017，31 (2)：3-5.

设计出科学合理、相互兼容的政策体系。

(四) 适应性原则

推动全民健身与全民健康深度融合是党和政府立足新时代我国经济社会发展大环境下做出的重大决策,指明了今后一段时期体育和卫生健康发展的方向。因此,设计全民健身与全民健康深度融合的政策体系应当和当前及今后一个时期经济社会发展的实际水平相吻合,既不能超越也不能滞后经济社会发展的总体水平,必须充分考虑人民群众的实际需求及社会的现实承受力,这样设计出来的政策体系在实际执行过程中才能得到有效贯彻,否则,即便设计的政策体系是完美无瑕的,但由于与实际情况不符,政策体系的实际效能也很难发挥作用,政策所承载的公共利益也就难以转化成人民群众的实际利益,不利于整体推进全民健身与全民健康的深度融合。

第三节 全民健身与全民健康深度融合政策体系的框架与内容

在梳理了政策体系应遵循的设计理念之后,需要进一步明确全民健身与全民健康深度融合政策体系的框架与内容。按照政策科学理论,主要框架包括政策目标、政策内容、政策主体、政策工具及政策测评五大方面(图6-1),这些子系统是构成全民健身与全民健康深度融合政策体系的具体组成部分。

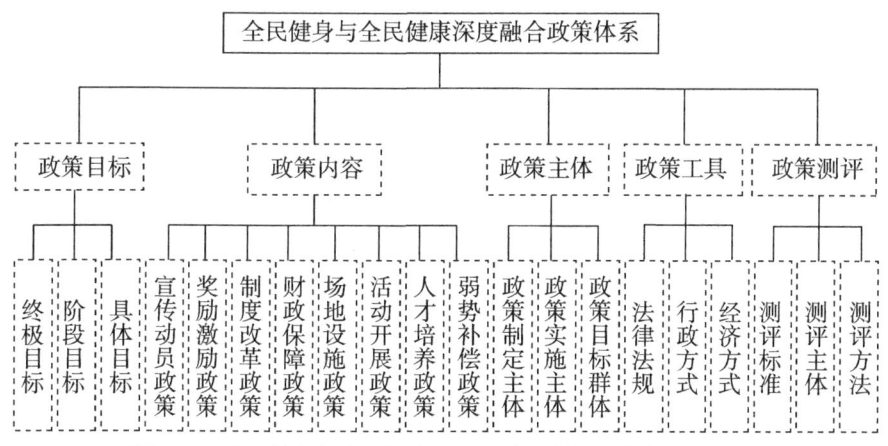

图6-1 全民健身与全民健康深度融合政策体系的框架与内容

一、政策目标

政策目标是政策所要达到的标准,是政策制定、实施与评估的方向。全民健身与全民健康深度融合的政策体系的构建首先需要确定方向,明确政策目标,建立科学合理的政策目标体系。依据党的十九大对实现"两个一百年"奋斗目标所做出的新的战略安排,习近平总书记关于全民健身与全民健康工作的重要论述,以及《"健康中国2030"规划纲要》《体育强国建设纲要》等重要规范性文件的决策部署,设计了新时代全民健身与全民健康深度融合的政策目标,包括终极目标、阶段目标及具体目标三个维度。

(一)终极目标

实现人的全面发展是全民健身与全民健康深度融合政策体系的终极目标。马克思主义关于人的全面发展理论认为,人的全面发展是人类社会的最高价值追求,人类的一切社会实践活动都以人的全面发展作为终极目标[1]。人的全面发展离不开健康的身体,只有提高人民身体素质和健康水平,才能促进人的全面发展,推动经济社会全面发展。构建全民健身与全民健康深度融合的政策体系,充分发挥全民健身对提升人的健康水平的独特优势和功能,建成运动促进健康的公共服务体系,使人民在全面健身与全民健康深度融合中实现全面发展。

(二)阶段目标

第一阶段,从现在到2025年,紧紧围绕《"健康中国2030"规划纲要》的战略目标、《全民健身计划(2016—2020年)》《全民健身计划(2021—2025年)》的总体要求,按照全民健身与全民健康两大领域"厚基础、促融合"的思路,引导人民树立以全民健身促进身体健康的理念,建成覆盖城乡的全民健身与全民健康的基本公共服务体系,基本形成结构合理的全民健身与全民健康产业体系,积极探索全民健身与全民健康体制机制的融合改革,基本形成体育与医疗卫生等部门协同整合、全社会共同参与的运动促进健康治理体系。第二阶段,2025—2035年,围绕《"健康中国2030"规划纲要》的目标要求,结合我国基

---

[1]马玉芳,杨国庆.竞技体育改革背景下高水平运动队"省队校办"模式运行特征及优化路径——基于南京工业大学女子垒球队的实证研究[J].沈阳体育学院学报,2018,37(6):44-50.

本实现社会主义现代化的战略目标，经过10年的努力，到2035年人民群众的运动健康素养明显提升，运动促进健康的生活方式基本形成，覆盖全人群、覆盖全生命周期的运动促进健康公共服务体系基本建成，运动健康产业规模显著扩大；全民健身与全民健康深度融合的体制机制基本形成，运动促进健康的治理体系和治理能力基本实现现代化。第三阶段，2035—2050年，经过15年的努力，我国将全面建成社会主义现代化国家，进入世界强国的行列，人民的生活水平差距不断缩小，并逐步实现共同富裕。在这个阶段，全民健身与全民健康的深度融合将全面实现，人民的运动健康素养普遍提升，体育与医疗卫生健康等部门的健康促进职能高度整合，充分、多样、公平、均衡的运动促进健康公共服务体系趋于完善，运动健康产业成为国家重要基础产业，并成为中国在世界展示综合国力的国家名片。

(三) 具体目标

在全民健身与全民健康融合发展的不同阶段，要围绕不同阶段的不同问题制定具体的政策目标，政策的具体目标是阶段目标的具体化，具有问题针对性比较集中，可操作性强等特征。换句话讲，全民健身与全民健康深度融合的阶段目标，乃至终极目标，都是在一个个具体目标实现后，一个个政策问题解决后才得以最终实现的。围绕不同的具体目标，政策文本也会不同，由此构成了纵横交错的全民健身与全民健康深度融合的政策体系。尽管政策目标不尽相同，但仍然要围绕当前制约全民健身与全民健康深度融合的重要问题确定，从而形成多维度的目标链，解决相对应的政策问题。本研究认为这些政策目标包括：①运动促进健康理念提升目标；②体制机制融合目标；③运动健康人才培养目标；④场馆设施融合目标等。

二、政策内容

政策内容是实现政策目标的具体规定，是解决全民健身与全民健康深度融合各类问题的具体依托。根据《"健康中国2030"规划纲要》《全民健身计划(2021—2025年)》《"十四五"体育发展规划》等基本政策的相关规定，结合当前我国全民健身与全民健康深度融合的基本情况，特别是前面分析的推动全民健身与全民健康深度融合的困境因素和问题较多的领域，本研究认为新形势下全民健身与全民健康深度融合的政策体系应包括以下八个方面的内容。

(一) 宣传动员政策

理念是内因，内因决定外因，不论是政府部门工作人员还是社会公众，其运动促进健康的理念都不够深入，因而理念提升是当前我国推进全民健身与全民健康深度融合的首要问题。需要将经常参与体育锻炼人数、运动促进健康理念提升的比例或程度作为相关政策的目标内容。全民健身与全民健康的深度融合离不开广泛的宣传与动员，要通过广播电视、期刊及网络新媒体等各种方式宣传国家体育发展的理念、方针和政策，宣传国家层面的各种全民健身与全民健康政策，引导人民树立科学的健身观与健康观，动员人民积极参与全民健身与健康活动。

(二) 奖励激励政策

通过物质奖励与荣誉激励的方式引导、推动各级地方人民政府、各类社会组织及公民个体，以实际行动推动全民健身与全民健康的深度融合。例如，可以出台"运动健康城市评选政策""运动健康小镇创建政策""运动健康公民评选政策"等。

(三) 制度改革政策

推进全民健身与全民健康深度融合的根本在于体制机制的融合，包括卫生健康、体育、教育、民政等政府部门，同时也包括相应社会组织在体制层面的统筹和协调，还包括建立激励、规范、协调等应对机制。制度层面的改革是实现全民健身与全民健康深度融合的关键，要针对阻碍政府部门与社会力量，政府部门中体育与卫生健康、教育等深度融合的体制机制因素出台具体政策，形成全社会共建、共享、共治、共赢的，适应全民健身与全民健康深度融合的制度体系。

(四) 财政保障政策

全民健身与全民健康的公共性属性决定了国家财政是推动两者深度融合的主导力量，各级政府要将两者纳入财政预算中，并随着健康中国战略的深入开展不断提升投入比例，着力建设覆盖全人群、全生命周期的运动促进健康公共服务体系。在此基础上，还要通过制定税收优惠等政策，充分借助社会力量参与到全民健身与全民健康中，有力推动运动健康产业的快速发展。

（五）场地设施政策

新时代人民的健身需求呈现新的特征，对场地设施的多样性、身边化、个性化的要求逐步提高，更青睐场地设施与健康、教育、娱乐等领域的融合发展，这就要求政策制定部门从人民群众的实际需求出发，多部门协同颁布各类政策，推动场地设施的改善与升级，实现场地设施建设从粗放型的规模扩张转向以质量提升为主的内涵式发展，为人民提供优质的健身与健康服务。

（六）活动开展政策

各类活动的开展是全民健身与全民健康融合发展的基础。与以往相比，人们在开展各种活动时的自组织特征明显，对运动健康指导服务的需求提升，举办的群众体育赛事越来越多。政府部门要结合新时代人民活动开展的特征，主动转变角色，释放社会和市场的活力，强化公共服务的职能，通过完善体质健康监测体系，购买运动健康服务，规范健身指导市场，扶持社会体育组织，构建群众性赛事体系等政策措施，不断满足人民对健身与健康活动开展的需求。

（七）人才培养政策

紧密结合国家战略需要和社会需求，研制与出台"运动健康指导师"的国家认定标准，改革高校医学、体育学等学科相关专业的课程设置，培养医学、体育学以及其他学科跨学科跨专业的复合型高水平专业人才，强化对现有全科医生、社会体育指导员的继续教育，开展运动健康知识与技能方面的培训。

案例4

韩雅玲委员：加强"体医融合"复合型人才培养体系建设

党的十八大以来，党和国家持续推进健康中国战略，"没有全民健康，就没有全面小康"。我国心肺（肾）预防康复事业迎来快速发展机遇，目前全国已有700多家公立或民营医院开设了心肺（肾）预防康复中心，运动场地和设施得以落实和改善。但传统的医学教育，包括本科生教育、研究生培养、毕业后的继续教育内容都缺少"运动是良药"和运动处方的内容。而体育院校毕业的学生没有医疗资质，难以进入医疗机构。目前在心肺（肾）预防康复机构承担患者心肺运动评估、运动处方与运动实践指导的职业团队主要由医生和护士经短期培训后承担，其中大部分团队缺乏运动医学人才或运动学知识。近年来的新兴行业"健康管理师"，理论上应当具备医学、康复学、心理学和运动学等知识，其中，运动学知识包括运动生理学、解剖学、体育保健学、健身健美学、运动康复学和运动处方学等。医院和预防康复机构的健康管理人员只有更好地掌握运动学知识才能对患者和公众进行科学、量化、有针对性、个体化的运动指导。因此，在我国尽早建立起一支有体育和医学双重背景的高质量、高水平的体医融合人才队伍势在必行。近年来，国家体育总局和体育院校对体医融合和普及推广愈加重视。首都体育学院2021年创建了"体医融合创新研究中心"，为培养体医融合复合型人才、开展体医融合领域的研究与创新打造了高效平台；河南黄河科技大学也试办了"体医融合班"，深受本科生欢迎。

韩雅玲委员建议，第一，鼓励医学院校与体育院校联合创办"体医融合专业"，包括创建双学位的培养体系。第二，在硕士、博士和博士后培养阶段，交叉培养体医融合的研究创新人才，体育大学可招收医学院校学生和毕业后的医生或护士，医学院校也可从体育院校毕业生中招收研究生。第三，打通医学院校与体育院校的"任督二脉"，建立体医融合研究创新团队，打造体医融合研究创新平台。第四，形成促进体医融合的政策体系，例如，目前医保尚缺乏对心肺运动康复过程中落实运动处方、指导患者二期康复6个月内36次运动实操的付费机制，建议尽快解决。对在心肺（肾）预防康复中心负责运动处方的专业人员，尽快建立培训考核、认证体系及激励政策。老年人的医养结合，无论医和养都离不开运动，如何在养老机构中设立称职合格的老年运动指导师，建议民政部门、国家卫生健康委员会、国家体育总局之间加强多部门联动，尽快打通政策壁垒。第五，心肺（肾）预防康复新的发展趋势是预防康复走基层、运动处方进家庭。如何落实广大人民群众在基层和居家的预防康复，也迫切需要探索相关的支撑政策，尤其是医保付费政策的保障；建议医保着力探索如何向预防康复倾斜，支持体医融合落地。充分发挥和放大运动是低成本、高成效良药的优势。

(八) 弱势补偿政策

参与体育运动，享受健康快乐是每个公民的基本权利之一。但实际上，我国体育人口总量的提升依赖于运动缺乏人群的改善，如果进一步分析，运动缺乏人群又通常包括残疾人、农村留守人群等弱势群体。据第2次全国残疾人抽样调查推算，在2010年末我国残疾人总人数就达到了8500多万人，包括老年人、留守妇女与儿童在内的农村留守群体总人数已经超过1.5亿人。这些人群由于生活和工作压力，以及居住环境落后，往往忽略了体育健身，成为运动不足群体的重要组成部分。党的十九大报告提出，"必须始终把人民利益摆在至高无上的地位，让改革发展成果更多更公平惠及全体人民，朝着实现全体人民共同富裕不断迈进。"全民健身的成果理应惠及全体人民，需要对弱势群体的体育参与实现由关注到行动的转变，制定与启动运动缺乏人群的应对政策，建立运动缺乏人群运动参与援助机制，广泛宣传体育健身的益处，依托体育社团等草根性、民间性组织排查这些群体的状况，有针对性地送体育"上门""下乡"，从实质层面实现全民健身对群体的全覆盖。通过制定"落后地区居民运动健康支持计划""弱势群体运动健康行动计划"等政策，从制度层面为偏远地区或欠发达地区居民，以及残疾人、老年人、留守儿童等弱势群体提供人文关怀与扶持帮助，以实际行动维护运动健康权利的公平性，真正建成覆盖全人群的运动健康公共服务体系。

三、政策主体

政策主体是政策体系的核心要素，政策的研制与出台，政策的扩散与执行等都与各类主体密切相关，影响着政策的质量及在实践中的运行。总体来看，政策制定主体、政策实施主体及政策目标群体三大政策主体推动并影响着全民健身与全民健康深度融合政策体系的整体进程。

（一）政策制定主体

要形成复合型的政策制定主体，发挥政府部门的组织协调功能，建立广泛的社会参与机制，确保政策利益相关者与政府部门共同参与政策制定过程。鉴于全民健身与全民健康深度融合政策体系存在多重目标，又涉及多个部门领域，需要构建一个国家级的统筹主管部门。短期来看，借鉴中国足球改革领导小组的模式，成立中国全民健身与全民健康深度融合领导小组，以国家体育总局、国家卫生健康委员会、国家发展和改革委员会、财政部、人力资源和社会保障部等部门为主组织协调研制各类政策，通过邀请各利益相关主体参加讨论，以及广泛征集多领域、多方面的意见所形成的主流民意为逻辑起点，组织相关部门、运动健康研究专家、运动健康专业智库机构以及社会公众代表共同参与并形成政策决策，强化政策制定的合法性、合理性、科学性，最终形成人民满意、目标明确、内容科学的全民健身与全民健康深度融合的政策体系。

(二) 政策实施主体

1. 政府作为全民健身与全民健康深度融合政策实施主体的合理性与合法性

从理论上讲，全民健身政策执行以政府为主体具有一定的合理性与合法性。我们知道，公共性是政府的根本属性和价值取向。实现公共性既是政府的政治任务，也是政府的道德责任。现代社会和国家的公共机构和公共组织是个体发展自己的公共人格，提升个体的生命存在品质，获得自己的公共权利的一个具有自我决定性的自由制度，是一种具有自身目的性的存在，而不仅仅是工具性的存在[1]。国家和政府的公共性产生于国家作为重要的公共组织对公共利益的追求和维护，而政府存在的目的与合理性就在于合理使用公共权力，维护和保障公共利益。当然，公共利益的存在并非一种虚无，它的存在之地便是各种公共领域，如教育领域、社会保障领域、公共卫生领域等，因而公共领域也就是政府追求公共利益的地方。众所周知，全民健身事业具有公益性的属性，是公共领域的主要存在形式之一，这取决于全民健身事业所具有的非营利性、服务公众性、公平性及公开性，如《全民健身条例》在第一章总则的第一条明确规定："为了促进全民健身活动的开展，保障公民在全民健身活动中的合法权益，提高公民身体素质，制定本条例。"从这些文本规定中我们可以明显看出，全民健身政策的制定目的是保障人们的体育健身权利，提高公民的身体素质，维护体育方面的公共利益。因而全民健身事业的发展同教育事业、公共卫生事业一样也是社会公共利益的实现过程之一，政府在维护和保障群众体育这一公共利益的实现过程中具有义不容辞的责任，这便是全民健身政策执行以政府为主体的合理性所在。

按照查尔斯·琼斯的研究，"法定的权利主体，通过法定的程序制定和执行政策是公共政策执行合法性来源之一。我们可以此作为判断全民健身政策执行政府主体的合法性。在我国，1982年《宪法》第一章总纲第二十一条第二款规定："国家发展体育事业，开展群众性的体育活动，增强人民体质。"《宪法》作为根本大法，其规定显然已将政府作为发展群众体育事业的主体，而全民健身政策的

---

[1] 邹海贵. 社会救助制度政府责任的正当性及其限度——基于伦理学视域的分析 [J]. 吉首大学学报（社会科学版），2011（1）：43-47.

第六章 体系构建：我国全民健身与全民健康深度融合的政策框架设计

执行亦是群众体育事业的组成部分，自然也应该以政府为主体。而体育领域相关法律如1995年《中华人民共和国体育法》第一章总则第二条指出："国家发展体育事业，开展群众性的体育活动，提高全民族身体素质。体育工作坚持以开展全民健身活动为基础，实行普及与提高相结合，促进各类体育协调发展。"其实这是对《宪法》规定的具体阐释，具有与根本大法相同的政府作为全民健身政策执行主体的指向。因此，全民健身政策执行以政府为主体又具有合法性。在我国，国家体育总局是国务院主管体育工作的直属机构，该机构的群众体育司是推动我国全民健身事业发展的直接部门，负责具体落实国家相关方针规划和政策等（表6-2）。

表6-2 国家体育总局群众体育司机构设置及其主要职责

序号	机构	职责
1	群众体育司	拟订群众体育工作的有关方针规划和政策；推行全民健身计划；推动建立和完善全民健身服务体系，指导群众体育组织建设、健身场地设施建设，指导协调开展群众性体育活动；指导协调全国体育大会的组织工作，协助有关部门举办全国性群众体育运动会；指导和推动各类人群的全民健身工作，协调推动全民健身志愿服务工作；指导和推动农村体育、城市体育及其他社会体育的发展；负责推行社会体育指导员和国民体质监测制度，指导国家体育锻炼标准实施工作；组织开展全国群众体育奖励表彰工作；负责拟订总局本级彩票公益金用于实施全民健身计划部分的规划和使用计划；承办总局交办的其他事项
2	综合处	1. 拟定群众体育综合性发展规划和法规政策，开展群众体育政策法规督导检查； 2. 负责组织全国性群众体育工作综合性会议，拟定全国群众体育工作表彰奖励制度并组织实施； 3. 指导开展国民体质监测、全民健身活动状况调查，做好群众体育基础数据统计工作； 4. 指导协调全民健身科学研究和理论研究工作，拟定群众体育骨干培训规划并组织实施； 5. 承担司内文秘及综合协调等工作，负责领导批示和重点工作任务的督办落实； 6. 承办司领导交办的其他工作
3	组织建设处	1. 协调中央部委建立全民健身工作机制，落实《全民健身计划》部委职责分工； 2. 研究制定群众体育组织法规制度和发展规划，指导基层群众体育组织发展； 3. 拟定社会体育指导员工作制度的有关政策、规划； 4. 建立全民健身志愿服务长效化机制； 5. 指导协调农民、职工、妇女、军队、少数民族、老年人、残疾人和行业体育工作； 6. 承办司领导交办的其他工作

续表

序号	机构	职责
4	健身设施处	1. 拟定全民健身场地设施建设规划和标准； 2. 协调落实国家相关规划中公共体育场地设施建设任务； 3. 指导和推动中央转移支付地方彩票公益金资助建设全民健身场地设施项目实施工作； 4. 指导各级地方体育部门、调动社会力量建设全民健身场地设施； 5. 指导全民健身场地设施运营管理工作； 6. 承办司领导交办的其他工作
5	活动指导处	1. 协调总局系统建立全民健身工作机制，落实《全民健身计划》总局系统职责分工； 2. 指导协调开展全国性、示范性群众体育活动； 3. 指导体育总局各运动项目管理中心、有关直属单位及全国性单项运动协会组织开展全民健身活动和竞赛； 4. 指导《国家体育锻炼标准》实施工作； 5. 指导协调社会力量参与开展全民健身活动； 6. 承办司领导交办的其他工作

资料来源：国家体育总局官方网站 https://www.sport.gov.cn/qts/ 整理获得。

2. 健康中国建设背景下政策执行多元主体的打造

全民健身上升为国家战略以及健康中国的建设，意味着全民健身与全民健康已经从以往体育系统、医疗卫生系统独立开展转向跨界整合与互动融合，同时意味着两大战略的领导机制从部门推动转向各级政府的整体推动。要打造跨界、跨部门的政府主导及社会参与的政策实施协同网络，需要各级地方政府予以主导推动，体育与卫生健康关键部门牵头，通过制定配套政策、建立统筹领导机构、调控相关部门关系、提供各类政策资源、建立监督评估机制等措施构建全民健身与全民健康深度融合的政策体系；需要社会力量与市场因素予以有力补充，只靠地方政府还不能充分满足社会公众多样化、个性化的健身与健康需求，要通过购买运动健康公共服务等多种方式充分释放社会和市场力量，特别是在场地设施建设、运动健康活动开展、科学健身指导等方面，充分发挥社会体育组织、健康促进团体、运动健康企事业单位以及公民个体的作用，形成政府与社会协同配合的政策实施主体，共同推动全民健身与全民健康深度融合政策体系的有效落实。

（三）政策目标群体

从本质来看，全民健身与全民健康深度融合的政策带有强烈的普惠性，任何中国公民不分民族、性别、地位、年龄都是政策的目标群体。提升公民的体育权利意识是实现公民参与全民健身与全民健康深度融合政策制定与执行的重要步骤。地方政府需要利用多种媒介手段进行积极引导，大力宣传国家保障公民体育权利的各项政策文件，在社会中形成全民健身人人参与的良好氛围；同时公民个体也要自觉提升体育权利意识，主动学习国家的全民健身政策制度，了解政策目标与内容，并积极参与政策执行过程，这样更有助于保障自身体育权利的实现。美国政策学者史密斯在其《政策执行过程》中提出目标群体是影响政策执行过程的重要因素，同时提出目标群体的组织化程度及先前的政策经验都会对政策的认同程度产生影响。"体育政策的制定需要不断和目标群体进行沟通，要代表各层人群的体育利益诉求，使目标群体最终能够对政策满意，对当权者认可。"要通过媒体宣传、标语宣传、讲座培训等方式增强社会公众的运动健康意识及利益表达意识，建立顺畅的利益表达机制，社会公众能够在政策决策时充分表达运动健康需求及政策意见，有利于构建更加科学、合理的政策体系。

全民健身政策的最终目标是要实现公共体育利益，满足人们不断增加的体育健身需求，因而需要作为政策目标群体的社会公民参与全民健身与全民健康政策过程，表达体育利益诉求，并与政策执行主体达成共识，有利于政策体系的顺利执行。更为重要的是，要健全目标群体参与全民健身政策执行的多种渠道，一方面需要政策主体公开政策过程，通过多种媒介及时发布全民健身政策执行的各种信息，让社会公民公平地享有政策执行的知情权；另一方面可以通过电话热线、网络留言、信访接待等方式，为社会公民参与全民健身政策执行提供多种平台。此外，社会公民作为理性自利人，他们会衡量参与全民健身政策执行所消耗的精力、时间、金钱等，所以应降低社会公民参与全民健身政策执行的成本，消除公民参与政策执行的顾虑。

四、政策工具

政策工具是政策主体为实现政策目标、解决政策问题而采取的各种方式。霍莱特和拉米什从公共政策的角度出发，认为"政策工具应该是政府为实现其公共政策目标而使用的多种技术形式，它是反映政策过程中政策是否及如何被执行，政策形成过程中如何对待政策议题，以及决策者要达到自己的目标需要付出多大程度努力的办法"。关于政策工具的分类，学术界一直没有统一的范式，艾尔莫以政府基本干预策略的四个政策作为分类标准，将政策工具分为授权、诱导、能力建设和系统改变四类。施耐德和英格拉姆在修正以往的政策工具分类的基础上，提出了政策工具的五种类型：权威型工具、激励型工具、能力型工具、象征型工具和学习型工具。然而，也有研究者对政策工具的分类提出了批评意见，认为这些简单的分类过于宽泛以至于各类工具内容的差异并不比各类工具之间的差异小，同时这些分类主要是以演绎的方式来处理政策工具分类，缺乏坚实的实证基础来证明分类的合理性[1]。此后，关于政策工具分类的争论此起彼伏，直到2002年在加拿大举行的"全球民主政府下的工具选择"会议，学者们对政策工具的争论做出了相对一致的回应，认为"特定的政策工具选择受到来自国内和国际两个维度诸如政治、经济、社会、法律、规划和伦理等因素的影响；政策工具的选择不只是考虑成本、有效性和经济效果，政策过程中的治理要素也要优先考虑；政策工具选择的争论应从单一工具选择转向政策工具组合的搭配"[2]。可以看出，政策工具的选择务必要结合国内发展实际和具体发展语境。

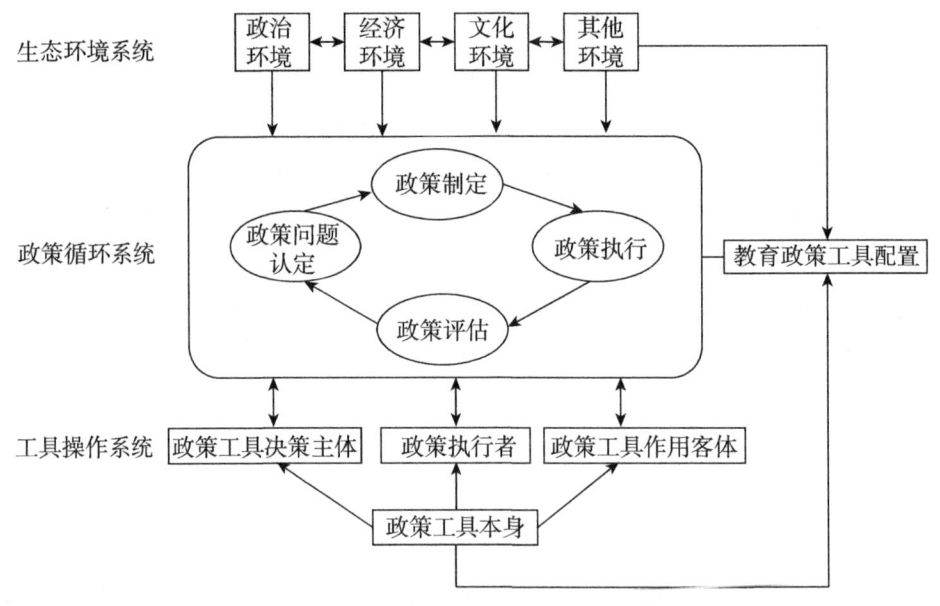

图 6-2　教育政策工具配置的系统分析模型[3]

---

[1] 朱亚鹏. 公共政策过程研究：理论与实践 [M]. 中央编译出版社，2013.
[2] F. Pearl Eliadis, Margaret Hill, Michael Howlett. Designing Government：From Instruments to Governance [M]. Cnanda：McGill-Queen's Press，2005.
[3] 胡耀宗，马立超. 基于系统分析的教育政策工具配置模型构建 [J]. 现代教育管理，2021（2）：48-54.

本研究立足艾尔莫施耐德和英格拉姆关于政策工具的分类方式，结合我国政治、经济和社会发展环境，特别是针对全民健身与全民健康深度融合政策的特性，提炼出政治权威型、多元激励型、能力建设型、系统变革型和舆论动员型五种主要推动全民健身与全民健康深度融合的政策工具类型。下面主要运用以上五种政策工具来分析推动全民健身与全民健康深度融合的政策工具策略。

（一）政治权威型工具

作为权威性政策工具，法律法规有助于提升全民健身与全民健康深度融合的法律地位，保障政策体系的权威性与稳定性。目前我国与全民健身相关的法律法规主要有《体育法》《公共文化体育设施条例》《全民健身条例》等，其中一些内容规定不再适应新时代全民健身工作格局发生重大变化的背景，难以实现对全民健身与全民健康深度融合的实质性规范和约束。因此，要结合健康中国背景下全民健身的发展实际，修订与完善《体育法》《公共文化体育设施条例》《全民健身条例》，增加全民健身与全民健康深度融合的内容规定，还要研制专门性法规、规章与规定，制定与颁布诸如全民健身与全民健康深度融合发展的条例、办法、章程，各地方政府部门要出台相关配套的法规条例，以此保障全体公民的运动健康权利，明确不同主体的责任与义务，强化体育与卫生健康等政府部门职能的协同整合，推动全民健身与全民健康的深度融合。

（二）多元激励型工具

激励工具是凭借正向或负向的反馈引导政策目标对象和执行者采取政策制定者所期望行动的政策工具，表现形式有奖励、授权、处罚等。由于全民健身与全民健康的公共性特质，政府通过行政方式统筹推进全民健身与全民健康的深度融合，是健康中国战略的时代需求，是保障我国公民健康权利的内在要求[1]。需要结合激励的维度和类型（表6-3）。通过自上而下的组织领导、宣传动员、编制配备、部门整合、标准制定、规划建设、人员培训、监督检查、考核评估等形式的政策工具，将全民健身与全民健康深度融合工作纳入当地国民经济和社会发展规划，建立组织领导与协调机制，细化年度工作任务，及时进行监督检查，开

---

[1] 卢文云，陈佩杰. 全民健身与全民健康深度融合的内涵、路径与体制机制研究[J]. 体育科学，2018，38（5）：25-39，55.

展过程与效果评估,还要下放管理权限,进一步盘活市场资源,充分发挥社会力量,构建政府主导、部门协同、全社会共同参与的运动健康公共服务体系。

表6-3 激励类型

序号	维度	类型	含义
1	内容	物质激励	物质激励旨在让激励对象在物质上得到满足,并以此来调动受激励者的积极性、主动性和创造性
		精神激励	精神激励则是通过精神方面的无形激励来调动激励对象的积极性、主动性和创造性
2	性质	正激励	正激励旨在对激励对象的肯定、承认、赞扬、奖赏和信任
		负激励	负激励旨在对激励对象的否定、约束、冷落、批评和惩罚
3	形式	外部激励	外部激励主要用以满足被激励对象的物质生活需要,其作用虽然不可或缺,但也具有局限性
		内部激励	内部激励主要用以满足被激励对象更高层次的精神需要,其作用更加稳定持久

资料来源:戴志鹏.居家养老服务视角下的老年人体育运行机制研究[D].苏州:苏州大学,2015:100-101.

(三)能力建设型工具

能力建设工具着眼于长期投资,采取引导支持和信息提供等途径,提升个体或机构能力。全民健身与全民健康的深度融合需要政府提供各种内容的公共服务,离不开资金配套、物质奖励、资助援助等政策工具的有力推动。要进一步提升各级政府用于全民健身与全民健康的财政预算比例,打造覆盖全人群、全生命周期的运动健康公共服务体系,要通过物质奖励表彰先进,激励各级政府、全社会提升对运动促进健康的认识,并投身于全民健身与全民健康的深度融合过程。要通过重点资助与弱势援助的方式提升贫困地区居民、老弱病残等群体的运动健康素养,提供精准化的运动健康公共服务,达到运动预防疾病、运动促进健康的目的。

(四)系统变革型工具

系统变革型工具是以权力重新分配为基础的机制和制度,包括制度变革和资源重组。制度层面的改革是实现全民健身与全民健康的深度融合的关键。全民健身与全民健康的融合发展与体育、卫生、医疗、教育、文化、精神文明建设等多方面的机制建设相关。体育部门和卫生健康部门是推动全民健身与全民健康深度融合进程的重要政府部门,在传统的体制下,两个部门是平行关系。长期以来体育部门内部各种资源更多倾向于竞技体育,群众体育的发展相对薄弱;卫生医疗系统则更偏向治而不是预防,这样就导致两个部门形成了各自为政,契合度不高的局面。尽管近年来,"体医融合""全民健身与全民健康的深度融合"的提出使两者之间建立起一定的联系,但很难走向真正意义的融合,融合效果并不理想。加之两大系统长时间的分离发展,在运动促进健康的信息资源共享上也没有形成较好的协同管理机制,在全民健身与全民健康融合发展的权责划分、利益分配等方面没有达成良好的合作共识,合作意识仍需加强,协同共享机制亟待健全。实际上,鉴于我国全民健身与全民健康等多系统、领域、部门的融合还在初步探索阶段,需要进一步打破政府部门壁垒,推动地方政府围绕体育功能转变实现部门体制机制的变革,真正实现全民健身与全民健康在制度层面的渗透、融合,同时要赋权赋能体育社会组织,高效发挥体育社会组织力量,与政府共同推动全民健身与全民健康的融合发展。

(五)舆论动员型工具

舆论动员型工具通过鼓励、宣传、引导价值观、建立信念等形式传达政府期望。由于当前的医疗手段只能控制慢性病的发展、减少并发症,这些疾病还难以实现完全治愈,积极参与体育锻炼,改善生活方式,建立层级预防、规范管理模式,已经被公认为是最经济有效的手段。构建更高水平的全民健身公共服务体系,提升人民群众参与全民健身的积极性,满足人民日益增长的运动健身需求,是实现从以治病为中心向以人民健康为中心转变、从医疗健康干预向非医疗健康干预转变的重要手段。因此,需要充分利用舆论动员型政策工具,出台专门或相关的舆论动员型政策工具,宣传国家运动促进健康发展的理念,宣传国家层面的各种全民健身与全民健康政策,引导人民树立科学的健身观与健康观,动员人民积极参与全民健身与健康活动。

五、政策测评

本研究所指的政策测评是对政策的监测与评估,是测评主体依据一定的标准和程序,对政策的进展、效果及公众满意度等进行监测与评估的内容设计,是指导具体测评实践的文本规定。美国、英国等发达国家都非常重视对体育政策目标与内容的测评，都把政策测评作为政策的主要部分，通常以图表形式在具体政策中明确政策的测评指标和测评主体。政策测评应成为全民健身与全民健康深度融合政策体系的重要组成部分，并在具体政策中从测评标准、测评主体及测评方法等方面予以明确规定，构建易监督、可测量、能反馈的政策体系（图6-3）。

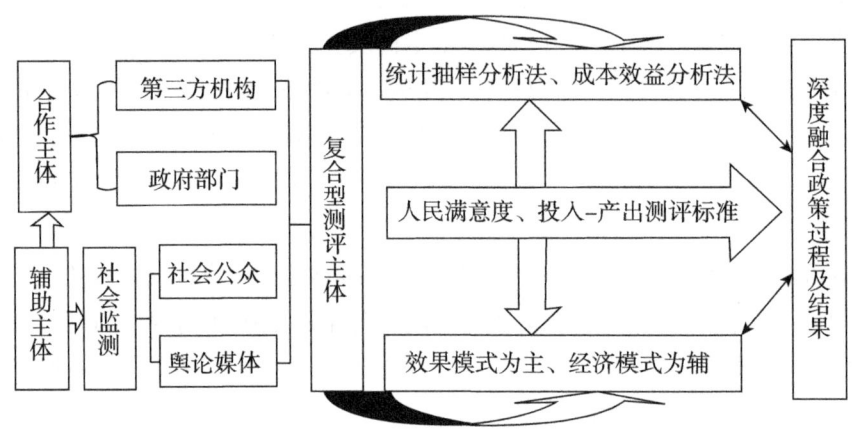

图6-3 全民健身与全民健康深度融合的政策测评[1]

（一）测评主体

要形成政府部门与专家机构合作、舆论媒体和社会公众参与的复合型测评主体。第一，要强化政府部门与专业机构等第三方的合作关系，政府部门要坚持开展小规模的自评，重点是与体育专业高等院校、运动健康智库研究机构等第三方合作，开展阶段性、周期性的大规模评估，要赋权赋能于第三方，对全民健身与全民健康深度融合政策实施专业性、真实性、开放性的有效评估。第二，要强化社会公众和舆论媒体的社会监测功能，及时在政府网站、报纸杂志等公开政策进展情况，接受社会公众和媒体的监测，有利于规避政策过程中的权力腐败问题，促进全民健身与全民健康深度融合政策在地方顺利实施。

（二）测评方法

对于人民满意度的测评可采用统计抽样的测评方法，分析所调查地区的人民

---

[1] 范国睿，孙翠香. 教育政策执行监测与评估体系的构建[J]. 教育发展研究，2012, 32 (5): 54-60.

群众健身与健康需求,发现存在的导致人民不满意的问题,进而采取措施予以改善;而对于投入-产出的效益测评可采用成本效益分析法,通过量化分析提高政策测评结果的专业性、准确性与权威性。

小　结

本章立足政策体系理论,结合新时代全民健身与全民健康发展背景,分析了全民健身与全民健康深度融合政策体系的内涵、价值、理念及框架。从内涵来看,全民健身与全民健康深度融合的政策体系就是推动两大系统走向深度融合的政策元素按照一定逻辑关系形成的有机整体,这些政策元素既可以包括具体的法律、法规、纲要、计划、方案、通知等,又可以包括政策目标、政策内容、政策工具、政策测评、政策保障等多种要素。在不同的语境环境中,政策体系的界定可以有不一样的内涵。全民健身与全民健康深度融合的政策体系在"三个有利于"方面发挥着重要作用:有利于落实习近平关于全民健身与全民健康的重要讲话精神;有利于推动健康中国和全民健身两大国家战略的有效对接;有利于保障全民健身与全民健康深度融合工作的统筹推进。全民健身与全民健康深度融合政策体系的"五大理念"为:体现以人民为中心的政策导向、突出解决实践问题的政策宗旨、确保政策的合法性与权威性、强化政策的整合性与协同性、重视政策量化标准与异体评估。全民健身与全民健康深度融合政策体系设计的原则为协同性原则、可行性原则、兼容性原则和适应性原则。最后从政策目标、政策内容、政策主体、政策工具及政策测评等五个方面构建了全民健身与全民健康深度融合的政策体系框架,并详细阐释了每个方面的具体内容。

第七章 保障路径：我国全民健身与全民健康深度融合政策体系的效能实现

制度是规范，治理是行为，制度优势不可能直接转化为治理效能。尽管构建了全民健身与全民健康深度融合的政策体系，但这些政策不可能孤立地转化成治理效能，仍然需要借助宣传解释、主体协同、执行评估等具体路径，方能实现向治理效能的过渡与转化，如此，全民健身与全民健康深度融合政策体系的目标才可以顺利实现。

第一节 强化对政策体系的认同

一、维护公共利益，提高管理部门的公共服务意识

公共政策是对全社会的价值做出有权威的分配，一项政策的实质在于通过该项政策不让一部分人享有某些东西而允许另一部分人占有它们[1]。政策既是一定利益的确认形式，也是利益的调整工具和分配方案，政策所体现的意志的背后乃是各种利益，而且人们从事政策执行活动的动力也是由利益驱动的[2]。全民健身政策所表达与确认的正是社会公众的公共利益，而公共利益也是全民健身政策的核心价值取向。可以说，无论是《全民健身计划纲要》的颁布，还是《体育法》《全民健身条例》的颁布，抑或是农民体育健身工程、《全民健身计划（2021—2025年）》，每一项政策都是对社会公共利益的维持与保障，都是服务

---

[1] 李北群. 论教育政策的利益分析：必要性、框架及应用 [J]. 江苏社会科学, 2008 (6)：210-214.
[2] 丁煌. 利益分析：研究政策执行问题的基本方法论原则 [J]. 广东行政学院学报, 2004 (3)：27-30.

于社会公众体育权益的获取，服务于人民体育健身问题的有利解决。美国政治学家麦迪逊曾指出，"如果人都是天使，就不需要任何政府了。如果是天使统治人，就不需要对政府有任何外来的或内在的控制了"[1]。作为具有组织或个体利益的体育行政组织或人员，他们的意识决定了自身的行为。尽管我们不能否认政府官员都具有自己的合理利益诉求，然而在整体上，政府是作为人民（委托人）的权力的"代理人"，必须认真履行自己作为"代理人"的职责，也就是要服务于社会大众，踏实地执行反映公众意志的全民健身政策。

第一，地方政府需要树立公共精神，本着"公开、公平、公正、公心"的原则执行各类全民健身与全民健康政策。①必须要转变官本位思想，树立人民本位观念。"官本位"是政府执政根深蒂固的思想观念，这种观念直接导致地方政府官员只对上级政府官员负责，而不对人民负责。在有些地方官员看来，"上级政府官员的事情是大事，人民群众的事情是小事"，最终结果就是失去了民心、违背了民意，进而导致政策很难在实践中落实，政府政策执行力大打折扣。因此，需要加强人民本位思想宣传和教育，强化落实"以人民为中心"的治国理政理念，实际上这对地方政府执行全民健身政策也适用。②必须严格按照政策目标要求实施全民健身与全民健康政策内容，及时公开政策执行的过程，特别是对社会公众比较关注的政策问题应及时反馈；公平公正地将政策益处辐射到各类目标群体中，针对特殊困难人群要格外关注，最大限度地实现全民健身与全民健康政策所承载的公共利益，通过政策实施让最需要、最广泛的政策目标群体享受体育权利。

第二，地方政府要具备服务意识，并将意识充分落实到行动中。地方政府作为中央政府的延伸机构，为人民服务是其应有的职责。①需要地方政府广泛调研，了解民意，获得政策目标群体真实的健身与健康需求，结合上级政策目标形成具有地域特点的具体政策执行方案，真正解决社会公众最迫切的体育需要。②地方政府要及时、有效地回应公民的健身与健康诉求。随着时代的进步，人们的体育需求也发生了变化，政府工作人员要学会转变思维，主动对接群众现实需求，及时回复公民反映的各类体育政策问题，并能妥善处理，真真切切尊重人民的体育权利，服务人民需求，维护公共体育利益。

---

[1] 亓俊国. 利益博弈：对我国职业教育政策执行的研究[D]. 天津：天津大学，2010.

二、形成政策共识，加强对政策体系的宣传与解释

随着我国经济社会的快速发展，人们的体育权利意识日益提升。但由于全民健身发展地位还不能与教育、卫生等相提并论，社会关注度还不够高，加上信息不对称等因素的影响，与其他政策相比，人们对全民健身政策的接触、理解和认同程度均存在一定的"短板"，亟须强化对全民健身政策体系的宣传和解释。

第一，加大对全民健身与全民健康深度融合政策体系的宣传力度。要对《体育法》《全民健身条例》《中华人民共和国基本医疗卫生与健康促进法》《"健康中国2030"规划纲要》《体育强国建设纲要》《全民健身计划（2021—2025年）》等重要政策进行宣传。政策宣传要面向全社会、全行业、全人群，要让越来越多的政策利益相关者了解全民健身各类政策，知晓全民健身政策的主要目标和内容。政策的宣传要通过建立和完善宣传口号、视觉包装等形象标识系统，借助多种媒介的综合利用，如电视广播、报纸杂志、网络自媒体、航班高铁、公交地铁、社区宣传栏等媒介，大力宣传各种类型的全民健身政策及其重要价值功能，引导人们形成主动健身和科学健身的理念[1]。

案例5

让健康理念深入人心[2]

在上海杨浦区的一场控烟活动中，社区（运动）健康师向烟民赠送了一张"健身气功养肺方"，指导烟民通过体育运动进行肺部康复训练，有效缓解了因长期吸烟引发的肺部疾病。体医融合，推动健康关口前移，让健康医保理念深入人心，2022年的社区（运动）健康师试点项目，被列入杨浦区政府实事项目。2022年有230名慢病居民和职业人群获得了社区（运动）健康师的服务，6个街道、8个试点，包含慢性阻塞性肺疾病、高血压、帕金森症人群的健康干预，为广大市民带来了体医融合的服务体验。

全国政协委员、国家体育总局运动医学研究所所长谢敏豪表示，体育运动在

---

[1] 薛欣，徐福振，郭建军. 我国体医融合推行现状及政策问题确认研究［J］. 体育学研究，2021（1）：20-28.
[2] 刘昕彤. 多方参与共结体医融合之花［N］. 中国体育报，2022-03-21（5）.

第七章　保障路径：我国全民健身与全民健康深度融合政策体系的效能实现

提高人民身体素质和健康水平、促进人的全面发展等方面有着不可替代的作用。因此，要达到体育运动促进健康的目的，必须要与医学深度融合，加强对群众健身的科学指导。要充分发挥社区的作用，为社区居民配套建设集运动、营养、心理、文化等服务为一体的社区健康促进中心，提供触手可及的健身服务设施和知识。还要完善相关规划标准、建设指南、资源配置、资金筹措及管理规范等配套保障工作，促进政府、社会、个人共同行动。

第二，强化对全民健身与全民健康深度融合政策体系的解释。全民健身与全民健康深度融合政策的解释为向政策对象和社会做出说明，并传播全民健身政策的合法性、合理性及效益性等方面的信息[1]。由于人们的认知水平不尽相同，即便是作为政策执行主体的一些地方政府部门，也存在对全民健身政策认同度不高的情况，因而对全民健身与全民健康深度融合政策体系的解释更显得必要且迫切。需要针对政策执行主体、政策目标群体开展专门的政策发布会、政策宣讲会，围绕国家发布的各类重要政策进行政策目标、政策内容、政策实施及政策监督评估等方面的宣讲、解释，更好地帮助人们理解和认同各类政策。需要构建多类型、常态化、稳定性的政策反馈机制，对人们提出的各种疑难问题、利益表达、意见建议等做出及时的反馈、回应和解释，最终提升人们对全民健身理念的科学认知，形成对全民健身和健康事业的内在关注和支持，并积极投身于全民健身活动中。

第二节　促进政策主体的多元协同

一、优化全民健身与全民健康深度融合的体制机制

由于全民健身涉及的领域、部门较多，而不同的部门其管理和运行模式不尽相同，因此需要构建主体协同、权责分明的全民健身体制机制。

第一，推进全民健身与全民健康深度融合的体制改革。尽管《"健康中国2030"规划纲要》明确提出要将健康政策融入各类政策中，但政府还需要实现从政策性转移向体制性转移的转变，促进处于"弱势"的体育资源与"强势"的医疗、教育、旅游等资源的对称性补偿。要建立和完善纵向维度从中央到地方、

---

[1] 刘红建. 群众体育政策执行阻滞问题及其治理研究［M］. 北京：人民体育出版社，2020.

横向维度多部门组成的全民健身与全民健康深度融合领导机构，形成常态化的领导决策机制，并将全民健身领导机构设置及运行纳入政府公共服务治理考核指标中，改变一些地方全民健身领导机构"形神分离"的现状，真正实现全民健身与全民健康深度融合工作开展的部门协同、人员协作和资源共享。要紧跟国家战略发展需要和人民健康需求，推动全民健身政府部门的改革。适时推动地方政府全民健身与卫生健康、教育、文化、旅游、园林等部门的一体化发展，加快政府相关职能部门、处室的合并化进程，这样有利于打破不同职能部门的行政壁垒，减少部门之间的信息不对称，有利于不同部门各种资源的有效整合，对推动全民健身与全民健康深度融合政策体系的效能转化有着重要意义。

第二，优化全民健身与全民健康深度融合工作的运行机制。高效、有序、科学的运行机制是全民健身与全民健康深度融合体制功能发挥的必要补充。要优化全民健身与全民健康深度融合的决策机制，建立政府部门、专家学者、社会公众共同参与的政策决策机制，增强全民健身工作开展的合理性、合法性。要优化全民健身与全民健康深度融合的责任机制，明确全民健身开展过程中各部门的责任清单、任务清单，做到落实到位、责任到人。要优化全民健身开展过程中的沟通机制，通过召开会议、组建工作群、开展交流研讨，加强全民健身各部门之间的合作，要优化全民健身工作开展的监督考评机制，遴选第三方作为监督考核主体，构建科学、合理的考核指标，及时对各部门全民健身工作的开展情况进行监督考核，并根据考核结果进行表彰奖励和约谈惩戒。只有以制度化的方式对全民健身与全民健康深度融合参与部门形成一定的规范与约束，体育与其他部门才能走向实质性、深层次的协同，全民健身与全民健康深度融合政策体系优势才能更好地向治理效能转化。

二、积极赋能社会，打造融合发展治理共同体

充分而均衡的全民健身服务是满足人民美好生活需要的重要组成部分。发达国家体医融合的实践经验表明，多元主体共同参与是推进体医融合过程中必不可少的环节，美国、芬兰、新加坡等国家在体医融合推进历程中都建立了跨部门的多元治理框架。从全民健身的发展实践来看，由于我国人口众多，地区差异较大，仅仅依靠体育部门和政府的力量是很难为全民健身提供充分服务的，因而需要借助社会力量、市场因素等多元化的治理共同体，提供更多、层次更高的全民健身服务。

第一，强化全民健身与全民健康深度融合"多元共治"的理念。理念是主体行为的内在决定因素，往往起着主导作用。要积极宣传全民健身与全民健康深度融合多元治理的价值、功效，打破以往治理过程中政府"一元独治"的局面，构建全民健身与全民健康深度融合的"多元共治"治理共同体。治理共同体是基于平等协商、多元参与、协同合作形成的，是持续互动的良性系统。美国是全世界最早进行体医融合探索的国家，经过近30年的实践，形成了行政部门、研究机构、社会组织等多元主体共同参与的格局，其中行政部门作为主导力量，负责制定实施宏观政策，研究机构和社会组织是辅助力量，负责健康宣传和制定专业化的指导方案，联动相关资源，共同推进体医融合项目执行（图7-1）。当前我国要加快转变政府职能，鼓励引导企事业单位、社会组织、个人参与全民健身与全民健康深度融合，制定社会力量参与全民健身场馆运营、群众体育赛事筹办、体育健身指导等领域准入、激励机制，从制度上保障社会力量参与到全民健身过程中。

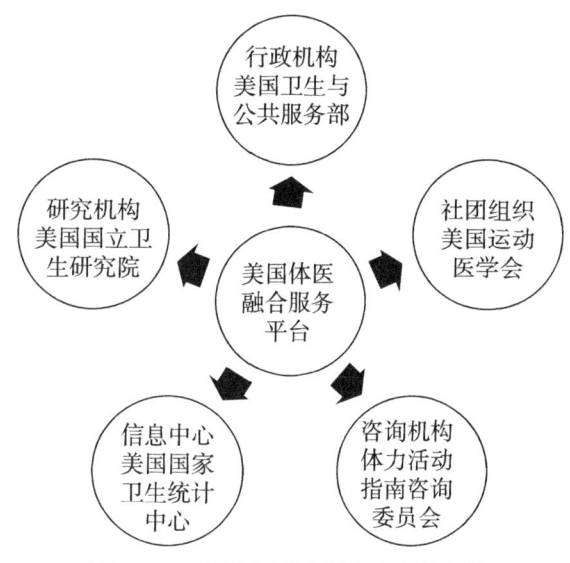

图7-1 美国体医融合服务治理共同体

第二，厘清全民健身与全民健康深度融合治理共同体的职责边界。十九大报告指出，"政府机构和行政体制改革归根结底是要转变政府职能，深化简政放权，创新监管方式，增强政府公信力和执行力，建设人民满意的服务型政府"。要重新划分政府、市场及社会力量的职责权限，明确政府在全民健身与全民健康深度融合过程中的主要职能在于政策制定、过程管理和监督评估，同时要通过委托、授权、购买等方式转移全民健身服务的相关内容；市场和社会组织等社会力量的主要任务在于积极承接政府购买的各种服务，同时需要在全民健身与全民健康深度融合过程中发挥引导、带头和组织作用，为社会公众提供差异性、多样性的全民健身与全民健康服务。

第三，提升社会力量参与全民健身与全民健康深度融合的治理能力。有研究显示，体育社会组织对于承接政府部门职能转移的能力较差，90%以上的体育社会组织不具备承接政府购买服务的资格和能力。需要通过组织培训、能力提升、专题辅导等方式培育各级各类体育社会组织，构建全民健身参与网络，为行动者提供更为可靠、可行与成熟的渠道，实现信息的有效沟通，提升治理效率和治理能力，夯实全民健身与全民健康深度融合的组织基础。

第三节 优化政策体系的运行过程

一、强化执行，推进全民健身政策由文本转向实践

制度实施过程中存在着应然逻辑与实然逻辑的差别，制度制定者认为制度实施后应该具有的效果与实际产生的效果不一致，比如制度之间的抵牾、制度的空转、制度的扭曲等，这就需要设计者针对这种差别建立健全制度效果的反馈机制，以实现制度自身的不断调适与优化[1]。执行力是政府工作的生命力。执行力弱、政令不畅，有令难行，甚至有令不行，政策落实就可能出现"雷声大、雨点小"的状况，也会使政府的公信力受到损害[2]。制度的生命力在于执行，制度优势只有在执行中才能得到体现。

第一，配套完善的全民健身与全民健康深度融合政策。在全民健身与全民健康深度融合政策体系中，国家层面的政策是总政策和基本政策，更具引导、指导和规范价值，需要地方政府依据国家政策设计更加具体、更有针对性和可操作性的配套政策，明确地方全民健身与全民健康深度融合政策目标，完善政策内容，明晰各部门的政策任务，从而推进全民健身与全民健康深度融合政策由文本走向

---

[1] 李海青. 制度优势如何转化为治理效能——基于制度建设模式的思考 [J]. 理论探索，2020 (4)：44-49.
[2] 莫永波. 公共政策执行中的政府执行力问题研究 [M]. 北京：中国社会科学出版社，2007.

实践，最终实现政策所蕴含的公共体育利益。因此，地方政府在今后的政策执行过程中，一方面需要立足国家及各地方制定与颁布的各项全民健身与全民健康深度融合政策，制定更加符合地方实际情况的政策体系，政策内容规定尽可能辐射全民健身事业的多个方面，促进该地方全民健身和全民健康向着全面性与科学化方向发展。另一方面，需要灵活地安排全民健身与全民健康配套政策的内容规定，采取专家论证与地方公民需求表达相结合的方式来制定政策内容，使配套的全民健身与全民健康深度融合政策更具有针对性，能够最大限度地满足地方居民的真正体育需求，形成地方更为科学、合理的全民健身与全民健康深度融合配套政策体系。

第二，量化全民健身与全民健康深度融合政策指标。政策规划要取得好的成效，关键在于执行和落实，而执行和落实的着力点在于确立具体可操作性的量化考核标准。欧美大众体育发达国家政策实施的主要特征就是对政策目标的量化。在配套各类全民健身政策过程中，要强化对政策目标和内容的定量表述，针对主要指标和关键指标明确具体量化内容，明晰量化指标的实施路线图、责任表，这样有利于全民健身政策指标的考核、评估和反馈，同时也有助于实现社会公众对全民健身政策过程的监督反馈，提升全民健身政策执行的效果。实际上，我国地方政府制定的全民健身政策往往以文字定性描述为主，数字定量评估特征不够，这一定程度上降低了政策的可操作性，使政策很难在实践中得到有效执行。国家层面的全民健身与全民健康深度融合政策体系正逐步提出并完善，但由于这些政策的普适性特点突出，与各地方全民健身事业发展的实际存在一定差异，因而地方全民健身与全民健康深度融合政策需要结合实际继续配套相应政策。需要指出的是，这些政策制度的形成必须要建立在广泛调研的基础上，特别是要广泛征询地方城乡居民的体育健身与健康需求，然后结合专家意见形成最终的政策体系。唯有如此，政策的合法性与合理性才能增强，政策在实践过程中才会得到有效执行。

二、重视评估，构建基于人民满意度的政策评估体系

评估是人类实践中不可缺少的一种重要活动，人们可以通过建立评估指标体系理顺实践活动，同时也可以通过评估手段达到监督某种实践过程的目的。今后全民健身政策实施效果评估工作任重而道远。第一，需要优化全民健身政策实施评估体系，建立科学合理、操作性强的评估体系。基本公共服务治理效能发挥的

根本就在于满足群众公共需求，实现群众获得感与满意度的提升。全民健身政策实施效果评估体系要以人民满意度作为构建理念，将是否符合人民健身与健康需求、是否提升人民健身获得感纳入评估标准中。第二，需要以法规、规章的形式将评估工作固定下来，提升全民健身政策实施效果评估的权威性，对于具体的政策，需要在政策文本中明确评估的具体内容，如第三方评估主体如何选择、何时评估、用何方法等，使政策评估有法可依、有章可循。第三，需要建立由多个团队组成的第三方评估机构，尽可能大范围地对地方政策执行情况予以评估，建立地方对政策执行效果先行评估，国家再进行复核的评估机制。只有不断完善全民健身政策实施效果的测评体系，才能真实地反映实践，更好地反馈到政府决策部门，进行更加有效的调控。本研究之所以提出地方政府全民健身政策执行力的第三方评估，是因为"第三方"评估这种模式与传统的评估模式相比，具有一定的优势，这种模式在具体评估中具有独立性，能够有效克服传统的政策执行评估所带有的"同体评估"特征，避免政府既当"裁判员"，又当"运动员"，"自己人"评价"自己人"，因而导致政府公信力逐步丧失；这种模式同时因为评估成员大多具有专业背景，或来自高等院校等，因此又具有专业性特征，能够有效评价地方政府全民健身政策执行力的真实情况，诊断地方政府政策执行的问题所在，力图做到"精准把脉"，最终促进全民健身政策执行力的提升。正是因为第三方评估所具有的以上优势，这种模式逐渐成为世界发达国家，特别是体育发达国家在评估体育政策执行效果时所采取的主要模式。实际上，我国《全民健身计划（2011—2015年）》的评估已经采取了第三方评估的范式，委托第三方上海体育学院开展了独立性的评估，形成了专业性的评估结论。因此，第三方评估逐渐成为世界范围内体育政策评估的"范式选择"。

第四节 夯实政策体系的实施保障

一、建立健全运动促进健康服务组织与网络

建立健全运动促进健康服务组织与网络，第一，要加强地方体育总会建设，鼓励公民或团体注册成立体育社会组织，培育一批运动促进健康公益组织，支持社会力量采取特许经营、公建民营、民办公助等模式，开办非营利性、健康测定和运动康复等健身健康服务机构。第二，建立健全体医融合的健康服务网络，积极探索公益建设与商业经营等多元主体参与体医融合的运行模式，通过政府购买

服务在专业人才提供、检测设备配备等方面吸纳社会医疗机构、健康机构等社会力量参与体医融合工作。增加健康体检中的体育内容，将体质检测纳入各级医疗机构健康体检项目，建立健身与健康融合基础数据平台，着重建立不同人群的运动处方数据库、健康档案等，提供运动健身指导。

案例6

一体化干预　为健康保驾护航[1]

和凤中心卫生院作为溧水区体医融合运动促进健康项目的建设试点单位，在双牌石分院、中杨村卫生室分别建设成立了和凤运动促进健康站、和凤运动促进健康点。运动促进健康站配有全科医师2名、运动处方医师1名、康复医师1名、社会体育指导员1名、社区志愿者2名，设有慢病运动干预门诊、运动前筛查评价区、健康相关体适能测评区、运动健康服务区，可开展体质筛查、运动评估、运动处方、运动跟踪、效果评价等一整套健康运动干预措施。截至目前，医院运动促进健康站点累计注册386人，完成体质筛查460余人。推动体育与医疗融合发展，为百姓提供全过程的健康指导和保障，让更多的百姓动起来、更健康，成了"健康溧水"的重要任务。接下来，区卫健委将继续与区体育局等相关部门加强合作，深入贯彻"健康溧水"战略和新时代卫生健康工作方针，探索从"以治病为中心"向"以健康为中心"的转变，构建社区健康治理长效机制，让更多居民享受到家门口的健康服务。

二、强化体医融合专业人才的培养及培训力度

运动健康专业人才是实现全民健身与全民健康深度融合的关键。"加强体医融合"是提高全民身体素质的重要组成部分，体育与医疗融合是将全民健身融入健康中国的重要途径，构建融合新模式对于服务人的全面健康具有重要意义，因此要对"融合人才"进行不断挖掘和培养。首先，要加大运动健康专业人才在体育院校和医学院校的培养规模，由于在培养过程中医疗课程体系是体育院校薄

---

[1] 周晓. 南京溧水："体医融合"构建社区健康治理长效机制[EB/OL]. [2022-09-01]. https://www.njls.gov.cn/.

弱环节，而体育与健康课程体系是医学院校的薄弱环节，因此在课程设置过程中医学院校与体育院校携手制定集医学、康复、营养、体育、文化等课程于一体，以运动医学和康复学科为主体的"体医融合"学科、专业和课程体系，统一人才培养标准，设置相关专业，构建课程体系，培养复合型人才。在案例7中，中国科学院院士葛均波教授提出的优化我国运动医学学科体系，深化体医融合，具有一定的借鉴意义。其次，打破运动康复师和康复治疗师之间的行业壁垒。打开运动处方师的职业资格认证通道，提升运动处方师的行业认同程度，加大对现有体育人才和健康人才的培训力度，让更多的运动处方师参与全民健身与全民健康深度融合过程中。最后，针对社会体育指导员缺乏运动健康专业知识的现状，需要通过针对社会体育指导员开展非医疗健康干预专业培训、运动健康知识讲座培训等方式，加快培养一批跨领域的运动健康复合型专业人才，建设一批"懂健康、精专业、会治疗"的社会体育指导员队伍，从而保障全民健身与全民健康深度融合工作的有效开展[1]。

案例7

全国政协委员葛均波：
优化我国运动医学学科体系 深化体医融合

近年来，以"全民健身"促进"全民健康"逐渐成为全社会的共识，"体医融合"作为一项国策已被写入《"健康中国2030"规划纲要》，国家"十四五"规划纲要更是把"推动健康关口前移，深化体卫融合"放在了建设健康中国、体育强国的突出位置。随着全民健身运动的普及和人口老龄化的进展，运动损伤和肌骨关节退行性疾病的发生增加，对运动医学从业者提出了新的挑战，"运动促进健康"将成为我国运动医学学科的重要发展方向。今年全国两会，全国政协委员、九三学社中央副主席、中国科学院院士葛均波提交了《关于优化我国运动医学学科体系，深化体医融合的建议》。他指出，当前我国运动医学学科体系还存在学科属性不明确、学科性质及研究对象不清晰的问题，需进一步完善和优化，深化"体医融合"，助力健康中国建设。例如，运动医学既"姓体"又"姓医"，使运动医学的学科分类不清，部分体育院校开设的体育保健学课程与运动

---

[1] 张波，刘排，葛春林，等. 全民健身与全民健康融合发展研究 [J]. 体育文化导刊，2019 (5)：28-33.

第七章　保障路径：我国全民健身与全民健康深度融合政策体系的效能实现

医学也存在许多雷同，临床医学中的运动医学将本该属于骨科研究范畴的病种纳入其研究范畴，越位问题突出。为此，葛均波教授建议，第一，要明确运动医学属于医学而非体育学。运动医学应属于医学门类之一，属于临床医学下设的二级学科，培养"懂体育的医学专门人才"才是运动医学学科的任务，运动医学应当属于医学，而不属于体育学范畴；明确运动医学属于临床医学而非基础医学，运动医学学科的研究方法是"通过直接观察和与患者沟通"，研究内容是疾病的病因、诊断、治疗和预后，并且其从业人员必须具有"执业医师证书"，更具有临床医学的学科特征。第二，构建科学的运动医学学科体系。将运动医学学科划分为运动促进健康、临床运动医学、运动康复三个主要学科群，其中运动促进健康学科群与运动预防医学和健康管理有关；临床运动医学为运动医学的主体学科群，主要研究运动过度、运动方法不当和缺乏运动导致的问题；运动康复医学学科群为研究运动功能障碍人群肢体功能恢复的学科群。同时，还可将运动医学史等部分人文社科类学科纳入学科体系。第三，调整运动医学学科设置和建设主体。建议由国务院学位办、教育部等牵头，在修订学科目录时，将运动医学划归到医学学科体系之下，所有体育学专业开设的运动医学课程更换为体育保健学。同时，在运动医学学科建设主体上，逐步实现由科研院所向医院和医学院的转换。

三、优化政策工具，提升运动健康智慧化程度

当前需要全面提升全民健身与全民健康服务智慧化程度，推进体育信息化建设，深入实施"互联网+"，推动5G、大数据、云计算、人工智能等新一代信息技术与体育深度融合，创新服务方式、生产方式和商业模式，构建线上线下协同发展空间。打造集全民健身电子地图、体育场馆运营、体育赛事活动、体育教育培训、科学健身指导、全民健身调查等为核心的线上线下一体化、综合化、智慧化、数字化的全民健身与全民健康公共服务平台和App手机终端。通过共建国家、省、市、社区四级全民健身与全民健康互联网信息服务平台，共享全民健身与全民健康信息、资源和服务，实现覆盖全生命周期的，从预防、治疗到康复全过程的运动促进健康一体化管理与服务体系。实际上，从当前我国全民健身与全民健康深度融合的实际情况看，需要国家卫生部门和体育部门合作建立全民健身与全民健康深度融合的互联网信息服务平台（图7-2），互联网信息服务平台可

分为运动处方模块、资源服务模块及评价服务模块[1]。不同的模块下包含不同的服务内容，如运动处方模块，使用者可根据自己的身体素质寻求不同的运动处方；资源服务模块，使用者可在自己所在辖区寻找相应的场馆设施资源、健身指导资源、体质监测资源、休闲娱乐资源、品牌赛事资源等资源服务内容；评价服务模块，使用者可以在线对身体功能、运动技能进行评价，也可与运动健康专家、政府管理人员进行沟通。在互联网信息服务平台实际运行中，各地区省、市、县政府部门购买大数据服务中心平台，再将其免费下发到各个社区居民，居民可将相应的健身信息自动上传，从而获取我国居民运动健身与健康相关信息，并实现对政府相关决策的反馈。

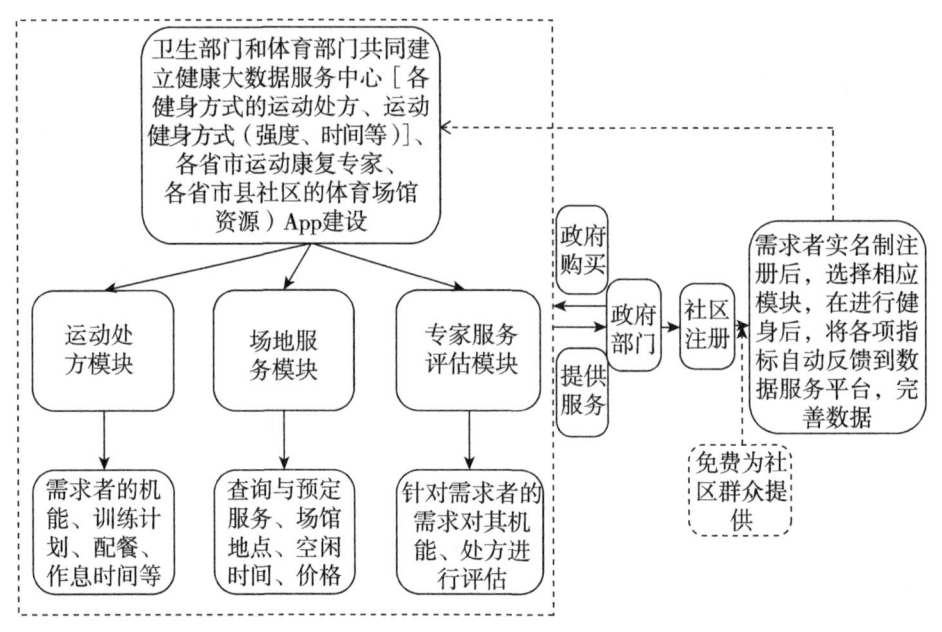

图7-2　全民健身与全民健康深度融合的互联网信息服务平台

小　结

尽管构建了全民健身与全民健康深度融合的政策体系，但这些政策不可能独立地转化成治理效能，仍然需要借助具体路径实现向治理效能的过渡与转化，全

---

[1] 张波，刘排，葛春林，等. 全民健身与全民健康融合发展研究［J］. 体育文化导刊，2019（5）：28-33.

民健身与全民健康深度融合政策体系的目标才可以顺利实现。一是要强化对政策体系的认同。维护公共利益，提高管理部门的公共服务意识，形成政策共识，加大对政策体系的宣传与解释。二是要促进政策主体的多元协同。优化全民健身与全民健康深度融合的体制与机制，积极赋能社会，打造全民健身与全民健康融合发展治理共同体。三是要优化政策体系的运行过程。强化执行，推进全民健身政策由文本转向实践，重视评估，构建基于人民满意度的政策评估体系。四是要夯实政策体系的实施保障。建立健全运动促进健康服务组织与网络，强化体医融合专业人才的培养和培训力度，优化政策工具，提升运动健康智慧化程度。

第八章 研究结论与展望

一、研究结论

全民健身与全民健康的深度融合是人民健康需求的集中反映，是卫生与体育事业进一步发展的必然趋势。在前人研究工作的基础上，本研究运用文献资料法、问卷调查法、政策分析法、实践调研法、逻辑思辨法等研究方法，界定了全民健身与全民健康深度融合的内涵，梳理了全民健身与公共健康政策的演进历程及相互关系，调研了当前我国全民健身与全民健康深度融合的实践图景，总结了全民健身与全民健康深度融合的制约因素，借鉴了国外大众体育与卫生健康融合发展的政策状况，在此基础上阐述了全民健身与全民健康深度融合政策体系的价值、理念和原则，构建了我国全民健身与全民健康深度融合的政策体系，并结合我国新时期发展特征提出了推进全民健身与全民健康深度融合政策体系的效能实现路径，主要结论如下。

第一，全民健身与全民健康深度融合的理论基础主要有新公共服务理论、公共治理理论、政策过程理论及共生理论，这些理论的相关原理为本研究提供了理论依据和视角。全民健身与全民健康深度融合就是全民健身与全民健康两大系统在理念、政策、体制、机制及资源等方面相互渗透并形成高度互构关系的过程，目的是通过运动促进健康的方式实现健康中国的战略目标。全民健身与全民健康深度融合有着丰富的科学内涵：全民健身与全民健康深度融合是两大系统的适应性变革；全民健身与全民健康深度融合的立足点是要科学地认识两大系统的辩证关系；全民健身与全民健康深度融合的关键点在于利益主体的互动协同；全民健身与全民健康深度融合的抓手体现在多要素的融合；全民健身与全民健康的深度融合有利于新时代体育功能的充分实现。

第二，我国全民健身政策体系的演进历程包括启动探索阶段、全面推进阶段以及提档升级阶段。我国全民健身政策体系的优势特征主要体现在始终根据人民的体育需求动态调整全民健身政策体系，初步形成了以政府协同、全社会共同参与为特征的政策主体，系统构建了以法规、战略、计划等为要素的政策框架体系，逐步明晰了以全民健身与多业态融合发展为格调的政策内容，以及力求实现全区域、全人群、全周期的全民健身政策供给。我国全民健身与全民健康的关系变迁先后经历了分离发展、由分离到融合及深度融合3个阶段，全民健身与全民健康的深度融合标志着全民健身与全民健康发展关系步入新纪元。我国全民健身与全民健康政策变迁蕴含着国家利益与社会需求的耦合调整，党和政府主导下的渐进式变迁，以及社会公共资源配置的优化策略的内在逻辑。

第三，通过采用问卷调查和实地调研的方式，对我国部分省市全民健身与全民健康融合发展状况开展了实地调查。研究发现，在全民健身与全民健康融合发展认知情况方面，地方政府工作人员对运动促进健康的理念认可程度较高，社会公众的健身意识逐步增强，开始将体育健身作为提高健康水平的重要方式；在全民健身与全民健康融合配套政策方面，所调查地区还没有出台专门性政策，但在省级层面，有的省出台了专门性政策，地方政府已经开始从税费、工商、土地、金融信贷等方面出台专门性优惠政策。在全民健身与全民健康组织机构方面，所调查地区有近一半的政府部门（街道、乡镇以上）成立了全民健身与全民健康融合发展的领导机构或协调部门。社会公众对体育部门、医疗卫生部门、社区居委会、政府成立专门管理部门的倾向性较为均衡，体育社会组织和卫生健康社会组织的交流不多。在全民健身与全民健康场地设施建设方面，所调查地区的政府部门工作人员认为场地设施不能满足公众需求的比例最高，对场地设施类型的满意度相对较高，社会公众认为社区体育场地设施的智慧化程度不高及很低的比例较大。在全民健身与全民健康活动开展方面，各种健身活动配备专门健康指导员的比例不高。在全民健身与全民健康科学指导方面，基层社区开展运动促进健康的培训或指导活动比例不高，社会公众在遇到运动损伤时，倾向于到医院去治疗。结合实践调研结果，本研究认为当前我国全民健身与全民健康融合发展的政策问题包括运动促进健康理念仍需提升，配套法规政策体系有待完善，部门协同管理机制缺位、模糊，运动健康资源及服务布局不合理，运动健康专业人才严重短缺，运动促进健康的智能化发展水平不高等，所构建的全民健身与全民健身深度融合的政策体系应重点从以上几个方面考虑和设计。

第四，美国、英国、德国、法国、芬兰、日本、澳大利亚等国家的大众体育与卫生健康融合发展的政策特征主要有政策出台注重跨部门合作，吸纳社会力量，强化政策制定的协同性；政策设计强调循证实践，对接公众需求，追求政策的科学性和系统性；政策内容瞄准重要实践问题，配套实施具有针对性的政策措施；政策目标强调量化标准设计，便于政策的执行和评估；政策导向重视普惠性，强调构建全人群、全过程覆盖的政策体系。新时代我国全民健身与全民健康的深度融合将迈上新台阶、步入新阶段。因此，需要以满足人民运动健康需求为目标，修订完善的法律法规，构建科学的政策体系，要明确政策主体，瞄准重要政策问题，优化整合政策资源，推动全民健身与全民健康的深度融合，同时要秉承弱势补偿原则，促进全民健身与全民健康的深度融合走向均衡。

第五，立足政策体系理论，结合新时代全民健身与全民健康发展背景，分析全民健身与全民健康深度融合政策体系的内涵、价值、理念与框架。从内涵来看，全民健身与全民健康深度融合的政策体系就是推动两大系统走向深度融合的政策元素按照一定逻辑关系所形成的有机整体。全民健身与全民健康深度融合的政策体系在"三个有利于"方面发挥着重要作用：有利于落实习近平关于全民健身与全民健康的重要讲话精神；有利于推动健康中国和全民健身两大国家战略的有效对接；有利于保障全民健身与全民健康深度融合工作的统筹推进。明确了全民健身与全民健康深度融合政策体系的"五大理念"：体现以人民为中心的政策导向、突出解决实践问题的政策宗旨、确保政策的合法性与权威性、强化政策的整合性与协同性、重视政策量化标准与异体评估。提出了全民健身与全民健康深度融合政策体系设计的原则：协同性原则、可行性原则、兼容性原则和适应性原则。最后从政策目标、政策内容、政策主体、政策工具及政策测评等5个方面构建了全民健身与全民健康深度融合的政策体系框架，并详细阐释了每个方面的具体内容。

第六，实现全民健身与全民健康深度融合政策体系向治理效能转化需要：强化对政策体系的认同。维护公共利益，提高管理部门的公共服务意识，形成政策共识，加大对政策体系的宣传与解释。促进政策主体的多元协同。优化全民健身与全民健康深度融合的体制与机制，积极赋能社会，打造全民健身与全民健康融合发展治理共同体。优化政策体系的运行过程。强化执行，推进全民健身政策由文本转向实践，重视评估，构建基于人民满意度的政策评估体系。夯实政策体系的实施保障。建立健全运动促进健康服务组织与网络，强化体医融合专业人才的

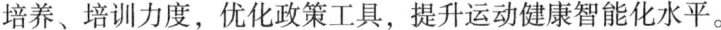

培养、培训力度，优化政策工具，提升运动健康智能化水平。

二、研究展望

本研究界定了全民健身与全民健康深度融合的内涵，梳理了全民健身与公共健康政策的演进历程及相互关系，勾勒出当前我国全民健身与全民健康深度融合的实践图景，总结了存在的政策问题，借鉴了国外大众体育与卫生健康融合发展的政策状况，在此基础上阐述了全民健身与全民健康深度融合政策体系的价值、理念和原则，构建了我国全民健身与全民健康深度融合的政策体系，并结合我国新阶段发展特征提出了推进全民健身与全民健康深度融合政策体系的效能实现路径。回顾整个研究过程，我们仍然觉得有些地方还需要做进一步的研究，临近尾声，遂作展望以期后续能够进一步开展相关研究。

（一）全民健身与全民健康深度融合政策的本土实践深入研究

在国内公共政策研究领域，一些研究者曾热衷于将国外政策理论简单移植到中国理论研究中，衍生出许多看似严谨的理论成果，用于指导中国政策的实践。这种现象需要警惕。国外政策执行理论产生于欧美国家的制度土壤，受西方意识形态影响，带有鲜明的西方文化色彩，建构于这些要素上的政策概念、理论以及方法、原则等都带有一定西方色彩，因而是不能完全照搬照抄的。本研究围绕全民健身与全民健康深度融合，从政策学视角开展研究，避免不了借鉴西方已有的政策理论来考量中国本土的政策实践，剖析当前我国全民健身与全民健康融合发展的实践问题，并积极构建全民健身与全民健康深度融合的政策体系。由于本研究的出发点是基于中国体育发展的实践问题，而非是简单地对西方政策理论"照搬戴帽"或是用中国实践验证西方理论，从本质来看，这是政策研究的中国化。实际上，鉴于我国经济社会的快速发展，我国主要矛盾已发生了改变，人们对体育的认识早已"脱胎换骨"，体育在新时代服务于人民和民族健康的价值功能愈来愈凸显。因此，当前体育的发展方式需要从内部发生变化，从而实现从"内生"到"外生"发展模式的统一，而全民健身与全民健康的深度融合发展便是体育发展模式变迁的重要方向，这与西方体育发展方式的变迁有着不同的脉络。在政策领域表现为，2022年6月24日，我国的全民健身与全民健康深度融合已经写入新修订《中华人民共和国体育法》，一些地方体育发展的规范性文件中甚至有了全民健身与全民健康深度融合的专门性内容，这都是我国全民健身与全民健康深度融合政策的本土实践，都需要进一步总结经验和不足，因而需要进一步加强研究，从而更好地提炼我国全民健身与全民健康政策实践的本土特征，形成我国全民健身与全民健康政策的特色经验，有利于指导我国体育发展的实践，服务于人民对健康和健身的需求。

（二）全民健身与全民健康深度融合政策的域外经验持续研究

域外经验研究是探讨全民健身与全民健康深度融合的重要维度。通过分析欧美发达国家全民健身与全民健康深度融合的特征，从而为研究我国本土的全民健身与全民健康深度融合提供镜鉴。但是，开展域外经验研究有其一定的难度，特别是围绕两者深度融合的政策研究，更加剧了本研究开展的难度。本研究主要通过国外的原始资料翻译、国内的相关国外研究两种方式获得了相关的研究资料，然后针对这些资料进行分析、提炼、归纳形成本研究的观点。实际上，虽然公共政策研究源于西方，但国外关于全民健身与全民健康深度融合（抑或是大众体育与公共健康）的研究文献相对较少。究其原因，主要有以下几个方面。第一，"关键词"研究的差异性，国内外相关研究在关键词上存在不同，进而在搜索文献时会发现不同的关键词下出现的文献数量有所不同。第二，国情与体制的差异性。我们研究的全民健身与全民健康深度融合，是基于中国体育和卫生发展的现实问题提出的新的发展方式，是具有中国特色的相关研究。而国外一些发达国家，其体育部门很多是与卫生部门合署，或者体育隶属于卫生健康部门，体育和卫生健康的发展是相关的，因而存在政策、体制和机制等方面的融合发展问题的概率较小，体育与卫生健康的深度融合研究也就相对较少。所以，不同的国家，因其国情和体制状况，全民健身与全民健康深度融合的问题各有不同。后续还需要针对国外全民健身与全民健康深度融合开展持续研究，一方面继续搜集相关研究文献，另一方面需要借助国外访学契机，到欧美等国家开展实地考察，真正厘清国外全民健身与全民健康深度融合的政策实践状况，力图回答国外如何围绕大众体育与卫生健康的深度融合，从哪些政策目标、政策内容及政策评估等方面进行顶层设计和方案推进，从而提炼出发达国家有益的经验借鉴，服务于我国全民健身与全民健康深度融合的政策体系的系统构建。

（三）全民健身与全民健康深度融合政策的完整过程拓展研究

本研究隶属于体育政策研究。从当前国内的研究文献来看，我国体育政策的研究多是从体育政策变迁、演进特征、政策工具分析、政策内容分析等政策本身维度展开的，这些研究本质上都聚焦于体育政策文本，这与多年来我国制定并出台了众多体育政策形成的制度优势密切相关，而关于体育政策执行、体育政策评估等政策完整过程的研究并不多。一般认为，从政策过程维度来看，体育政策实践除了制定政策，还包括政策执行、评估等，而政策效能恰恰又是通过执行、评估等环节实现的，否则再完美的体育政策也仅仅是"空中楼阁"。因此，我国全民健身与全民健康深度融合的政策优势的实现有赖于政策效能的达成，只有深入研究全民健身与全民健康深度融合的政策执行、评估等，才能为体育实践提供理论指导，最终推动全民健身与全民健康深度融合政策在实践中有效落实。实际上，在由政策制定、政策执行和政策评估组成的闭环系统中，由于政策执行和评估是政策实施的动态过程，所涉及的利益相关者更多，所需要的政策资源等更具体，因而与政策制定相比，两者在实际操作过程就显得更加复杂。同时，由于我国不同地区的经济、社会、文化环境具有较大的差异，如我国东部和西部地区就存在较大差异，也就决定了地方全民健身与全民健康深度融合政策有其自身的特征，因而在具体执行和评估时还需要制定不同区域的政策执行和评估体系，使其更加合理，更为具体及更加有效。此外，由于地方全民健身与全民健康深度融合政策的实践研究涉及许多知识，与政策学、社会学、体育学、管理学等相关学科关系密切，这就需要在实际的执行和评估中借助这些学科的理论、原理开展更为详细的研究，从而有助于开拓全民健身与全民健康深度融合政策研究的广度和深度，得出更有价值的研究结论。

参考文献 REFERENCES

[1] 杜飞进. 中国的治理——国家治理现代化研究 [M]. 北京：商务印书馆, 2017.

[2] 珍妮特·登哈特, 罗伯特·登哈特. 新公共服务：服务而不是掌舵 [M]. 丁煌, 译. 北京：中国人民大学出版社, 2010.

[3] 霍海燕. 当代中国政策过程中的社会参与 [M]. 北京：人民出版社, 2014.

[4] 吴逊, 饶墨仕, 迈克尔·豪利特. 公共政策过程：制定、实施与管理 [M]. 叶林, 等译. 上海：格致出版社, 上海人民出版社, 2016.

[5] 贺武华. 中国教育政策过程本土化研究 [M]. 北京：中国社会科学出版社, 2015.

[6] 陈振明. 政策科学——公共政策分析导论 [M]. 北京：中国人民大学出版社, 2004.

[7] 莫永波. 公共政策执行中的政府执行力问题研究 [M]. 北京：中国社会科学出版社, 2007.

[8] 郭修金, 陈德旭. 我国农村公共体育服务体系建设 [M]. 北京：人民体育出版社, 2021.

[9] 刘红建. 群众体育政策执行阻滞问题及其治理研究 [M]. 北京：人民体育出版社, 2020.

[10] 周天勇, 翁士洪. 从管理走向治理：中国行政体制改革40年 [M]. 上海：上海人民出版社, 2018.

[11] 陈嘉映. 常识与理论 [M]. 北京：北京大学出版社, 2008.

[12] 金生鈜. 教育研究的逻辑 [M]. 北京：教育科学出版社, 2015.

[13] 王一杰, 王世强, 李丹, 等. 我国体医融合的社区实践：典型模式、现实困境和发展路径 [J]. 中国全科医学, 2021, 24 (18)：2260-2267.

[14] 卢文云, 陈佩杰. 全民健身与全民健康深度融合的内涵、路径与体制机制研究 [J]. 体育科学, 2018, 38 (5)：25-39, 55.

[15] 张永光, 王晓锋. "健康中国2030"规划纲要的几个理念转变 [J]. 卫生软科学, 2017, 31 (2)：3-5.

[16] 刘春华. 中国体育政策试验：类型、路径、困境与破解 [J]. 天津体育学院学报, 2019, 34 (1)：1-7.

[17] 李敏，马鸿韬．澳大利亚妇女体育政策对我国的启示［J］．体育科学，2016（7）：10-23．

[18] 李蓉，李军．中美国家健康战略比较研究——基于《"健康中国2030"规划纲要》和《健康国民2020》文本［J］．南京体育学院学报（社科版），2017，31（1）：42-47．

[19] 杨继星，陈家起，高奎亭．我国体育与医疗卫生关系演化历程、内在逻辑与展望［J］．体育文化导刊，2021（1）：54-58．

[20] 龙佳怀，刘玉．健康中国建设背景下全民科学健身的实然与应然［J］．体育科学，2017，37（6）：91-96．

[21] 黄亚茹，梅涛，郭静．医体结合，强化运动促进健康的指导——基于对美国运动促进健康指导服务平台的考察［J］．中国体育科技，2015（6）：3-9．

[22] 刘红建，谢正阳，高奎亭．大众体育政策"第三方评估"的国外经验与本土发展［J］．武汉体育学院学报，2016，50（7）：39-45．

[23] 程华，戴健，赵蕊．发达国家大众体育政策评估的特点及启示——以美国、法国和日本为例［J］．沈阳体育学院学报，2016，35（3）：36-41．

[24] 高奎亭，陈家起，刘红建，等．国际体育管理科学研究（2000—2018）话语分布与进展演化［J］．西安体育学院学报，2020，37（5）：513-522．

[25] 吴宾，齐昕．政策执行研究的中国图景及演化路径［J］．公共管理与政策评论，2019（4）：33-46．

[26] 石杰琳．反思与超越：从新公共管理到新公共服务［J］．郑州大学学报（哲学社会科学版），2011（9）：9-12．

[27] 丁煌，定明捷．国外政策执行理论前沿评述［J］．公共行政评论，2010，3（1）：119-148．

[28] 于善旭．我国全民健身事业发展的法治之路［J］．天津体育学院学报，2006，21（2）：99-102．

[29] 刘国永．实施全民健身战略，推进健康中国建设［J］．体育科学，2016，36（12）：3-10．

[30] 薛欣，徐福振，郭建军．我国体医融合推行现状及政策问题确认研究［J］．体育学研究，2021，35（1）：20-28．

[31] 万炳军，史岩，曾肖肖．"健康中国"视域下体育的价值定位、历史使命及其实现路径［J］．北京体育大学学报，2017，40（11）：1-9．

[32] 柳鸣毅，王梅，徐杰，等．"健康中国2030"背景下中国青少年体育公共政策研究［J］．体育科学，2018，38（2）：91-97．

[33] 余清，秦学林．体医融合背景下运动康复中心发展困境及对策分析［J］．体育与科学，2018，39（6）：24-30．

[34] 曹振波，陈佩杰，庄洁，等．发达国家体育健康政策发展及对健康中国的启示［J］．体育科学，2017，37（5）：11-23，31．

[35] 吴铭，杨剑，郭正茂．发达国家身体活动政策比较：基于美国、加拿大、英国、日本的

视角［J］北京体育大学学报，2019，42（5）：77-89.

[36] 张鑫华，王国祥. 从"健康日本21"计划实施看日本社会国民健康的管理与服务［J］. 成都体育学院学报，2014，40（9）：19-23.

[37] 黄亚茹，郭静，王正珍. 加强体力活动指导对提高民众体质健康之作用研究——基于对"健康日本21"实施效果的考察［J］. 西安体育学院学报，2016，33（1）：36-47.

[38] 刘红建，张航，沈晓莲. 全民健身与全民健康深度融合的政策体系：价值、理念与框架［J］. 武汉体育学院学报，2019，53（3）：25-33.

[39] 鲍明晓. 十四五时期我国体育发展内外部环境分析与应对［J］. 体育科学，2020，（40）6：1-15.

[40] 韩磊磊，周李，郭恒涛. 跨领域合作视角下中国体医融合的路径选择［J］. 武汉体育学院学报，2020，54（9）：6-9，15.

[41] 徐士韦. 澳大利亚大众体育政策的演进述析［J］. 沈阳体育学院学报，2016，35（6）：6-13.

[42] 王晓波. 加拿大大众体育政策的演进及其启示［J］. 体育文化导刊，2016（2）：25-29.

[43] 张秀丽. 英意西大众体育政策特点及其启示［J］. 体育文化导刊，2008（8）：102-105.

[44] 徐通. 英国福利制度与大众体育政策演变［J］. 体育文化导刊，2008（4）：110-111，118.

[45] 杨继星，陈家起. 体医融合的制约因素分析及路径构建［J］. 体育文化导刊，2019（4）：18-23.

[46] 平永忠，任保国. 乡镇政府在新农村社区体育建设中的作用——以山东省为例［J］. 武汉体育学院学报，2011，45（1）：11-18.

[47] 薛欣，徐福振，郭建军. 我国体医融合推行现状及政策问题确认研究［J］. 体育学研究，2021，35（1）：20-28.

[48] 刘宏亮，刘红建，沈晓莲，等. 英国"体育的未来"新战略：内容、评价及镜鉴［J］. 沈阳体育学院学报，2019，38（6）：33-41.

[49] 王学彬，郑家鲲. 新中国成立70周年我国群众体育发展：成就、经验、问题与展望［J］. 体育科学，2019，39（9）：31-40，88.

[50] 苗治文，许实. 建国以来我国群众体育的发展［J］. 武汉体育学院学报，2010，44（4）：28-32.

[51] 刘宇泷. 美国《健康公民2030》的战略背景、内容及特征［J］. 湖北体育科技，2021，40（3）：226-232.

[52] 白志明，项贤林，陈长洲. 美国《体力活动指南》探析及对"健康中国"的启示［J］. 山东体育科技，2019，41（6）：74-78.

[53] 倪国新，邓晓琴，徐玥，等. 体医融合的历史推进与发展路径研究［J］. 北京体育大学

学报，2020，43（12）：22-34.

[54] 尤传豹，刘红建，周杨，等．推动全民健身与全民健康深度融合的政策路径研究［J］．沈阳体育学院学报，2022，41（3）：56-63.

[55] 楚英兰，汤际澜，上俊峰，等．促进健康身体活动政策及实施策略的国际比较研究［J］．南京体育学院学报，2016，30（1）：39-46.

[56] 张波，刘排，葛春林，等．全民健身与全民健康融合发展研究［J］．体育文化导刊，2019（5）：28-33.

[57] ANDERSON E, DURSTINE J L. Physical activity, exercise, and chronic diseases: A brief review[J]. Sports Medicine and Health Science, 2019, 1(1): 3-10.

[58] JAMES N. Rosenau. Ernst-Otto Czempiel. Governance without government: order and change in world politics[M]. Cambridge: Cambridge University Press, 1995.

[59] BOUFFARD M, REID G. The good, the bad, and the ugly of evidenced-based practice[J]. Adapted Physical Activity Quarterly, 2012, 29(1): 1-24.

[60] HM GOVERNMENT. Sporting future: A new strategy for an active nation[R]. London: Cabinet Office, 2015.

附录一 全民健身与全民健康融合发展调查问卷（一）

APPENDIX 01

尊敬的女士/先生：

您好！我们正在进行《全民健身与全民健康深度融合政策体系研究》的实践调研，需要了解当地关于全民健身与全民健康融合发展的情况，请您协助填写这份问卷。本问卷实行匿名制，所有数据只用于统计分析，题目选项没有好坏或正误之分，请您结合实际情况填写。您的真实想法将对我们完成研究至关重要，再次感谢您的参与！

1. 您的性别是_____。

   A. 男　　　　　B. 女

2. 您的年龄是_____。

   A. 18 岁以下　　B. 18 至 35 岁　　C. 36 至 55 岁　　D. 55 岁以上

3. 您的职业是_____。

   A. 学生　　　　　　　　　　　B. 上班族（包括公务员、医生、教师等）

   C. 个体户　　　　　　　　　　D. 其他

4. 您的身体状况_____。

   A. 健康　　　　　　　　　　　B. 患有疾病（如心脏病、高度近视、高血压等）

5. 您了解"全民健身或全民健康"吗？_____。

   A. 非常了解　　　　　　　　　B. 了解

   C. 仅听说过　　　　　　　　　D. 完全不知道

6. 您是从何种渠道了解全民健身、全民健康这些名词的？_____。

   A. 微信公众号等网络平台

B. 标语宣传

C. 单位、社区、学校设立专门的宣传栏

D. 其他

7. 您所在社区是否组织（举办）参与有关全民健身或全民健康的相关活动？_____。

   A. 经常组织　　B. 偶尔组织　　C. 不组织

8. 您是否认为可以通过体育锻炼促进身体健康？_____。

   A. 非常认同　　B. 认同　　C. 不认同　　D. 非常不认同

9. 您是否参与体育锻炼？_____。

   A. 定期锻炼　　B. 偶尔锻炼　　C. 从不锻炼

10. 您参与体育锻炼的频率是_____。

    A. 每天 1 次　　　　　　B. 一周 3 至 5 次

    C. 一周 1 次　　　　　　D. 其他

11. 您每次锻炼的时长为_____。

    A. 不足 30 分钟　　　　 B. 30 分钟至 1 小时

    C. 1 小时以上

12. 您锻炼的场所是_____。

    A. 家中　　B. 小区　　C. 体育场　　D. 健身房

    E. 其他

13. 您经常进行的体育锻炼项目是_____。（多选）

    A. 步行、跑步　　　　　　B. 游泳

    C. 体操、跳绳、舞蹈类　　D. 各种球类

    E. 武术、太极拳等传统体育类　F. 健身器械类

    G. 其他

14. 您对您所在社区的体育场地配套设施类别满意吗？_____。

    A. 非常满意　　　　　　　B. 满意

    C. 不满意　　　　　　　　D. 非常不满意

15. 您所在社区的体育场地配套设施智慧化程度如何？（是否可以显示运动频次、能量消耗等）_____。

    A. 很高　　B. 高　　C. 不高　　D. 很低

16. 请问您所在社区每季度开展群众性体育赛事活动的次数是_____。

　　A. 3 次以上　　　　　　　　B. 2～3 次

　　C. 0～1 次　　　　　　　　　D. 不清楚有无开展

17. 您所在社区开展群众性体育赛事活动时是否配备专门的运动健康指导人员或医护人员？_____。

　　A. 是　　　　B. 否

18. 您所在社区会组织开展运动促进健康的相关培训和指导活动吗？_____。

　　A. 经常组织　　B. 偶尔组织　　C. 未组织

19. 您所在单位或社区是否安排体质监测或健康体检活动？_____。

　　A. 定期健康体检　　　　　　B. 偶尔健康体检

　　C. 从不健康体检

20. 您会参加社区组织的体质健康监测吗？_____。

　　A. 定期参加　　　　　　　　B. 偶尔参加

　　C. 了解但未参加过　　　　　D. 不了解

21. 您如果遭遇了运动损伤，会倾向于选择下列哪种方式进行治疗？_____。

　　A. 医院治疗　　　　　　　　B. 自我诊断

　　C. 推拿按摩　　　　　　　　D. 运动康复工作室

　　E. 其他

22. 在全民健身与全民健康深度融合发展的背景下，您是否愿意（您的家属）以后从事相关工作（如健身教练、运动处方医生、运动康复医生、社会体育指导员等）？_____。

　　A. 非常愿意　　　　　　　　B. 愿意

　　C. 不愿意　　　　　　　　　D. 非常不愿意

23. 为促进全民健身与全民健康融合发展，需要将体育服务和卫生医疗服务结合开展工作，请问您认为负责协同管理组织的部门应该是？_____。

　　A. 体育部门　　　　　　　　B. 卫生医疗部门

　　C. 社区居委会　　　　　　　D. 政府成立专门的管理部门

　　E. 其他

24. 您认为当前影响全民健身与全民健康融合发展的因素有哪些？_____。（可多选）

　　A. 法律政策体系不完善　　　B. 宣传力度不到位

C. 体制机制存在壁垒　　　　D. 群众运动促进健康意识不足

E. 缺少专项资金支持　　　　F. 相关体医融合复合型人才缺乏

G. 其他

25. 在全民健身与全民健康融合发展过程中，促使您参与的因素有哪些？_____。（可多选）

　　A. 喜爱体育锻炼　　　　　B. 增加运动技能

　　C. 提高身体素质　　　　　D. 缓解疲劳病痛

　　E. 其他

26. 如果开办以运动与健康为主题的活动，您希望获得有关哪些方面的相关知识？_____。（可多选）

　　A. 基础运动技能，提高运动能力

　　B. 基础急救知识，在紧急情况下自救

　　C. 运动防护疾病，避免运动损伤

　　D. 养生医学常识，增强身体素质

　　E. 其他

附录二

全民健身与全民健康融合发展调查问卷（二）

APPENDIX 02

尊敬的女士/先生：

您好！我们正在进行《全民健身与全民健康深度融合政策体系研究》的实践调研，需要了解当地关于全民健身与健康融合发展的情况，请您协助填写这份问卷。本问卷实行匿名制，所有数据只用于统计分析，题目选项没有好坏或正误之分，请您结合实际情况填写。您的真实想法将对我们完成研究至关重要，再次感谢您的参与！

1. 您对《全民健身计划》专项政策及《"健康中国2030"规划纲要》等国家层面的全民健身与全民健康政策是否熟知？_____。

  A. 非常熟悉 B. 较为熟悉 C. 一般 D. 不熟悉

  E. 很不熟悉

2. 当地是否配套出台体卫融合、体医融合等全民健身与全民健康融合发展政策方案？_____。

  A. 已经配套出台 B. 正在研制 C. 没有配套

3. 您认为当地政府部门工作人员关于运动促进健康理念认同程度如何？_____。

  A. 非常认同 B. 较为认同 C. 一般 D. 不认同

  E. 很不认同

4. 请问当地部门（如体育部门、卫生部门、社区、学校）是如何进行运动促进健康知识宣传的？_____。（可多选）

  A. 微信公众号等网络平台

B. 标语宣传

C. 单位、社区、学校设立专门的宣传栏

D. 其他

5. 请问当地政府部门（街道、乡镇以上）是否成立全民健身与全民健康融合发展的领导机构（小组）？_____。

  A. 已经成立   B. 正在组建

  C. 没有成立   D. 不清楚

6. 如果当地体育服务和卫生服务协同开展工作，请问您认为负责协同管理组织的部门应该是_____。

  A. 体育部门   B. 医疗卫生部门

  C. 社区居委会   D. 政府成立专门的管理部门

  E. 其他

7. 您认为推进全民健身与全民健康深度融合涉及的职能部门应包含哪些？_____。（可多选）

  A. 体育   B. 卫生医疗   C. 教育   D. 文化旅游

  E. 园林   F. 财政   G. 其他

8. 您认为当地拥有的体育场馆、设施、器材等能否满足体育活动开展的需要？_____。

  A. 完全能满足   B. 能满足

  C. 基本能满足   D. 不能满足

  E. 完全不能满足

9. 请问当地公共体育场馆设施是否建有运动健康指导驿站（点）？_____。

  A. 有   B. 没有

10. 请问当地公共体育场馆设施的智慧化程度（如可以显示运动频次、能量消耗等）如何？_____。

  A. 很高   B. 较高   C. 一般   D. 不高

  E. 很低

11. 当地目前所拥有的社会体育指导员能否满足组织和开展体育活动的需要？_____。

  A. 完全能满足   B. 能满足

  C. 基本能满足   D. 不能满足

E. 完全不能满足

12. 当地是否组织体育健身指导员开展运动促进健康的相关培训和指导活动？_____。

  A. 经常组织 B. 偶尔组织 C. 未组织

13. 当地是否组织体育社会组织与卫生健康社会组织开展运动促进健康的相关交流活动？_____。

  A. 经常组织 B. 偶尔组织 C. 未组织

14. 当地公共体育场馆、场地设施的建设经费主要来源是？_____。

  A. 政府专项资金   B. 社区居民集资

  C. 企业个人捐助   D. 其他

15. 当地举办体育赛事活动时，是否配备了专门的运动健康指导人员或医护人员？_____。

  A. 是   B. 否

16. 当地是否制定出台优惠政策支持全民健身主体产业及相关产业的发展？_____。

  A. 是   B. 否

17. 当地政府向市场购买运动促进健康服务的程度如何？_____。

  A. 经常购买 B. 偶尔购买 C. 未购买

18. 当地是否已在某区域开展全民健身与全民健康融合模式（如体医融合）的试点工作？_____。

  A. 是   B. 否

19. 您认为当前影响相关部门推动全民健身与全民健康融合发展的因素有哪些？_____。（可多选）

  A. 法律政策体系不完善

  B. 宣传力度不到位

  C. 体制机制存在壁垒

  D. 群众运动促进健康意识不足

  E. 缺少专项资金支持

  F. 相关体医融合复合型人才缺乏

  G. 其他

20. 您认为当前影响人民群众参与全民健身与全民健康相关活动的因素有哪些？_____。（可多选）

A. 宣传不够全面，群众不了解

B. 群众意识不足，缺乏兴趣

C. 场馆设施器材匮乏

D. 科学健身指导人员较少

E. 其他

附录三

1995—2022年我国部分全民健身政策

APPENDIX 03

年份	发文机构与政策名称
1995年	全国人民代表大会常务委员会《中华人民共和国体育法》 国务院《全民健身计划纲要》 国家体委、教育部、农业部、广播电影电视部、新华通讯社、解放军参谋部、解放军总政治部、全国总工会、共青团中央、全国妇联、中国残联《关于在全国开展"95全民健身宣传周"活动的通知》 国家体委、国家教委、广播电影电视部、卫生部、全国总工会、共青团中央、全国妇联、总参谋部、总政治部《关于坚持开展广播体操活动的通知》 国家体委《关于贯彻（全民健身计划纲要）实施"全民健身一二一工程"的意见》 国家体委《关于公共体育场馆向群众开放的通知》 国家体委《关于印发全民健身计划纲要宣传提纲的通知》 国家体委《关于授予95全民健身宣传周活动优秀奖、优秀组织奖、优秀报道奖和先进单位荣誉称号并表彰的决定》 国家体委《关于深化改革加快发展县级体育事业意见的通知》
1996年	国家体委、教育部、国家科委、国家民委、文化部、广播电影电视部、卫生部、全国总工会、共青团中央、全国妇联《关于在全国征集体育健身方法的通知》 国家体委《关于在全国征集全民健身宣传口号的通知》 国家体委《关于在开展全民健身体育活动中加强科学指导和安全保障工作的通知》 国家体委《关于进行全民健身试点工作的通知》 国家体委《关于进行国家级社会体育指导员培训工作有关事宜的通知》 国家体委《中国成年人体质测定标准施行办法（试行）》 国家体委《关于授予96全民健身宣传周活动优秀奖、优秀组织奖、优秀报道奖和先进单位荣誉称号并表彰的决定》
1997年	国家体委、国家教委、民政部、建设部、文化部《关于加强城市社区体育工作的意见（1997）》 国家体委《全民健身计划第一期工程》

续表

年份	发文机构与政策名称
1997年	国家体委、国家教委、民委、广播电影电视部、卫生部、全国总工会、共青团中央、全国妇联总参总政治部《全国推广普及第八套广播体操的通知》 国家体委《关于表彰群众体育工作通知》 国家体委《全国城市体育先进社区评定办法（试行）》
1998年	国家体育总局、财政部、中国人民银行《体育彩票公益金管理暂行办法》 国家体育总局《全国体育先进县标准的细则补充规定》 国家体育总局《全国县市区体育先进个人评选工作的通知》 国家体育总局《全国县（市、区）体育先进个人评选办法》 国家体育总局《关于命名第六批全国体育先进县的决定》 国家体育总局《关于表彰在1997年体质监测工作先进单位、个人的决定》 国家体育总局《关于授予国家级社会体育指导员称号的决定》 国家体育总局《关于开展第一批全国城市体育先进社区评定工作的通知》 国家体育总局《关于公布全国雏鹰起飞小学生体育活动评选结果的通知》 国家体育总局《全民健身游泳锻炼标准》
1999年	国家体育总局、民政部、公安部《关于加强健身气功活动管理有关问题意见的通知》 财政部、国家体育总局《全国体育场地维修专项补助经费管理办法》 国家体育总局、国家民委《关于评选全国民族体育模范集体和个人的通知》 国家民委、国家体育总局《关于表彰全国民族体育模范集体和模范个人的决定》 农业部、国家体育总局、农民体育协会《关于表彰第四批全国亿万农民健身活动先进乡镇的决定》国家体育总局《全国群众体育先进集体、进步奖评选办法》 国家体育总局《关于加强老年人体育工作的通知》 国家体育总局《关于开展创建第二批全国城市体育先进社区的通知》 国家体育总局《关于体育健身组织管理和科学指导的通知》 国家体育总局《关于开展创建全国篮球城市、篮球之乡活动的通知》 国家体育总局《关于表彰推行（国家体育锻炼标准施行办法）先进集体、先进工作者的决定》 公安部《群众性文化体育活动治安管理办法》
2000年	中共中央、国务院《关于加强老龄工作的决定》 中共中央办公厅、国务院办公厅《关于加强青少年学生活动场所建设和管理工作的通知》 国家体育总局、财政部、民政部《关于增加彩票发行额度筹集青少年活动场所建设及维护资金的通知》 教育部、国家体育总局、卫生部、国家民委、科技部《2000年全国学生体质健康状况调查研究实施方案》 国家体育总局《关于公开水域开展游泳活动的管理办法（试行）》 国家体育总局《2000年国民体质监测工作方案》 国家体育总局《中国体育彩票全民健身工程管理暂行规定》

续表

年份	发文机构与政策名称
2001年	国家体育总局、教育部《2000年公民体质公报》 国家体育总局、教育部、科技部、国家民委、民政部、财政部、农业部、卫生部、国家计委、国家统计局、中华全国总工会《国民体质监测工作规定》 教育部、国家体育总局、共青团中央、全国少工委《关于实施"全国中小学生课外文体活动工程"的通知》 教育部、国家体育总局、共青团中央、全国少工委《关于命名北京市东城区等五个区、市为"全国中小学生课外文体活动工程示范区"的决定》 国家体育总局《〈全民健身计划纲要〉第二期工程（2001—2010年）规划》 国家体育总局《关于命名第三批武术之乡的决定》 中国残疾人联合会《残疾人体育工作"十五"实施方案》
2002年	中共中央、国务院《关于进一步加强和改进新时期体育工作的意见》 中央文明办、中央综治办、文化部、卫生部、国家体育总局、中国科协、共青团中央、全国妇联《关于开展科教、文体、法律、卫生"四进社区"活动的通知》 国家体育总局、农业部《农村体育工作暂行规定》 教育部、国家体育总局《关于〈学生体质健康标准（试行方案）〉及〈学生体质健康标准（试行方案）〉实施办法》 国家体育总局《〈于加强体育彩票公益金援建项目监督管理的意见》 国家体育总局《〈全民健身计划纲要〉第二期工程第一阶段（2001—2005年）实施计划》 国家体育总局《全国体育进社区活动方案》 国家体育总局《关于加强对全民健身工程管理和进行安全质量检查的通知》 国家体育总局《关于建设首批中国体育彩票全民健身中心的通知》 国家体育总局《关于使用体育彩票公益金创建青少年体育俱乐部的通知》
2003年	国务院《公共文化体育设施条例》 国家体育总局、教育部、国家民委、民政部、劳动保障部、农业部、卫生部、国家工商总局、全国总工会、团中央、全国妇联《国民体质测定标准施行办法》 国家体育总局、民委、财政部、农业部、卫生部、全国总工会、团中央全国妇联《〈普通人群体育锻炼标准〉施行办法（试行）》 国家体育总局、教育部《国家级体育传统项目学校评定办法、标准及评分》 国家体育总局《2003年体育彩票公益金用于实施全民健身计划的原则及分配比例》 国家体育总局《关于2002年体育彩票公益金用于实施第七批全民健身路径工程的通知》 国家体育总局《"雪炭工程"实施办法》
2004年	国家体育总局、中央文明办《全国城市体育先进社区评定办法》 国家体育总局、教育部、科技部《关于开展2005年国民体质监测工作的通知》 国家体育总局《关于在全国开展"体育三下乡"活动的通知》 国家体育总局《关于在全国开展2004年全民健身周活动的通知》 国家体育总局《关于援建第四批中国体育彩票全民健身活动中心的通知》 国家体育总局《关于进一步加强用于全民健身的体育彩票公益金使用管理的通知》

续表

年份	发文机构与政策名称
2005年	国家体育总局《关于进一步加强社会体育指导员工作的意见》 国家体育总局《全民健身活动中心命名资助暂行办法》 国家体育总局《关于申报2005—2007年"雪炭工程"的通知》 国家体育总局《关于进行中国体育彩票综合健身馆试点项目建设的通知》 国家体育总局《关于命名敦化市等三个健身中心为中国体育彩票全民健身活动中心的通知》 国家体育总局《关于2005年使用体育彩票公益金资助全国性体育社团开展群众体育活动的通知》 国家体育总局《关于进行〈全民健身计划纲要〉第二期工程第一阶段（2001—2005年）实施情况调查和实施工作总结的通知》 国家体育总局《关于授予2005年全民健身周活动优秀组织奖和先进单位称号的决定》
2006年	国家体育总局、教育部《关于开展学校体育场馆面向社会开放试点工作的通知》 教育部、国家体育总局、共青团中央《关于开展全国亿万学生阳光体育运动的通知》 国家体育总局《体育事业"十一五"规划》 国家体育总局《"十一五"群众体育事业发展规划》 国家体育总局《〈全民健身计划纲要〉第二期工程第二阶段（2006—2010年）实施计划》 国家体育总局《全民健身与奥运同行实施意见》 国家体育总局《关于将农业部100个示范村列入农民体育健身工程实施计划的通知》 国家体育总局《农村体育健身工程实施方案》 国家体育总局办公厅《"全民健身与奥运同行"系列活动实施意见》
2007年	中共中央、国务院《关于加强青少年体育增强青少年体质的意见》 国务院办公厅《关于进一步加强残疾人体育工作的意见》 国家体育总局、国家发展和改革委员会、财政部《"十一五"农民体育健身工程建设规划》 教育部、国家体育总局、共青团中央《阳光体育奖章管理办法》 国家体育总局《关于在全国开展2007年全民健身月活动的通知》 国家体育总局《关于做好全民健身工程器材采购工作的通知》 国家体育总局《关于开展第三次全国群众体育现状调查的通知》 国家体育总局办公厅、教育部办公厅《关于申报2007年全国学校体育场馆向公众开放试点单位的通知》 国家体育总局办公厅《关于建设第十一批全民健身路径工程的通知》
2008年	国家体育总局《体育传统项目学校管理办法》 国家体育总局《关于对体育场所和体育活动开展安全生产隐患排查治理工作的通知》 国家体育总局、中央文明办《关于开展第六批全国城市体育先进社区创建工作的通知》

续表

年份	发文机构与政策名称
2008年	国家体育总局《关于2009—2010年"雪炭工程"实施工作有关事宜的通知》 国家体育总局《全民健身户外活动基地命名资助办法（试行）》 国家体育总局《体育彩票公益金资助全国性体育社团开展群众体育活动办法》 国家体育总局《全民健身活动优秀组织奖和先进单位评选标准》 国家体育总局办公厅《第十二批全民健身路径工程建设方案》
2009年	国务院《全民健身条例》 国家体育总局、教育部、科技部、国家民委、民政部、财政部、农业部、卫生部、国家统计局、全国总工会《关于开展2010年国民体质监测工作的通知》 国家体育总局、中央文明办《关于命名第六批全国城市体育先进社区的通知》 国家体育总局《关于贯彻落实〈全民健身条例〉的通知》 国家体育总局《关于组织开展全民健身日活动的通知》 国家体育总局《关于广泛开展全民健身志愿服务活动的通知》
2010年	国家体育总局、中华全国总工会《关于进一步加强职工体育工作的意见》 国家体育总局、文化部、农业部《关于发挥乡镇综合文化站的功能进一步加强农村体育工作的意见》 国家体育总局、中国残联《全民健身助残工程管理办法》 国家体育总局《全国优秀社会体育指导员评选表彰办法》 国家体育总局《关于报送〈全民健身条例〉贯彻落实情况报告的通知》 国家体育总局《关于进行"十一五"农民体育健身工程建设规划实施情况总结工作的通知》 国家体育总局《关于印发〈建立全民健身志愿服务长效化机制工作方案〉广泛开展全民健身志愿服务活动的通知》 国家体育总局办公厅《关于申报"雪炭工程"项目有关事宜的通知》 国家体育总局办公厅《关于建设社区多功能公共运动场有关事宜的通知》 国家体育总局办公厅《关于2010年全民健身路径工程建设工作的通知》 国家体育总局办公厅《关于2010年命名资助全民健身活动中心的通知》 国家体育总局办公厅《关于2010年命名资助全民健身户外活动基地的通知》
2011年	国务院《全民健身计划（2011—2015年）》 国家体育总局、教育部、国家民委、农业部、卫生部、国家广电总局、解放军总政治部、老龄委办公室、全国总工会、共青团中央、全国妇联《关于在全国推广普及中华人民共和国第九套广播体操的通知》 国家体育总局《体育事业发展"十二五"规划》 国家体育总局《青少年体育"十二五"规划》 国家体育总局《体育产业"十二五"规划》 国家体育总局《关于开展全民健身示范城市（区）试点工作的通知》 国家体育总局《关于广泛组织开展2011年"全民健身日"活动的通知》 国家体育总局《关于表彰贯彻落实〈全民健身条例〉切实做好"三纳入"工作推动政府履行公共体育服务职责先进单位的决定》

续表

年份	发文机构与政策名称
2011年	国家体育总局《社会体育指导员发展规划（2011年—2015年）》 国家体育总局办公厅《关于2011年命名资助全民健身活动中心的通知》
2012年	国家发展改革委、国家体育总局《"十二五"公共体育设施建设规划》 国家体育总局《关于进一步加强室外健身器材招标采购及配建管理工作的意见》 国家体育总局《关于印发〈优秀运动员全民健身志愿服务实施办法（试行）〉的通知》 国家体育总局办公厅《关于2012年命名资助全民健身活动中心的通知》 国家体育总局办公厅《关于2012年命名资助全民健身户外活动基地的通知》 国家体育总局办公厅《关于2012年援建全民健身路径工程的通知》 国家体育总局办公厅《关于2012年援建社区多功能公共运动场的通知》 国家体育总局群体司《关于2012年援建"雪炭工程"项目的通知》
2013年	国家体育总局、国家发展改革委、公安部、财政部、国土资源部、住房和城乡建设部、国家税务总局、国家工商总局《关于加强大型体育场馆运营管理改革创新 提高公共服务水平的意见》 财政部、国家体育总局《关于印发〈中央集中彩票公益金支持体育事业专项资金管理办法〉的通知》 国家体育总局、教育部、全国总工会《国家体育锻炼标准施行办法》 国家体育总局《健身气功发展规划（2013—2018年）》 国家体育总局办公厅《关于在全民健身示范城市（区）试点单位配建全民健身路径示范工程有关事宜的通知》 体育总局青少司、教育部体卫艺司《关于举办"2013年阳光体育科学健身校园行活动"的通知》 国家体育总局办公厅《关于广泛组织开展2013年"全民健身日"活动的通知》 国家体育总局办公厅《关于命名国家级青少年体育俱乐部的通知》
2014年	国务院《关于加快发展体育产业促进体育消费的若干意见》 国家发展改革委、民政部、财政部、国土资源部、住房和城乡建设部、国家卫生和计划生育委员会、人民银行、国家税务总局、国家体育总局、银监会《关于加快推进健康与养老服务工程建设的通知》 国家体育总局《关于加强和改进群众体育工作的意见》 国家体育总局、财政部《大型体育场馆免费低收费开放补助资金管理办法》 国家体育总局《体育彩票公益金资助项目宣传管理办法》 国家体育总局《关于印发〈大型体育场馆基本公共服务规范〉〈大型体育场馆运营管理综合评价体系〉的通知》 国家体育总局《关于开展〈全民健身计划（2011—2015年）〉实施效果评估的函》 体育总局青少司、教育部体卫艺司《关于举办"2014年阳光体育科学健身校园行活动"的通知》

续表

年份	发文机构与政策名称
2015年	中共中央办公厅、国务院办公厅《关于加快构建现代公共文化服务体系的意见》 国家体育总局等12部门《关于进一步加强新形势下老年人体育工作的意见》 国家体育总局、教育部、共青团中央《关于举办2016年全国青少年"未来之星"冬季阳光体育大会的通知》 文化部、体育总局、民政部、住房城乡建设部《关于引导广场舞活动健康开展的通知》 国家体育总局《体育场馆运营管理办法》 国家体育总局《关于进一步加强大型体育场馆免费低收费开放规范化管理的通知》
2016年	中共中央、国务院《"健康中国2030"规划纲要》 国务院《全民健身计划（2016—2020年）》 国务院办公厅《关于加快发展健身休闲产业的指导意见》 国务院办公厅《关于强化学校体育促进学生身心健康全面发展的意见》 国家发展改革委、国家体育总局、教育部、国家旅游局《冰雪运动发展规划（2016—2025年） 国家体育总局、国家发展改革委、工业和信息化部、财政部、国土资源部、城乡建设部、国家旅游局《全国冰雪场地设施建设规划（2016—2022年）》 国家体育总局《体育发展"十三五"规划》 国家体育总局《县级全民健身中心项目实施办法》 国家体育总局《青少年体育"十三五"规划》 国家体育总局《县级全民健身中心项目实施办法》 国家体育总局办公厅《关于开展2016年贯彻落实《〈全民健身计划（2016—2020年）〉评估的通知》
2017年	国务院《"十三五"推进基本公共服务均等化规划》 国务院《"十三五"国家老龄事业发展和养老体系建设规划》 国务院《"十三五"旅游业发展规划》 国务院《"十三五"卫生与健康规划》 国务院《国家教育事业发展"十三五"规划》 国家发展改革委、国家体育总局《"十三五"公共体育普及工程实施方案》 国家体育总局、教育部、中央文明办、国家发展改革委、民政部、财政部、共青团中央《青少年体育活动促进计划》 国家体育总局、民政部、文化部、全国妇联、中国残联《关于加快推进全民健身进家庭的指导意见》的通知 教育部、国家体育总局《关于推进学校体育场馆向社会开放的实施意见》 农业部、国家体育总局《关于进一步加强农民体育工作的指导意见》 国家体育总局《室外健身器材配建管理办法》 国家体育总局竞体司《关于实施体育赛事惠民计划的通知》
2018年	国家体育总局、国家发展改革委、财政部、国土资源部、住房城乡建设部、交通运输部、水利部、农业部、新闻出版广电总局、林业局、旅游局、国家标准委《百万公里健身步道工程实施方案》

续表

年份	发文机构与政策名称
2018年	国家体育总局、国家民委《关于进一步加强少数民族传统体育工作的指导意见》 国家体育总局办公厅《关于印发智慧社区健身中心建设试点工作方案的通知》 国家体育总局办公厅《关于推进运动休闲特色小镇健康发展的通知》 国家体育总局《关于开展全民运动健身模范市和全民运动健身模范县（市、区）创建工作的通知》
2019年	全国人民代表大会常务委员会《中华人民共和国基本医疗卫生与健康促进法》 国务院《关于实施健康中国行动的意见》 国务院办公厅《体育强国建设纲要》 国务院办公厅《关于促进全民健身和体育消费推动体育产业高质量发展的意见》 国家体育总局、中央和国家机关工委、教育部、卫生健康委、全国总工会、共青团中央、中央广播电视总台《关于广泛推广普及广播体操的通知》 国家体育总局、卫生健康委、全国总工会、共青团中央《关于广泛开展国家体育锻炼标准达标测验活动的通知》 中国残联、国家体育总局《关于进一步加强残疾人康复健身体育工作的指导意见》 体育总局、发展改革委《进一步促进体育消费的行动计划（2019—2020年）》 国家体育总局《关于开展第五次国民体质监测的通知》 国家体育总局《关于组织开展2019—2020年全国群众冬季运动推广普及活动的通知》 国家体育总局社体中心《关于举办2019中国农民丰收节体育健身活动的通知》
2020年	中共中央办公厅、国务院办公厅《关于全面加强和改进新时代学校体育工作的意见》 国务院办公厅《关于加强全民健身场地设施建设发展群众体育的意见》 国家体育总局、教育部、公安部、民政部、人力资源社会保障部、卫生健康委、应急部、市场监管总局发布《关于促进和规范社会体育俱乐部发展的意见》 国家体育总局 教育部《关于印发深化体教融合 促进青少年健康发展意见的通知》 国家体育总局《关于加强全民健身公共服务体系建设的指导意见》 国家体育总局办公厅《关于开展国家体育消费试点城市申报工作的通知》 国家体育总局办公厅《关于大力推广居家科学健身方法的通知》 国家体育总局群众体育司《关于开展2020—2021年群众冬季运动推广普及活动的通知》
2021年	国务院《全民健身计划（2021—2025年）》 共青团中央、国家体育总局、全国学联《关于面向大学生团员组织开展"青春爱运动 健康强中国"全民健身活动的通知》 国家体育总局、公安部《关于加强体育赛场行为规范管理的若干意见》 国家体育总局《"十四五"体育发展规划》 国家体育总局《关于印发〈公共体育场馆基本公共服务规范〉的通知》 国家体育总局《关于在"第八届全国大众冰雪季"期间广泛开展群众性冰雪赛事活动的通知》 国家体育总局《关于开展2021年"全民健身日"活动的通知》

续表

年份	发文机构与政策名称
2021年	国家体育总局办公厅 国家发改委办公厅《关于加强社会足球场地对外开放和运营管理的指导意见》 国家体育总局社体中心《关于印发中国全民健康越野大赛竞赛规程的通知》 体育总局社体中心《关于印发"全民健身与奥运同行"2021年"全民健身日"健步走网络公开赛竞赛规程的通知》 国家体育总局办公厅《关于加强路跑赛事安全管理工作的通知》 中国关心下一代工作委员会健康体育发展中心、国家体育总局社会体育指导中心《关于联合开展倡导社区乒乓球趣味活动的通知》
2022年	中共中央办公厅、国务院办公厅《关于构建更高水平的全民健身公共服务体系的意见》 农业农村部、国家体育总局、国家乡村振兴局《关于推进"十四五"农民体育高质量发展的指导意见》 国家体育总局、国家发展改革委、财政部、国家卫生健康委、应急管理部《关于印发〈全民健身基本公共服务标准（2021年版）〉的通知》 国家体育总局《关于建立健全体育赛事活动"熔断"机制的通知》 国家体育总局《关于进一步加强户外运动项目赛事活动监督管理的通知》 国家体育总局《体育赛事活动管理办法》 国家体育总局办公厅《关于进一步加强群众体育工作安全风险防控的通知》 国家体育总局办公厅《关于开展"发展体育运动，增强人民体质"题词70周年全民健身主题活动的通知》 国家体育总局办公厅《建立国家队、省队运动员进中小学校和社区开展健身指导服务长效化机制工作方案》 国家体育总局人力中心《关于落实结合"全民健身日"主题活动做好运动队进校园、进社区开展健身指导活动有关事宜的函》

后 记

中国特色社会主义进入新时代，我国的全民健身事业也进入了崭新的发展阶段——全民健身和全民健康深度融合。这样的发展方式能够科学提升国民身体素质，全面满足人民多样化的健身需求，其意义和作用远超体育的范畴。2016年，习近平总书记在全国卫生与健康大会上提出，"要倡导健康文明的生活方式，树立大卫生、大健康的观念，推动全民健身与全民健康深度融合"。在理念上确定了我国全民健身与全民健康的发展走向。同年，中共中央、国务院印发了《"健康中国2030"规划纲要》，提出以人民健康为中心，为进一步推动"共建共享、全民健康"的健康中国战略主题规划了未来蓝图。当然宏观的理念和战略还不够，仍然需要多层多级、多种多样的针对性配套政策，进而形成纵横交错的政策体系，共同作用于全民健身与全民健康的深度融合。这正是本书开展全民健身与全民健康的深度融合政策体系相关研究的逻辑起点。

围绕全民健身与全民健康深度融合政策体系这一论题，我们先后主持完成了国家社科基金一般项目《推进全民健身与全民健康深度融合的政策体系》、江苏省社科基金青年项目《地方政府全民健身政策执行力评估体系研究》，以及江苏省教育厅高校哲学社科一般项目《江苏省城市社区体医深度融合的多元协同模式研究》等，发表了10余篇与主题相关的体育类核心期刊论文，有了一定的研究成果。同时，我们也积极为地方政府全民健身发展建言献策，主要参与编制了无锡市、芜湖市、南京市、泰州市等地方的全民健身实施计划，经历了全民健身政策从组织策划到起草修改再到完稿发布的系列流程，获得了丰富的实践认识。一份全民健身政策看似不起眼，却凝聚了地方政府、健身组织，以及广大群众的热切期盼与利益指向。在以上研究积累和实践经验的基础上，结合当前我国全民健身与全民健康发展的实际情况，我们又做了进一步修改和完善，增加了诸多新资料、新案例和新内容，最终付梓成书。

本书的出版离不开学界前辈和同仁的指导和帮助，感谢南京师范大学孙庆祝教授、福建师范大学黄汉升教授、北京师范大学张瑞林教授、吉林体育学院邵桂华教授、上海体育大学卢文云教授、南京师范大学陈培友教授、西南政法大学贾健教授、西南大学王雷教授、海南医科大学徐百超教授、北部湾大学尹继林教授等专家的关心与指导，他们对体育事业发展关心备至，在忙于行政或教学的同时不忘对体育发展咨政建言，为我国全民健身事业的发展贡献了智慧和力量；感谢江苏省体育局、吉林省体育局、无锡市体育局、芜湖市体育局、南京市体育局、泰州市体育局、白沙黎族自治县体育局等地方体育部门领导和工作人员的帮助和支持，他们对全民健身有着浓厚的情怀，是我国地方全民健身事业的推动者，更有着丰富的全民健身政策制定、执行和评估的经验；感谢接受访谈和调查的来自各行各业的城乡居民，他们热爱生活、热爱体育，寄希望通过体育让身体更健康、让生活更美好。

本书的出版得益于南京体育学院科研处学术出版资助计划经费的支持，在此表示由衷的敬意。本书在著述过程中，参考借鉴了诸多国内外专家、学者的优秀研究成果，同时也吸收了学界同仁的一些观点，一并致以衷心的感谢。然而，我们深知，这本关于全民健身与全民健康深度融合政策体系的书稿尽管耗时费力，但由于水平有限，仍有一些纰漏之处，真诚欢迎专家、学者批评指正。

刘红建、尤传豹、沈晓莲
2023 年 10 月于南京体育学院